LA CHAMBRE NOIRE
DE LONGWOOD

JEAN-PAUL KAUFFMANN

LA CHAMBRE NOIRE DE LONGWOOD

Le voyage à Sainte-Hélène

FRANCE LOISIRS
123, boulevard de Grenelle, Paris

Une édition du Club France Loisirs, Paris
réalisée avec l'autorisation des Éditions de La Table Ronde

ISBN: 2-7441-1238-0

Pour Odette et Marcel.

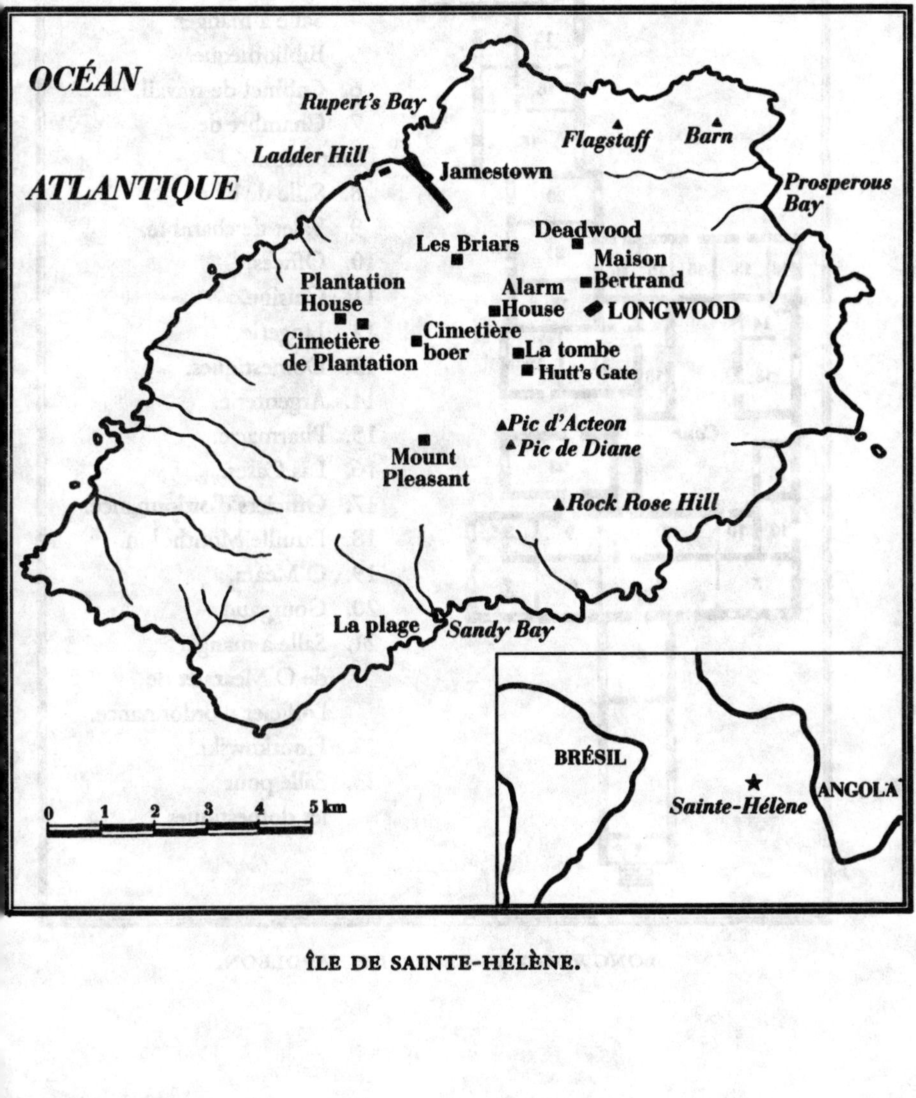

ÎLE DE SAINTE-HÉLÈNE.

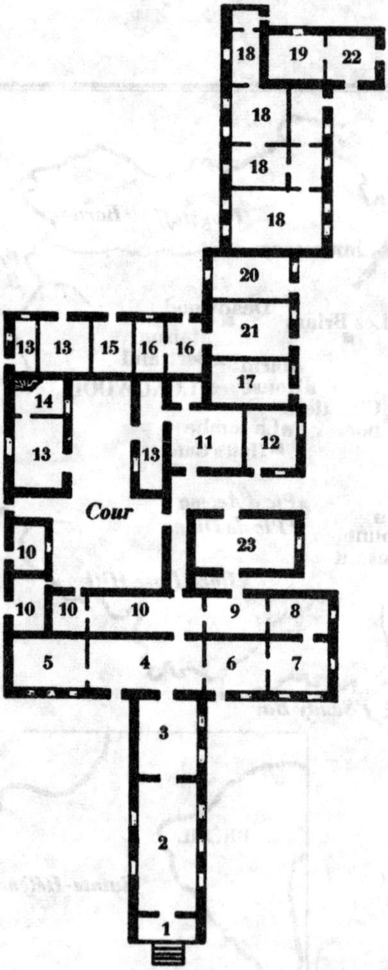

1. Véranda.
2. Parloir.
3. Salon.
4. Salle à manger.
5. Bibliothèque.
6. Cabinet de travail.
7. Chambre de l'Empereur.
8. Salle de bains.
9. Valet de chambre.
10. Offices.
11. Cuisine.
12. Lingerie.
13. Domestiques.
14. Argenterie.
15. Pharmacie.
16. Las Cases.
17. Officiers d'ordonnance.
18. Famille Montholon.
19. O'Meara.
20. Gourgaud.
21. Salle à manger de O'Meara et de l'officier d'ordonnance.
22. Piontkowski.
23. Salle pour les domestiques.

LONGWOOD AU TEMPS DE NAPOLÉON.

« Ce fut comme un dramatique rébus… »
(Gaston Leroux, *Le Mystère de la chambre jaune.*)

AVANT-PROPOS

Je n'ai jamais éprouvé d'inclination pour l'Empereur. Il m'arrive de trouver suspecte la fascination qu'il exerce chez certains contemporains. La trivialité du présent les rend inconsolables de l'épopée napoléonienne. Napoléon, selon Michelet, était l'idole des gens non éduqués.

J'avoue un faible pour Bonaparte. Dans mon imagination d'enfant s'enchaînaient des métamorphoses incroyables. Comment expliquer qu'en une seule journée, celle du Sacre, le jeune général de l'armée d'Italie aux joues creuses devenait cette divinité chauve et replète ? Adolescent, je me moquais de savoir qu'il allait gouverner en despote. Mais j'étais choqué : il avait cessé d'être *l'homme du début*, celui de *La Chartreuse de Parme*. « Le 15 mai 1796, le général Bonaparte fit son entrée dans Milan à la tête de cette jeune armée qui venait de passer le pont de Lodi, et d'apprendre au monde qu'après tant de siècles César et Alexandre avaient un successeur. » Son arrivée en Égypte ne manquait pas de grandeur. N'avait-il pas débarqué au lever du jour face à la colonne de Pompée ?

La fin de l'Empereur m'a toujours captivé. Je n'aime dans les biographies que le début et la fin. Le milieu, qui raconte la gloire, m'ennuie. Tous les témoins ont remarqué qu'après sa mort Napoléon ressemblait de manière hallucinante au Premier Consul. Le masque mortuaire qu'on peut voir au musée de l'Armée, aux Invalides, ressuscite les traits du vainqueur de Lodi, joues émaciées, pommettes saillantes, nez aquilin.

Comme beaucoup de Français, je fus longtemps incapable de repérer sur une carte l'île de Sainte-Hélène. J'ignorais alors que le voyage fût si long, si compliqué. Le RMS *St. Helena*, cent cinq mètres de long, attaché au pays de Galles, est l'unique navire touchant l'île, où il n'existe pas d'aéroport. La traversée entre Cardiff et Sainte-Hélène dure quinze jours. On peut écourter le voyage en attrapant le *St. Helena* à Tenerife, aux Canaries. Je n'ai séjourné à Sainte-Hélène qu'une seule semaine, le temps nécessaire au navire pour débarquer les marchandises et effectuer une liaison avec une autre possession britannique, l'île de l'Ascension, à mille sept cents kilomètres de là.

Sur le bateau, j'ai eu le loisir de lire tous les témoins de la captivité. À mesure que j'avançais dans ma lecture, je mesurais combien les six dernières années de l'Empereur à Longwood avaient été difficiles, incompréhensibles. Il manquait un indice capital. Ce signe, cette trace, cette explication que je recherchais, je les ai trouvés à Longwood. Le spectacle de la maison de Napoléon m'a bouleversé. Il est impossible de comprendre le climat très étrange de sa détention sans respirer l'odeur des lieux. Je n'aurai pas la fatuité d'affirmer que la seule vision de Longwood permet de pénétrer le mystère de cette captivité. Du moins autorise-t-elle à en deviner la profonde tristesse. La mélancolie est à l'origine de la mort de Napoléon.

Il y a une énigme de Sainte-Hélène. Napoléon a tout dit sur sa vie passée mais n'a rien vraiment révélé sur sa souffrance de prisonnier. « Il passait la plus grande partie du jour seul dans sa chambre, occupé à feuilleter quelques livres ou plutôt ne faisait rien [...]. Il était aisé de s'apercevoir qu'il n'y avait plus en lui ni préoccupation de l'avenir, ni méditation du passé, ni souciance du présent. » Ce genre de remarque consignée par Las Cases en juillet 1816 se retrouve presque à chaque page chez les autres compagnons de l'exil, Gourgaud, Bertrand et son médecin O'Meara.

Quelles pensées agitaient l'Empereur dans sa petite chambre de dix-sept mètres carrés ? Je suis resté des heures, et même des après-midi entiers dans la pièce noire de Longwood. J'ai écouté le vent secouer les fenêtres à guillotine. Pour connaître les raisons de cette émotion, de ce trouble, j'ai écrit ce récit. Il ne s'agit pas d'un ouvrage d'histoire. Il y aurait quelque présomption à ajouter un volume de plus à l'abondante littérature hélénienne. On sait pratiquement tout des faits et gestes du souverain déchu, du 15 octobre 1815, date de son arrivée dans l'île, au 5 mai 1821, jour de sa mort. Il ne manque rien. Sauf peut-être une chose : l'odeur de Longwood.

Ce livre est né à l'instant même où je suis entré dans cette demeure. Il a suffi que je respire l'atmosphère humide de cave à laquelle se mêlait un curieux parfum tropical, l'effluve lourd et un peu poivré qui saisit l'odorat quand vous ouvrez un coffret à cigares, pour que se révèle la dimension du temps hélénien. Il importe peu que l'odeur exotique provienne des lattes de bois africain du plancher – le parquet d'origine a été depuis longtemps détruit par les termites. Il subsiste un fort relent de moisi que la créosote, cette odeur de suie qu'on retrouve dans les vieilles cheminées, rend un peu moins déplaisant.

La captivité est d'abord une odeur. Napoléon avait un sens olfactif extrêmement susceptible. « Je l'ai vu s'éloigner de plus d'un serviteur qui était loin de soupçonner la secrète aversion qu'il avait encourue », notait le baron Fain qui fut le secrétaire intime de l'Empereur à partir de 1813.

Napoléon a respiré le remugle, l'humidité qui exsude des murs et des cheminées de Longwood. Rien de plus bouleversant que ce baraquement situé tout en haut de Sainte-Hélène, sur un plateau battu par le vent. C'est la maison du temps retrouvé. L'illusion de l'*avant* est si intense qu'on croirait que l'Empereur et ses compagnons sont sortis un instant, qu'ils vont réapparaître, là-bas, par la véranda. Longwood est un lieu hanté. Je ne connais qu'une autre demeure qui impose avec autant de force la perception du passé : Hauteville House, à Guernesey, repaire lui aussi inquiétant de l'exil et de la solitude. Les divagations, la déraison tourmentent encore chambres et corridors. La présence de Victor Hugo est si intense qu'on a l'impression de s'être introduit par effraction dans le sombre univers des *Contemplations*.

L'isolement de Sainte-Hélène permet de sauter aisément sur l'autre rive du temps. Le confinement a sauvé Longwood. Il l'a préservé du culte des idolâtres. L'intimité de la demeure n'a pas été altérée par le tourisme. Longwood est une île dans l'île. Au cœur de Sainte-Hélène, l'enclave française a sa vie propre, ses habitants – ils ne sont que deux, le consul de France et son père – et surtout son climat, très différent du reste de l'île. Il faut se garder de confondre Sainte-Hélène avec Longwood. Comme au temps de la captivité, ce sont deux mondes étrangers l'un à l'autre.

« Napoléon a épuisé la bonne volonté des Français, fait abus de leurs sacrifices, couvert l'Europe de tombes, de cendres et de larmes ; pourtant ceux-là mêmes qu'il fit le plus souffrir, les soldats, lui furent les plus fidèles, et de nos jours encore, malgré le temps écoulé, les sentiments différents, les deuils nouveaux, des foules, venues de tous les bouts du monde, rendent hommage à son souvenir et s'abandonnent près de son tombeau au frisson de la grandeur. » Je n'ai probablement pas échappé à cette contradiction relevée par le général de Gaulle.

À Sainte-Hélène, l'homme vaincu et malade inspire la compassion. Comme tous les captifs, Napoléon s'est battu contre la dissolution. Les ravages de l'imagination ont broyé, pulvérisé le passé. Dans la décomposition des tropiques, il s'est employé à en rassembler les morceaux. Longwood est l'histoire d'une lente désagrégation. La réclusion est une érosion. Le captif s'use à vouloir comprendre pourquoi il a été abandonné. L'oubli, l'indifférence, la solitude mangent l'énergie. Ces menées souterraines finissent par détruire l'instinct vital.

La captivité de Napoléon fait de lui un homme nu, vulnérable. Il a résisté, adossé à sa gloire. Certes, il s'est consolé en mettant en scène les exploits autant que les désastres. À égalité. Mais il s'est épuisé à raviver les braises du passé. Il n'est pire souffrance pour un détenu que de se rappeler les temps heureux…

PROLOGUE

Aux Invalides, non loin du sarcophage de porphyre où repose Napoléon, il y a une chambre que les visiteurs du musée de l'Armée négligent souvent d'examiner. Au milieu des mannequins de cire de la Restauration, cette alcôve est une anomalie. Elle est soustraite aux regards par une tenture grise qu'il faut soulever, comme dans les foires où, dans la pénombre, s'exhibe quelque figure monstrueuse. Le spectacle n'est pas effrayant, mais surprenant, saugrenu. La chambre de Longwood où est mort l'Empereur a été reconstituée avec un tel souci d'exactitude que le tableau finit par créer une sensation de malaise. Cette fidélité figée dans une intimité un peu scabreuse n'est pas sans rappeler le musée Grévin. On n'a pas poussé la minutie jusqu'à représenter le visage de cire de Napoléon, mais on a étalé d'une manière obscène ses vêtements intimes. Sur l'un des deux lits de camp, on peut voir sa culotte, ses chaussons, son bonnet de nuit. Et surtout, la paire de bas noirs, soigneusement déployée, figurant deux jambes gainées, sectionnées à mi-cuisse. Cette présence des deux lits est incompréhensible. Pourquoi deux lits ? Et pourquoi identiques ? Ils ressembleraient à deux couchettes d'enfants incroyablement étroites, deux grabats, si un dais ne venait les rehausser. « Napoléon a utilisé les deux lits de camp et c'est dans l'un d'entre eux qu'il est mort », indique un écriteau. Ce refus de choisir n'est-il pas étrange ? Ces controverses sur des reliques m'ont toujours semblé ridicules. Le culte napoléonien est fait aussi de querelles sur les cheveux, le chapeau et les auberges où il a dormi.

Longtemps, la vie de Napoléon s'est résumée pour moi à des lits. On m'en montrait partout : en Champagne, en Allemagne, en Tchécoslovaquie, en Russie. À croire que cet hyperactif avait passé son temps à dormir. À Eylau – aujourd'hui dans l'enclave russe de Kaliningrad –, j'ai découvert dans une maison en ruine un lit à baldaquin. Le guide qui m'accompagnait m'assura effrontément que l'Empereur s'y était reposé le soir de la bataille. Je lui fis valoir qu'il aurait fallu à Napoléon vivre au moins cent ans pour coucher dans tous les lits qu'on lui attribue.

À l'île d'Aix, au large de Rochefort, où le vaincu de Waterloo a passé ses trois derniers jours en terre française avant de se rendre aux Anglais, on expose son lit dans une alcôve fermée par des rideaux. Pourquoi la literie des personnages célèbres exerce-t-elle une telle fascination ? Sans doute trahit-elle un être vulnérable, qui souffre, qui aime et nous ressemble. Un homme débarrassé enfin de l'armure de la légende.

La pièce la plus émouvante du musée de la Pagerie aux Trois-Îlets, à la Martinique, où naquit Joséphine, est un châlit. Jeune fille, la future impératrice y reposait. Le meuble en bois précieux est probablement un faux. Qu'importe. Dans ce lit, on imagine la belle créole alanguie. Mieux qu'un tableau, la couche a la vertu de ressusciter celle qu'on surnommait alors Yéyette, dont Napoléon dira plus tard : « Elle était pleine de grâce pour se mettre au lit. »

C'est ce qui m'a attiré à Longwood : la révélation de l'homme désarmé au milieu d'un décor immuable. Longwood est un lieu vivant. Les fantômes de la captivité sortent des murs et repeuplent cette maison compliquée, embarrassée de corridors et d'appentis. Pourquoi cette étrange construction laissée à l'abandon a-t-elle l'air si *vraie* alors que le plancher, les menuiseries mangées par les termites ont été plusieurs fois remplacés ? Parce qu'elle est conforme à l'idée que l'on se fait de l'ennui, de l'exil et de la mort. Le passé n'y est pas aboli. On le sent accompagné d'idées fixes, de manies. La démence rôde dans ce décor absurde. Ce surgissement des temps anciens a quelque chose de terrifiant. L'histoire s'est déposée à la manière de particules solides en suspension. Ce *précipité*, phénomène chimique bien connu, est visible dans chaque pièce. Un secret se cache tel un corps insoluble dans la moiteur de Longwood. Les murs recèlent le mystère de la relation qui nous unit au passé.

Ce temps accompli, disparu, je l'ai touché. Ce n'était pas une illusion. Dans l'air trouble de la maison, j'ai eu parfois la sensation de me heurter à un autre monde. Ni ombre ni spectre, tout au plus une présence vague, sournoise, rampante, comme ces demeures qui portent à jamais la flétrissure invisible et pourtant ineffaçable d'un crime de sang. Longwood n'a connu aucun meurtre. Cependant, la trace de la tragédie n'a pas disparu. Les particules du drame flottent, surtout dans la petite chambre du captif. Soudain, pour une raison inconnue, elles se rassemblent comme une floculation du souvenir. Cherchent-elles à entrer en contact avec le monde des vivants ?

À Sainte-Hélène, la chambre de l'Empereur possède deux lits. Les mêmes qu'au musée de l'Armée. On conviendra qu'il importait de tirer les choses au clair. Au risque de succomber à mon tour au fétichisme et au culte du grand homme.

PREMIER JOUR

L'arrivée à Sainte-Hélène. – Où apparaît le conservateur des domaines français. – L'île du diable. – Le bleu outremer de Jamestown. – Mélancolie atlantique. – Le type hélénien. – Le registre du château. – Le climat, sujet épineux. – Napoleon Street. – Le gardien des Briars. – *Supremum vale.* – L'accent de Napoléon. – « Il était d'une pâleur mortelle ». – L'énigme de son visage. – « Sire, nous vivrons du passé ». – Les compagnons de l'Empereur. – Saturne à l'*Exiles Club*. – Une couronne d'épines. – Le discernement et la faculté de séparer. – Napoléon fait le clown. – La dévoration des termites. – Le supplice hélénien.

I

Il m'arrive de traverser Sainte-Hélène. Je ne m'y suis jamais arrêté. C'est un pays vide, hébété dans sa solitude. Les maisons sont posées sur l'herbe, comme en Afrique. D'improbables commerces, une église fermée, un carrefour désertique. À chaque passage, l'endroit m'apparaît un peu plus abandonné et mélancolique. Pourtant je trouve à cette sévérité un peu morne un air de grandeur. Majesté sans apprêt, ni sans fondement, je le sais. Sainte-Hélène, petit village sans pittoresque au milieu de la forêt girondine. Mais la sonorité emphatique et lugubre du nom m'en impose chaque fois que j'aperçois la pancarte à l'entrée.

C'est à mon Sainte-Hélène médocain que je pense en ce matin de novembre.

Sur le pont avant, je guette l'instant où l'aube va éclairer l'île. J'ai beau y être préparé, la vision de la monumentale citadelle qui surgit de la mer est terrifiante. « Un catafalque de rochers. » Chateaubriand, qui n'y a jamais mis les pieds, a eu le mot juste. Un air menaçant, funèbre se dégage des noires falaises hautes de trois cents mètres qui dégringolent à pic dans l'océan. Impression d'une forteresse ravagée. Sainte-

Hélène ne triche pas avec sa légende. Elle annonce sans ambages, brutalement, sa nature de prison maritime. Il est 5 h 40. L'aube couleur de cendres accable la terre toute proche. Le jour qui point n'a rien d'une promesse, et trahit déjà l'épuisement d'une journée qui finit. Seul un rayon de soleil levant parvient à crever les nuages, illuminant un coin de la côte d'une lumière de soupirail. L'incision découpe en ombres noires les donjons de basalte et l'architecture démantelée de l'île.

Je scrute le visage des passagers. Tous ont comme moi tenu à se lever avant l'aurore pour découvrir la côte. L'expression des Héléniens – on dit les *Saints* – qui revoient leur patrie est sans surprise. Après quinze jours de mer, elle trahit un soulagement qui se transforme en un contentement presque blasé à mesure que le bateau s'approche de l'île. Je note le visage interdit des autres passagers. Le saisissement qui s'est emparé d'eux traduit incrédulité, crainte, peut-être compassion. À cet instant, tous ces sentiments se mêlent en moi. Le roc désolé m'apparaît trop conforme à sa réputation et, pourtant, je n'en crois pas mes yeux. Le rivage et les sommets sont hérissés de pièces d'artillerie. Des murailles et des meurtrières partout, comme si on voulait signifier que rien n'a changé depuis le 14 octobre 1815.

Ce jour-là, le *Northumberland*, à bord duquel se trouvait l'Empereur déchu, jeta l'ancre dans la baie de Jamestown après soixante-dix jours de mer. « Pas une ride de cette façade stérile à laquelle ne fut suspendu un canon : on semblait avoir voulu recevoir le captif selon son génie », note encore Chateaubriand.

Un air buté, massif, hostile à toute présence venant de la mer. Le plafond de nuages qui stagne au-dessus de l'île aggrave cette immobilité et cette lourdeur un peu obtuse. Comme une vapeur malsaine, le ciel bas, couleur d'étain, oppresse l'île-forteresse.

La réaction du vaincu de Waterloo, au moment où il découvre sa prison – qui sera aussi son tombeau –, est déconcertante. Sur le pont du *Northumberland*, Anglais et Français guettent la seconde où, promenant sa lunette en direction de la côte, il va prononcer un jugement. Il considère les escarpements, examine les défenses de la formidable place forte volcanique. Et se tait. Sans doute l'homme du *coup d'œil*, le stratège qui gagna tant de batailles grâce à ce regard prompt, l'aigle, qui embrasse le site d'un seul coup, a-t-il déjà compris. Sans mot dire, il regagne sa cabine.

Le lendemain seulement, le général Gourgaud enregistre le premier commentaire du proscrit : « Ce n'est pas un bien joli séjour, j'aurais mieux fait de rester en Égypte. Je serais à présent empereur de tout l'Orient. » Cette phrase vaut qu'on s'y attarde : remarque boudeuse, presque enfantine. Comme si cet Empire qu'il avait fondé ne comptait pour rien, comme si le vaincu ne désirait plus se souvenir que d'une époque où rien n'était encore retenu et réglé. Réflexion pathétique qui donne la mesure du drame que l'exilé va connaître à Sainte-Hélène : plutôt que se souvenir, Napoléon va répéter ; plutôt que se livrer à un examen critique du passé, il va rabâcher.

Ce qu'il a aperçu depuis le *Northumberland* a probablement peu changé : quelques maisons blanches, la tour carrée d'une église, des arbres… La fragilité sauve encore aujourd'hui Jamestown de la banalité. Tous les voyageurs ont été frappés par la position de ce village étranglé entre deux montagnes. On dirait une mâchoire ouverte sur le point de sectionner ce filament de rue le long duquel adhèrent quelques bâtisses.

Comme en 1815, les bateaux doivent mouiller au large. Passagers et marchandises sont amenés à terre à bord de canots et de portières. Sainte-Hélène n'a toujours pas de port. Tout vient d'Angleterre : depuis la confiture d'oranges jusqu'aux films vidéo dont les Héléniens sont friands – ils ne reçoivent pas la télévision.

Le consul de France à Sainte-Hélène, Michel Martineau, me facilite les formalités d'usage. Physique de colosse, front large, yeux pénétrants enchâssés dans l'orbite, notre représentant est enfermé pour l'heure dans un quant-à-soi. Il a succédé en 1987 à son père, Gilbert Martineau. Les deux hommes habitent Longwood qui, depuis 1858, fait partie avec la vallée du Tombeau de l'enclave française. Au terme de longs pourparlers engagés avec le cabinet britannique par Napoléon III, le domaine fut vendu à la France pour la somme de 178 565 francs. Michel Martineau est à la fois consul honoraire et conservateur des domaines français de Sainte-Hélène. Nous avons échangé de nombreuses lettres. Son papier à en tête : MICHEL MARTINEAU, LONGWOOD HOUSE, ÎLE DE SAINTE-HÉLÈNE, ATLANTIQUE SUD, m'impressionne beaucoup, surtout l'« Atlantique Sud ». Ce septième continent, royaume océanique illimité où il nous représente et veille sur nos intérêts, m'en impose.

Aujourd'hui comme à l'époque de Napoléon, il faut se hâter d'attraper au vol une corde pour sauter sur le débarcadère. « Sainte-Hélène petite isle... », avait consigné sur un cahier Bonaparte alors qu'il était lieutenant à Auxonne. Sa plume n'alla jamais au-delà. On a beaucoup épilogué sur les points de suspension. Ils ne sont pas de lui. Ils ont été ajoutés pour souligner l'interruption de l'énoncé. Pourtant, existe-t-il au monde trois petits points plus appropriés ? « Sainte-Hélène petite isle... » Le qualificatif est toujours juste. Je suis frappé par l'étroitesse mesquine de Jamestown, bourgade étriquée, lilliputienne, mal conformée. Sainte-Hélène... Ce grain de terre au milieu de l'océan est un accident, une mauvaise croûte sur la peau de Neptune. « C'est le diable qui a ch... cette île en volant d'un monde à l'autre », dira la femme du général Bertrand.

Les vagues atlantiques qui se jettent avec violence contre la jetée de Jamestown tracent sur la pierre noire un long liséré d'argent qui évoque bien sûr un drap mortuaire. Mais si le bannissement, la solitude et la chute commandent dès l'arrivée à l'imagination, quelques détails s'évertuent aussitôt à contredire l'impression pesante. À peine posé le pied sur le petit escalier de l'embarcadère que s'offre à moi, la vision d'une principauté d'opérette. On passe la douane dans un hangar en terre battue : l'Afrique sans la pagaille, quelque chose d'hybride associant la majestueuse courtoisie des fonctionnaires britanniques et un sens très tropical de l'improvisation. Le voyageur est invité à ouvrir ses bagages, à les étaler. Cela suffit, ce déballage n'est soumis à aucune inspection. Sainte-Hélène appartient comme Gibraltar ou les îles Falkland aux « territoires dépendants de la Grande-Bretagne ». Sainte-Hélène ne compte que six mille habitants. Mais elle possède sa propre police, sa monnaie, sa constitution, son système judiciaire. Et sa prison. Après avoir franchi la jolie porte de la ville, on ne voit qu'elle. La façade, d'un bleu outremer très soigné, est élégante. Le bâtiment a été édifié en 1827, six ans après la mort de Napoléon.

Paradoxe de cette détention : captif, l'Empereur n'était pas incarcéré. Il séjournait dans une prison sans murs de cent vingt-deux kilomètres carrés, la superficie de l'île. Au-delà de cet espace, l'horizon illimité de l'océan. Sainte-Hélène, geôle vertigineuse, ouvre sur l'immensité, le vide, l'infini. Le prisonnier y était libre de ses mouvements, certes, mais qu'importe la dimension de la geôle quand les gardiens ne cessent de vous y épier. C'est Wellington, le vainqueur de Waterloo, qui avait eu l'idée de Sainte-Hélène. Il y avait séjourné en 1805 à son retour des Indes.

L'ouvrage le plus pénétrant sur la captivité, *Napoléon, la dernière phase*, a été écrit par un Anglais. Pas n'importe lequel, puisque cet homme, lord Rosebery, fut Premier ministre de la reine Victoria. « Fallait-il envoyer l'Empereur déchu à Sainte-Hélène ? » se demande-t-il. En se livrant à ses ennemis le 15 juillet 1815, Napoléon imaginait finir ses jours dans quelque manoir anglais. Quinze jours plus tard, il apprenait sa déportation à l'île de Sainte-Hélène. « Son climat est sain et sa situation locale permettra qu'on l'y traite avec plus d'indulgence qu'on ne pourrait le faire ailleurs », précisait la note britannique. À quoi Napoléon protesta qu'il s'était rendu « librement ». On l'avait trompé. « On feignit de tendre une main hospitalière à cet ennemi ; et, quand il fut livré de bonne foi, on l'immola », se plaint-il. Lord Rosebery, qui se dit « admirateur intelligent » de l'Empereur, examine la démarche et les espoirs du vaincu. N'aurait-il pu en effet mener en Angleterre la vie de « gentilhomme campagnard » ? « Cette idée, nous le disons à regret, était impraticable », soutient-il, ajoutant que le voisinage d'un tel homme qui avait en Europe « le génie du bouleversement » eût été trop dangereux.

Un mystère subsiste autour de cette reddition. Retiré au château de la Malmaison, après Waterloo, Napoléon manifeste très clairement son intention de se réfugier aux États-Unis. Il a emporté avec lui de nombreux ouvrages sur l'Amérique. À l'île d'Aix, au large de Rochefort, il change d'avis et décide de se rendre aux Anglais. Les raisons qu'il a données pour justifier ce revirement restent obscures. Peut-être a-t-il trop misé sur la générosité des vainqueurs.

2

C'est le soir du 17 octobre 1815 que Napoléon et sa suite pénètrent enfin dans Jamestown. Ils ont dû patienter pendant trois jours sur le bateau, le temps pour les Anglais de trouver une maison au prisonnier. Blancs et Noirs font la haie pour contempler silencieusement le vaincu de Waterloo. Imaginons leur stupeur. N'apprennent-ils pas coup sur coup que Napoléon a quitté l'île d'Elbe pour reconquérir la France, qu'il a été écrasé à Waterloo, qu'il s'est rendu aux Anglais, que ces derniers ont décidé de le déporter dans leur petite île et que, enfin, il est là, devant eux, avançant vers la rue principale à la lueur des lanternes ?

À l'entrée de la petite ville, il a probablement aperçu le château à main gauche. Le bâtiment dévasté par les termites fut restauré en 1860. La citadelle qui sert aujourd'hui à l'administration devait avoir un air plus terrible. Elle affiche tous les signes extérieurs d'une place forte : fossés, courtines, meurtrières. Place forte pour rire : la gueule des vieux canons ne contient que des canettes de bière.

Jamestown semble sortie d'un de ces dessins animés américains où sont symbolisés, de manière naïve, le poste de police, l'église, la prison, la poste, etc. La place s'appelle d'ailleurs « Grand Parade ». Elle n'est ni grande ni particulièrement adaptée à la parade. Son manque d'ampleur s'explique, là encore, par la masse des montagnes, deux grosses meules qui écrasent l'agglomération. Ne subsiste que la pulpe : une rue principale. C'est là que se trouvait la maison Porteus, aujourd'hui disparue. Napoléon y passera sa seule nuit à Jamestown. À cet endroit s'élève maintenant un cinéma que les habitants ne fréquentent plus guère. Ils préfèrent regarder les films vidéo disponibles dans toutes les épiceries de Jamestown.

Maisons blanches et bleu outremer, colonnades de fer et vérandas : une allure plus portugaise finalement que britannique, avec cette mélancolie atlantique, cette langueur et cette vacuité qui accablent les pays des confins. *Confiné*, voilà le mot qui convient à la petite capitale de Sainte-Hélène. Comme si, dans cet espace limité, la vie ne se renouvelait guère. Les voitures, les quelques échoppes ne présentent aucun signe de modernité. Pas de rafistolage pourtant à la mode africaine. Une sorte d'immobilité ambiguë. Le refus de choisir. Le type hélénien est lui-même insaisissable. Mélange d'esclaves noirs, de coolies chinois, de Malais et de Blancs, les Saints ont la peau olivâtre ou café au lait, les yeux verts ou bridés, une chevelure de jais qui rappelle l'Inde.

Le temps ne s'est pas arrêté, il s'est juste mis à traîner. Visiblement, il lambine du côté des années 60, à en juger par la forme des vieilles Ford soigneusement repeintes et par les boutiques aux parquets de bois.

Une lourdeur plus qu'une lenteur, qui corrige l'image trop convenue de l'indolence des tropiques. Cette pesanteur que créent des éléments disparates anormalement réunis. C'est démodé sans être usé, vieillot mais en aucune façon misérable. Un sentiment de vide. La rue principale fait songer aux « villages-Potemkine » : un décor de toile, et rien derrière. Les façades ressemblent à des trompe-l'œil. Les deux montagnes les empêchent d'exister.

Jamestown possède tous les attributs d'une ville : une bibliothèque publique, un jardin municipal, deux hôtels, un restaurant, un marché... Ces indices n'existent qu'en abrégé. La captivité de Napoléon fut placée sous la même obsession du minuscule, du mesquin. Au sujet de la maison Porteus, le valet de chambre Marchand qui accompagne l'Empereur se plaint qu'elle est « incommode par son exiguïté et sa position ».

Encore aujourd'hui, Jamestown ne parvient à s'extraire d'un accablement qui écrase les habitations et l'espace. La roche basaltique couleur de goudron et le ciel lourd calfatent la bourgade comme la coque d'un navire. Comment s'échapper ? Tout près de la prison, le regard remarque une ligne de fuite dont le trait zèbre la muraille de la montagne. Découpée dans le roc, l'Échelle de Jacob est la seule curiosité de Jamestown. Escalier de six cent quatre-vingt-dix-neuf marches, si vertigineux que la rampe tendue vers le sommet se creuse par un effet de perspective comme une corde mal raidie. Construit en 1828, ce plan incliné long de deux cent soixante-dix mètres servait à hisser vivres et munitions jusqu'à la citadelle au sommet.

– Ne manquez pas d'annoncer votre arrivée au gouverneur, m'avertit le consul.

– Est-ce bien important ?

– C'est la coutume, insiste Michel Martineau. L'usage veut que les visiteurs, surtout quand ils sont journalistes, signent le registre au château. Vous serez d'ailleurs amené pendant votre séjour à demander une audience au gouverneur.

Nous pénétrons dans la cour pavée. Le château, édifié en 1710, abrite aujourd'hui des bureaux. C'est aussi le siège du Conseil de l'île. Le gouverneur y a seulement ses bureaux. Comme Hudson Lowe, le geôlier de Napoléon, il habite la résidence de Plantation House à trois kilomètres.

Parquets cirés, murs lambrissés de panneaux de bois tropicaux, gravures anciennes, une moelleuse atmosphère de club : le maintien étudié des lieux suggère la respectabilité sans parvenir toutefois à dissiper l'impression de flou. Seul l'escalier de fer qui résonne sous les pas donne quelque fermeté à l'ensemble. Peut-être parce que le bois, toujours menacé ici par les termites, a un caractère inconsistant et précaire. Je signe le registre à la couverture parcheminée. Mon écriture serrée à la française tranche avec la large calligraphie arrondie des Anglais.

3

Après son unique nuit à Jamestown, où il ne reviendra plus, Napoléon est invité à visiter Longwood, qui n'a pas encore été aménagé.

En ce matin du 18 octobre 1815, il commet un acte étrange. Alors que les Anglais l'attendent afin de lui montrer cette ancienne ferme, l'Empereur se sauve. Il enfourche son cheval, pique des deux et remonte au grand galop la rue principale, laquelle se termine encore aujourd'hui en Y. Il ne sait quel embranchement choisir. La voie qu'il empruntera s'appelle à présent Napoleon Street, la seule allusion à l'Empereur dans le Jamestown d'aujourd'hui. Sans doute ne faut-il pas accorder à cette foucade une importance démesurée. Le prisonnier n'a pas tenté de s'enfuir, il a simplement voulu narguer ses geôliers, leur marquer qu'il a encore du jeu, de la marge. Il ne faut jamais négliger chez lui un goût presque enfantin pour la blague. Il aime taquiner, exciter, mystifier. Ses galéjades obligent l'adversaire à se découvrir.

L'industrie du souvenir est inexistante. Nulle boutique de bimbeloterie. Pas la moindre trace d'un culte napoléonien, si ce n'est un grossier carreau de toile sur lequel figure une carte de l'île avec la mention de Longwood et de la tombe.

Pendant la traversée, j'ai remarqué que les Héléniens éprouvent non pas de la honte, mais plutôt une sorte de timidité à évoquer la figure de l'homme qui a rendu leur île célèbre. J'ai pris un malin plaisir à recenser sur le bateau plusieurs indices d'une contradiction ou, tout au moins, d'un embarras. Dans un des couloirs du RMS *St. Helena* est accrochée une gravure anglaise qui représente Napoléon sur le pont du *Northumberland*. L'Empereur a l'air d'un gros bébé boudeur. Le mollet cambré, les membres de sa suite ont été dessinés dans une posture avantageuse : ils ressemblent plus à des gandins qu'à des militaires. Au bas de l'estampe, un commentaire rappelle que la reddition « a conclu les mortelles errances de l'Empereur ». Cependant, la plus belle place sur le navire est réservée au fameux *Sacre* de David. Une assez bonne reproduction est suspendue dans le salon. La bibliothèque du bord ne compte qu'une dizaine d'ouvrages en français, tous consacrés à l'époque napoléonienne, et tous écrits par l'ancien consul à Sainte-Hélène, Gilbert Martineau.

Venelle escarpée aux maisons de couleurs vives, Napoleon Street mène à une route très étroite, le Sidepath, taillée aux flancs de la montagne, qui conduit à Longwood. Aujourd'hui encore, la circulation ne peut se faire qu'à sens unique. La voiture qui descend doit laisser le passage à celle qui monte en se rangeant dans des refuges ménagés le long de la chaussée. Les longues tiges d'aloès et les cactus ne parviennent pas à égayer le sol d'un noir de charbon. Quelque chose d'éteint altère le paysage hélénien, défraîchissant l'éclat de la végétation tropicale. « Un foutu pays », décréta d'emblée l'Empereur qui, pas plus que sa suite, ne parvint à s'habituer à l'extrême instabilité du climat. D'où cette multitude de paysages qui peuvent s'apparenter à la Méditerranée, à l'Écosse et même à la Lune, à en juger par les amas pétrifiés couleur de cendres aperçus ce matin depuis le bateau. Cette versatilité du climat et cette difficulté à identifier une nature toujours hésitante deviennent vite éprouvantes. Gilbert

Martineau relève dans l'un de ses livres[1] : « Le climat de Sainte-Hélène est un très épineux point d'interrogation. »

4

À deux kilomètres de Jamestown, sur la route qui mène à Longwood, le consul attire mon attention sur un vallon entouré par un bouquet d'arbres. La douceur du lieu s'oppose à l'aridité du paysage qui l'entoure, détail qui n'échappa pas à l'Empereur. Il nota l'oasis avec son cottage et son kiosque chinois. Les Briars (les Églantiers) appartenaient à un certain Balcombe, fonctionnaire de la Compagnie des Indes orientales. Au retour de Longwood, en fin d'après-midi, Napoléon demande à s'arrêter aux Briars. Il inspecte le pavillon qui sert de salle de jeux aux enfants Balcombe et suggère aux Anglais de s'y installer en attendant l'achèvement des travaux à Longwood.

Seul subsiste aujourd'hui le petit pavillon qu'habita l'Empereur. À l'entrée, une plaque de cuivre rappelle qu'il fut offert à la France en 1959 par une descendante des Balcombe. Avant cette date, une autre inscription en anglais rappelait que Wellington y avait séjourné en revenant des Indes. Un petit musée a été ouvert en 1972. Cette maison de poupée vient d'être sauvée grâce aux soins de Michel Martineau. Le bois

1. *Napoléon à Sainte-Hélène,* Tallandier.

salé des charpentes de bateau utilisé pour la construction avait longtemps résisté aux termites qui avaient fini par venir à bout du bois adouci par les intempéries.

Un crachin enveloppe et parfume le vallon de cette odeur de girofle et de faisandé, si particulière aux contrées tropicales, à la fois douceâtre et poivrée, vaguement corrompue. Une allée de briques rouges mène au petit pavillon. Après le traumatisme de Waterloo et les semaines de détresse qui ont suivi, le proscrit goûtera ici les jours les moins amers de sa captivité. Il n'y est pas trop malheureux, on le décrit même apaisé.

Le gardien me dévisage non sans quelque incrédulité : un touriste… À croire que je suis le premier de l'année à me rendre aux Briars. À son air trop empressé, je devine qu'il va tromper son ennui en me regardant visiter son musée. Il scrute chacun de mes gestes mais ne me surveille pas ; son expression est empreinte de bonté, je crois même y lire une certaine reconnaissance. Il s'esquive, me laisse contempler la tasse et la soucoupe des Balcombe qui ont servi à l'Empereur pendant son séjour aux Briars.

Un fragment du tapis qui couvrait le sol est exposé dans une vitrine. Les dessins en sont fanés. Impossible de se représenter le motif central. Je me force à explorer jusqu'à satiété cette trame de laine élimée que le pas impérial a probablement foulée. Que valent ces pigments usés par le temps dont je m'oblige à scruter les couleurs éteintes ? Je les fixe imaginant un dessin secret : sous mon regard, elles finissent par s'iriser. Mais il n'y a pas de passé à reconstruire dans cette pièce claire et morose, qui sent à la fois l'humidité, la peinture fraîche et cette odeur un peu écœurante d'aromates. Rien à tirer de cette maison chiche de souvenirs, triste comme la bruine qui répand un curieux gloussement dans les gouttières.

C'est dans cette pièce que Napoléon est entré pour la première fois le 18 octobre 1815. Il a quarante-six ans. Quelles pensées, quels sentiments agitaient alors son esprit ? Aucun des livres écrits par les témoins n'apporte de réponse satisfaisante. Ces hommes qui ne le quittèrent pas des yeux ne l'ont pas vu. Sa suite – comme ses geôliers – a épié le moindre de ses gestes mais omis de le regarder. Peut-être ses compagnons étaient-ils trop préoccupés par leur sujet, trop avides d'enregistrer pour la postérité l'inclinaison de la tête, le haussement des épaules, le sens des paroles. Impossible de décrire un homme que l'on dévore des yeux !

Cet instant où Napoléon pénètre dans le pavillon des Briars est un moment somme toute banal dans la captivité : du point de vue dramatique, il n'a aucune signification. Il m'a pourtant toujours intrigué. Les Anglais se comportent alors assez correctement avec le vaincu – Hudson Lowe n'est pas encore arrivé dans l'île. Il n'empêche que Napoléon est désormais prisonnier et n'est plus que le « général Bonaparte ». Cinq ans et demi vont s'écouler avant sa mort. Passé le seuil de ce pavillon qu'il a, comble de l'ironie, lui-même choisi, il a perdu la liberté à jamais. *Supremum vale.*

Adieu pour la dernière fois. Tels sont les mots qu'Ovide prête à Orphée lorsque celui-ci perd pour la seconde fois son Eurydice. Napoléon entre… Tout est fini. La pièce est si petite ! À peine un vestibule.

5

Quel était le timbre de sa voix ? J'ai longtemps cherché un indice chez ses familiers, ses compagnons d'armes, chez le baron Fain ou Méneval, ses secrétaires particuliers. Quel était son accent ? On se plaît à souligner que sa voix pouvait être tour à tour caressante, impérieuse ou sarcastique. Les renseignements abondent. Mais comment Napoléon articulait-il les mots ? Il a quitté la Corse à neuf ans, un âge encore malléable où les inflexions de son île pouvaient facilement encore s'effacer. On imagine qu'à la tête d'une armée où l'on parlait non seulement les dialectes les plus variés de la province française, mais aussi l'allemand, l'italien ou le polonais, le stratège se devait de s'exprimer clairement en français. Une bonne partie de ses maréchaux (Kellermann, Ney, Oudinot, Lefebvre) étaient originaires de l'est de la France. Pour parler à la fois à Masséna de souche niçoise et à Macdonald né à Sedan, le chef de la Grande Armée devait employer une langue sans équivoque.

Cependant, selon Chaptal, ministre de l'Intérieur, « Napoléon ne parlait pas bien aucune langue *(sic)*. Sa langue maternelle était le corse, qui est un jargon italien, et lorsqu'il s'exprimait en français, on s'apercevait aisément qu'il était étranger ». Le même Chaptal raconte aussi une scène avec Lebrun, le troisième consul après le 18 Brumaire : « Bonaparte critiquait la traduction de la *Jérusalem délivrée* sous le rapport du style. Lebrun répondit : "Vous feriez bien d'apprendre la langue française avant de la juger." »

On sait qu'il mélangeait les mots : section pour session, rentes voyagères pour rentes viagères, armistice pour amnistie. « Napoléon avait conservé des vices de langage incroyables dans sa haute position, rapporte l'architecte Fontaine ; il disait "meublier", "colidor"[1]. » Dans ses *Mémoires*, Mme de Rémusat note : « Ce qui déparait Bonaparte... c'était le vice habituel de sa prononciation [...]. Il lisait ses paroles *(sic)* avec un accent encore plus étrange qu'étranger qui avait quelque chose de désagréable et de vulgaire. » Et d'ajouter un peu plus loin : « Jamais il n'eût voulu céder quelque chose, même à la grammaire. »

On ne nous dit pas s'il roulait les *r* ou faisait chanter les mots à la manière méditerranéenne. Il est vrai qu'à cette époque la chatoyance des accents régionaux était si familière aux Français qu'ils n'y prêtaient pas attention. Les témoins, cependant, insistent sur l'inflexion « étrangère » de Napoléon et non pas provinciale.

Les premiers enregistrements d'hommes politiques fran-

1. Cité dans le *Journal intime* de Cuvillier-Fleury, Plon.

çais m'ont toujours frappé par un accent aujourd'hui disparu : une rudesse un peu paysanne dans la prononciation, quelque chose à la fois de rugueux et de chevrotant dans la manière d'articuler, qui donnent à leurs propos un ton étrangement bourru et irréel, comme si leur voix venait d'outre-tombe. On pourrait imputer cette bizarrerie à la mauvaise qualité de l'enregistrement ; je crois plutôt que l'effet naît d'une transgression, du sentiment de s'être introduit par effraction dans une zone interdite. À la différence du portrait, la reproduction d'une voix morte crée un malaise.

Cette voix en tout cas avait frappé la fille des Balcombe alors âgée de treize ans. Dans ce pavillon où elle jouait à la poupée, l'Empereur allait habiter pendant trois mois. Sa rencontre avec l'Ogre en cette fin d'après-midi du 18 octobre devait marquer à jamais sa vie. « Il mit pied à terre devant la porte de notre maison, où nous étions réunis pour le recevoir [...]. Il était d'une pâleur mortelle. Cependant ses traits malgré leur froideur, leur impassibilité et quelque chose de dur, me parurent d'une grande beauté. » Elle remarque : « Sitôt qu'il parla, son sourire enchanteur et la douceur de ses manières dissipèrent mes craintes. »

Quel était donc le secret de cette parole qui eut le don de soulager si promptement l'effroi d'une petite fille ? Avec sa candeur d'enfant, Betzy Balcombe a su déchiffrer mieux que personne la séduction de Napoléon : « Pendant la conversation, j'examinai son visage. Je n'en ai jamais rencontré de si remarquable. Divers portraits représentent assez bien Napoléon, mais ce que nul pinceau n'a su reproduire, c'est justement son sourire et l'expression de son regard : c'est ce qui le rendait si charmeur. »

« Quand il souriait, l'expression de sa physionomie était des plus agréables », note le capitaine Maitland qui accueillit le prisonnier trois mois plus tôt sur le *Bellérophon.* Un marin, l'aspirant George Home, qui l'aperçut souvent sur le pont, s'exclame : « Quelle ineffable beauté dans ce sourire. » Méneval, le secrétaire intime, souligne : « Il s'illuminait du plus gracieux sourire. » Ce trait frappa vivement Chateaubriand lors de leur première entrevue en 1802 : « Son sourire était caressant et beau. »

Ce sourire et cette voix ont toujours excité ma curiosité. Ils en disent plus long que toutes les descriptions. Cependant, on ne pourra jamais en élucider le mystère. L'impuissance qui fait paraître l'Histoire comme un spectacle toujours fuyant et illusoire ne me déplaît pas. Rien ne pourra violer cette part intraduisible, seule connue des contemporains. On ne pourra jamais reconstruire ni imaginer ce sourire. Il était « caressant et beau », c'est tout. Le sourire de Napoléon reste un secret bien gardé. Qui peut saisir cette expression rieuse créée par le mouvement imperceptible de la bouche et des yeux, cette illumination qui transfigure soudain un visage ? Cette part insaisissable de Napoléon a intrigué ses contemporains. En réalité, ce visage que les portraits de David, Gros ou Gérard nous ont rendu familier n'est jamais fidèle. « Aucune des gravures que j'ai vues de lui ne lui ressemble parfaitement ; la plupart même ne lui ressemble pas du tout », dira l'écrivain allemand Kotzebue en le rencontrant pour la première fois en 1804. « Il n'existe pas du grand homme un portrait absolument ressemblant », remarque son camarade d'études Bourrienne devenu plus tard son secrétaire. À Sainte-Hélène, le capitaine Basil Hall qui le rencontre en 1817 s'étonne « de trouver une si grande différence par rapport aux portraits et aux bustes qu'on a de lui ».

Michelet qui aperçut l'Empereur en 1815 est formel. Il n'existe que deux portraits fidèles de Napoléon. Le buste de Houdon (1800), « sauvage, obscur, ténébreux, qui semble une sinistre énigme ». Et un tableau de David qui le représente en pied dans son cabinet « sans cils, ni sourcils ; peu de cheveux, d'un châtain douteux [...]. Les yeux gris, comme une vitre de verre où l'on ne voit rien ».

Cette dissemblance s'est accentuée dans les dernières années du règne. L'extraordinaire différence entre les portraits est déconcertante. Dans cette expression impossible à restituer réside probablement le charme.

Le mystère du sourire et de la voix hante les Briars, premier lieu de méditation sur la tyrannie du temps. Dans cette maison, son ultime havre de douceur et de paix, le vaincu va entreprendre le laborieux aller et retour dans le passé déjà commencé avec Las Cases sur le *Northumberland*. Hier et aujourd'hui, jadis et naguère, ressassés encore et encore. La fastidieuse machine à remonter le temps se met en mouvement. Sur le bateau qui fait route vers Sainte-Hélène, Napoléon demande un jour à Las Cases : « Que pourrons-nous faire dans ce lieu perdu ? » « Sire, nous vivrons du passé. »

À cet instant, le prisonnier a probablement une illumination. L'homme qui, après la boucherie d'Eylau, se met frénétiquement à la besogne pour oublier, rédigeant plus de trois cents lettres dans le château de Finkenstein où il s'est retiré, s'écrie : « Oui, il faudra travailler ; le travail aussi est la faux du temps. » Las Cases entrevoit déjà le profit qu'il va tirer de cette reconstitution de la mémoire. Pour ne pas faire de jaloux, l'Empereur va réserver à chacun de ses compagnons un épisode de sa vie. Il l'annonce à son entourage le 28 octobre : à Bertrand, l'Égypte, à Gourgaud, les événements de 1814, le retour de l'île d'Elbe, à Las Cases, les campagnes du premier Consul, à Montholon, celles de l'Empire.

Arrêtons-nous sur ces hommes qui ont suivi le proscrit. Le comte Emmanuel de Las Cases, quarante-neuf ans, ancien émigré rentré en France en 1802, nommé chambellan en 1809 puis membre du Conseil d'État. Aux Briars, il est devenu le compagnon préféré de Napoléon qui l'a choisi pour demeurer auprès de lui. Le général et baron Gaspard Gourgaud, trente-deux ans, nommé officier d'ordonnance de l'Empereur en 1811, porte un amour exclusif à son maître. Il répète à qui veut l'entendre qu'il lui a sauvé la vie en 1814 à Brienne. Il hait Las Cases. Le comte Henri-Gatien Bertrand, quarante-deux ans, grand-maréchal du Palais, est un personnage effacé.

Sa loyauté, son sens de la fidélité en font la figure la plus noble de cette suite. Sa femme, Fanny, née Dillon, issue d'une famille apparentée à celle de l'impératrice Joséphine, et leurs enfants l'ont suivi. C'est un couple très uni. Fantasque et piquante, la « grande Fanny » est une femme pleine de grâce. Bertrand a joué un rôle décisif à Wagram en établissant des ponts gigantesques sur l'île Lobau. C'est la seule personne que connaît véritablement l'Empereur avant sa chute. Charles Tristan de Montholon, trente-deux ans, diplomate, personnage assez douteux, a été accusé de détournements de fonds en 1814. Il a vu sa carrière brisée par son mariage avec Albine de Vassal qui l'a accompagné à Sainte-Hélène. Déjà mariée deux fois, cette femme trop libre qui fut ravissante est de trois ans l'aînée de Montholon.

Parmi les domestiques autorisés à suivre le prisonnier, la personnalité la plus attachante est celle du premier valet de chambre de l'Empereur, Louis Marchand. Son dévouement, son empressement pour le souverain déchu contribueront à atténuer la tristesse et les rigueurs de l'exil. Il est secondé par Ali, surnommé aussi le « Mameluck », de son vrai nom Louis-Étienne Saint-Denis. Doué d'une excellente mémoire, pourvu d'une assez bonne instruction, Ali sera le bibliothécaire de Longwood et servira de scribe à tous les témoins de la captivité. Ses *Souvenirs* ont été publiés en 1926, mais beaucoup de papiers restent encore inédits. On pense à peu près tout savoir sur la captivité. Cependant, le fidèle Ali, qui jouissait d'une mémoire visuelle prodigieuse, a-t-il dit son dernier mot ?

Pourquoi ces hommes ont-ils accepté de suivre le souverain déchu ? La cupidité, le dévouement, l'admiration expliquent en partie leur geste. Certes, Napoléon dispose de fonds importants en Europe. Le couple Montholon nourrit l'espoir que le prisonnier saura exprimer sa gratitude. Las Cases est mû surtout par l'intérêt littéraire. Désintéressé, Gourgaud ne néglige pas pour autant les libéralités dont il pourrait bénéficier. L'honnête Bertrand a beau être profondément attaché à la personne de l'Empereur, il s'attend cependant à être récompensé de son zèle, mais cette motivation reste chez lui accessoire. Le comportement des domestiques semble avoir été plus gratuit, en particulier chez Marchand et chez Ali, modèles de l'abnégation.

Tous ces mobiles ne sauraient rendre compte du principal : la face aléatoire, aventureuse, d'une situation totalement inédite. Ces Français, qui ont accepté de quitter leur patrie et de suivre un proscrit, ignorent ce qui va advenir de leur propre sort. L'incertitude l'emporte sur l'ambiguïté des uns, et l'inconscience des autres, même si tous pressentent plus ou moins confusément qu'ils prennent part à la légende. Mais, en 1815, l'imagination n'a pas encore amplifié l'épopée. L'homme qu'ils accompagnent est le responsable du désastre de Waterloo. Il est perçu comme une sorte de condottiere soucieux de sa seule gloire.

6

La seconde pièce des Briars contient une collection de gravures rassemblée par Gilbert Martineau. Ce sont des lithographies et des dessins originaux qui ont trait à l'exil de Sainte-Hélène. En examinant une estampe de l'époque, je constate que les Briars n'ont guère changé. Certes, la maison des Balcombe a disparu, mais le vallon demeure presque intact. Aujourd'hui, y paissent des moutons. Des câbles, des fils métalliques portant de grosses bobines sont déroulés en désordre sur le sol. On dirait un chantier abandonné. La société britannique de télécommunications Cable & Wireless, qui a succédé à l'Eastern Telegraph Company, a établi ses dépôts dans cette partie de la propriété des Balcombe. Pendant longtemps, le pavillon de l'Empereur servit de logement de fonction au directeur de la compagnie.

Pour tuer le temps, les employés de la société de téléphone ont créé un bar sur les hauteurs des Briars, l'*Exiles Club*. À cette heure de la journée, le club des exilés est fermé. Je jette un coup d'œil à travers la vitre : des bougies plantées dans des bouteilles, un billard, un jeu de fléchettes, des quilles, la reproduction d'une étrange gravure de la Renaissance. Elle représente un vieillard appuyé sur une faux mangeant un enfant. Je suppose qu'il s'agit de Saturne. Saturne, figure de la mélancolie, dieu sombre et solitaire chassé de son trône et relégué à l'extrémité de la terre... Qui a eu l'idée d'accrocher cette gravure aux murs ? Deux signes du zodiaque, le Taureau et le Capricorne, encadrent Saturne. J'aimerais examiner la scène de plus près. Mais la porte de l'*Exiles Club* est cadenassée. Le vent geint doucement à travers les planches de la véranda. En comparaison, la petite maison de Napoléon paraît avenante.

L'odeur de la mélancolie, c'est à l'*Exiles Club* qu'on la flaire, quelque chose d'humide et d'alangui, l'effluve entêtant du moisi, l'âcre goût de poussière qui désignent la fixation au passé, la monotonie des souvenirs, la négligence, la paresse. Et la mort. Il est pourtant probable qu'on se sente heureux à l'*Exiles Club*. La sobriété du décor n'indique-t-elle pas le règne de l'imagination ? Une bonne bière et la représentation énigmatique de Saturne sur le mur, il n'en faut pas plus pour rêver à l'Angleterre que l'on a quittée. L'exil est une spécialité hélénienne. L'île n'a pas attendu Napoléon pour inventer cet art si particulier de l'éloignement. Le bannissement, la déportation ont constitué l'identité de ce rocher découvert en 1502 par les Portugais.

Son premier habitant fut un renégat, Fernando Lopez, abandonné sur l'île en 1513. Il venait de Goa où le gouverneur lui avait fait trancher la main droite et le pouce de la main gauche. Lopez s'était non seulement mis au service d'un despote musulman, mais aussi converti à l'islam. Longtemps, les Portugais ont faussé délibérément les coordonnées de Sainte-Hélène sur les cartes. Les premiers gestes qui entourent la découverte et l'occupation de l'île sont marqués par le silence, l'abandon et la dissimulation.

Lieu déclaré forclos dès sa prise de possession, Sainte-Hélène est tenue à l'écart, *reléguée*. C'est exactement le mot qu'emploie Las Cases lorsqu'il se trouve aux Briars : « En nous *reléguant* au bout de la terre, au milieu des privations, des mauvais traitements, des besoins de toute espèce, ils [les ministres anglais] avaient voulu nous faire boire le calice jusqu'à la lie. » Et d'ajouter : « Sainte-Hélène est une véritable Sibérie ; la différence n'en est que du froid au chaud, et dans son peu d'étendue. »

Cette comparaison ne facilite guère les choses lorsqu'on veut décrire l'insaisissable climat de Sainte-Hélène. Las Cases a bien perçu son ambiguïté. Avec ses manguiers et ses cactus, la végétation des Briars présente la face la plus aimable de Sainte-Hélène et paraît conforme à ce qu'on attend d'une île sous les tropiques.

Pendant les deux mois qu'il va passer chez les Balcombe, Napoléon aime goûter la fraîcheur du vallon. Chaque jour, il s'y promène. Il n'a pas le choix. Le pavillon est si étroit qu'il doit patienter dehors pendant que Marchand fait le ménage dans l'unique pièce où il vit. Elle sert à la fois de chambre à coucher, de cabinet de travail, de salle à manger. En se promenant dans le jardin des Balcombe, il s'entretient parfois avec l'esclave Tobie, un jardinier d'origine malaise enlevé et vendu à Sainte-Hélène par un équipage anglais. « Ce pauvre Tobie que voilà est un homme volé à sa famille, à son sol, à lui-même », s'indigne-t-il. Il ne semble plus se souvenir qu'en 1802 il a rétabli l'esclavage supprimé par la Convention. « L'on a commis un horrible forfait en venant le faire mourir ici sous le poids de l'esclavage », s'emporte-t-il.

Las Cases qui raconte la scène décrit ensuite la curieuse réaction de Napoléon. « Mais je lis dans vos yeux ; vous pensez qu'il n'est pas le seul exemple de la sorte à Sainte-Hélène. » Le proscrit est vexé de se voir comparé à l'esclave. Et il déclare alors : « Mon cher, il ne saurait y avoir ici le moindre rapport [...]. On ne nous a point soumis à des souffrances corporelles, et l'eût-on tenté, nous avons une âme à tromper nos tyrans !... Notre situation peut avoir des attraits. L'univers nous contemple ! Nous demeurons les martyrs d'une cause immortelle !... »

À l'instant même où il a appris sa déportation à Sainte-Hélène, le 31 juillet 1815, Napoléon s'est-il consolé, entrevoyant le prestige qu'il allait tirer de son malheur ? Plus tard, il dira : « L'infortune seule manquait à ma renommée. J'ai porté la couronne impériale de France, la couronne de fer de l'Italie ; et maintenant l'Angleterre m'en a donné une autre plus grande encore et plus glorieuse – celle portée par le Sauveur du monde –, une couronne d'épines. »

Les dictées trompent l'ennui mais servent surtout à fabriquer la légende. Gourgaud travaille sur le 18 Brumaire. Las Cases enregistre la campagne d'Italie. L'énergie que produit ce flux de paroles, cette fixation au passé, alimente un dispositif qui agit en tournant sur lui-même. Aux Briars, le mouvement circulaire est déjà en place. À chacun son tour d'enregistrer ! On le voit au jour le jour en lisant les témoins :

l'Empereur passe par des moments atroces quand il cesse de soliloquer. Il est l'arbre. Cet axe qui transmet la rotation ne doit jamais s'arrêter. Il importe de parler, d'être toujours disert. Des mots, des monologues, discourir, se souvenir. Jusqu'à la mort.

Sur le *Northumberland*, Las Cases avait bien observé ce mécanisme de ressassement. Napoléon a toujours éprouvé en effet quelque difficulté à *commencer* : « Il semblait se défier de lui, disant qu'il ne pourrait jamais arriver au résultat ; il rêvait alors quelques minutes, puis se levait, se mettait à marcher et commençait à dicter. Dès cet instant, c'était un tout autre homme ; tout coulait de source, il parlait comme par inspiration ; les expressions, les lieux, les dates, rien ne l'arrêtait plus ! »

Finalement, peu d'images, de couleurs, d'impressions chez lui. Ses souvenirs sont monochromes, en noir et blanc. Ce ne sont pas les lieux qui l'intéressent dans ces réminiscences, mais le temps. La répétition est un élément important du ruminement intellectuel napoléonien. Mais il lui faut parvenir d'abord au cœur du sujet. Alors, tout se déclenche. « Quand il était arrivé à l'idée dominante, et chaque jour avait la sienne, il abondait », avait constaté le baron Fain.

Napoléon fait des séries comme un peintre répète le même tableau. « Cette idée se retrouvait dans toutes ses lettres et dans toutes ses conversations. » Le baron Fain avait l'impression d'écouter toujours la même note : « La corde remise en vibration répétait aussitôt le même son avec une fidélité remarquable. » Lorsque, dans cette fouille de la mémoire, il arrive que le temps et l'espace se télescopent, des visions étonnantes jaillissent, comme celle de ce chien au soir d'une bataille de la campagne d'Italie :

« Par un beau clair de lune et dans la solitude profonde de la nuit, un chien sortant tout à coup de dessous les vêtements d'un cadavre s'élança sur nous et retourna presque aussitôt à son gîte, en poussant des cris douloureux ; il léchait tour à tour le visage de son maître, et se lançait de nouveau sur nous ; c'était tout à la fois demander du secours et rechercher la vengeance. » Et Napoléon fait alors cette observation étonnante : « Jamais rien, sur aucun de mes champs de bataille, ne me causa une impression pareille. »

On pourrait comparer l'indifférence du chef de guerre pour ses hommes à ce sentimentalisme pour un chien errant au milieu des cadavres – notons aussi cette parole de propriétaire, à moins que ce ne soit celle du jardinier de la mort : *mes* champs de bataille, signifiant qu'il a vraiment usé, disposé et joui d'une manière exclusive et absolue de ce terrain où se livrent les combats. Il fait cette confession surprenante : « J'avais sans émotion ordonné des batailles qui devaient décider du sort de l'armée ; j'avais vu d'un œil sec exécuter des mouvements qui amenaient la perte d'un grand nombre d'entre nous ; et ici je me sentais ému, j'étais remué par les cris et la douleur d'un chien. » Relevons aussi l'« œil sec », aveu d'indifférence qui ne cherche même pas à faire illusion.

Beaucoup de sentiments ou de réflexions sont liés chez lui à la vue, au regard. Ce chien est littéralement une *vision* qui a un sens. Tout ce qu'il a vécu doit avoir un sens. Les périodes de mélancolie et de souffrance naîtront de la difficulté, voire de l'impossibilité, à donner une signification à ce qui a eu lieu. Il souffre lorsqu'il dicte Waterloo à Gourgaud : il n'arrive pas à comprendre les raisons de sa défaite. Le vaincu ne cesse de refaire le plan de la bataille, cherche des signes, des indices, des fautes qui se dérobent toujours à sa pensée. Il fait songer au Koutosov de *Guerre et Paix* qui avait juré de ne jamais quitter Moscou et qui se retrouve un beau jour loin de la capitale. Comment cela s'est-il fait ? Question obsédante : « Quand donc s'est décidé l'abandon de Moscou ? Quand fut commise l'erreur qui rendit l'abandon inéluctable ? Quand donc ai-je fait cela ? » Et il s'aperçoit que cela s'est fait imperceptiblement, naturellement. Lui qui croyait diriger les événements se rend compte qu'il n'en est que l'instrument. Napoléon n'est pas encore arrivé à ce constat. Le déroulement, le cours des choses lui font horreur parce qu'ils sont privés de sens.

Entre le moment de sa reddition au large de l'île d'Aix (15 juillet 1815) et l'annonce de sa déportation à Sainte-Hélène (31 juillet), il lui arrive de tenir des propos incohérents, d'avoir un comportement inexplicable. Il flotte. Pas très longtemps. L'évidence et la rigueur de l'arrêt anglais qui l'abandonnent sur un rocher perdu au milieu de l'Atlantique redonnent netteté à la légendaire intelligence accélérée. Le fameux discernement napoléonien. Discerner, cette aptitude à *séparer* les choses, à distinguer le vrai du faux, l'imaginaire du réel, le singulier du général. Il fera honte à ses persécuteurs. Sans jamais se plaindre. Les protestations, les doléances sont pour Bertrand et Montholon. Le chef commande, les militaires exécutent. Il leur incombe d'interpréter ses malheurs auprès des Anglais. À Las Cases de les fixer pour la postérité. Dans le style lapidaire digne des bulletins de l'armée d'Italie, il aura aux Briars ce mot : « J'ordonne ou je me tais ! »

Déjà, on voit poindre ces énigmatiques moments d'abattement : l'Empereur livre le combat contre soi-même. Il garde la chambre et ne veut recevoir personne (23 et 24 novembre 1815). Aucune explication ne sera jamais donnée par les témoins à ces périodes de dépression. Las Cases parle bien de « dégoût », mais il veut se rassurer en incriminant la mauvaise santé du captif. « Son corps est bien loin d'être de fer, ainsi qu'on l'a cru, c'est seulement son moral. » Mais de ce moral, le mémorialiste ne dit rien.

On peine à imaginer que le dieu des batailles, le Jupiter tonnant, terreur de l'Europe, fasse le clown pour égayer Betzy Balcombe et s'amuser à lui faire peur. Il ne craint pas de s'ébouriffer les cheveux, de grimacer horriblement, de pousser des rugissements. Avec elle, il discute d'égal à égal sur des sujets tels que les pestiférés de Jaffa ou l'occupation de Moscou – au sujet de cette ville, il lui dit, hilare : « C'est moi qui l'ai brûlée. » L'homme des Pyramides trouve impayable le fait que la jeune Anglaise lui arrache son sabre pour le piquer. Elle lui brûle les doigts avec de la cire chaude, lui chante une romance qui pleure la mort du duc d'Enghien, le traite de « mangeur de grenouilles ». Il est heureux, amusé, ému. Il joue avec elle à colin-maillard, ne bronche jamais quand elle lui montre les méchantes caricatures anglaises de l'Ogre.

Mais ces divertissements ont une fin. Napoléon se sent de plus en plus à l'étroit dans sa « mauvaise cabane » des Briars. Il a hâte d'emménager à Longwood.

Las Cases, qui a visité la future résidence de l'Empereur, est consterné. « Sire, nous sommes ici en cage. Là-bas, nous serons parqués. »

Le gardien des Briars tient à me montrer une planche mangée par les termites. Sur un côté, le bois paraît intact ; il le met d'autorité dans ma main. On dirait du liège : l'autre côté est tellement rongé que la planche tombe en poussière. Le gardien raconte qu'à Jamestown deux policiers devisaient sous un mélia. L'un d'eux s'adossa au tronc qui s'effondra d'un seul coup, entraînant la chute de l'arbre pulvérisé de l'intérieur par les termites.

Le temps, cette lente dévoration nocturne, serait-il le supplice hélénien ? La surface immobile des choses est travaillée par un ruminement sourd qui ronge la roche, la végétation, l'énergie des hommes.

Je connais ce grondement. On pourrait le confondre avec

le roulement de l'océan. Cette ombre vague et menaçante n'est autre que le bourdonnement du temps, la fermentation du souvenir. Un son inquiétant, sourd qui dérègle l'imagination. Cette divagation que les habitants des îles, les reclus, savent depuis toujours identifier rend un chant profond. Les nuages courent, la mer tonne, la complainte qui bourdonne aux oreilles ne s'apaise jamais. La raison se trouble à vouloir se dégager de la mélopée obsédante comme une idée fixe.

DEUXIÈME JOUR

Dernier verre au Consulate. – Où l'on voit surgir deux Anglaises. – Les quatre évangélistes. – L'innommable. – Première apparition de Longwood. – Trompeuse apparence. – Une maison hantée. – Une impression de vénéneux et de stagnant. – L'aquarelle de Marchand. – Les Hauts de Hurlevent. – Le front plissé du consul. – « Une vacherie ». – L'odeur de la captivité. – Une atmosphère de cave. – Les bains du prisonnier. – Le « vaisseau de Thésée ». – La griffure sur le globe. – Le manteau de Marengo. – Les trous dans les persiennes. – « Une curieuse moisissure ».

I

Ma première nuit à Sainte-Hélène… J'habite une petite maison perchée sur Market Street que le consul m'a dénichée. Market Street prolonge l'artère principale de Jamestown. Cette rue en pente comporte quelques bâtiments voués aux cultes baptiste, adventiste ou anglican. C'est une de ces avenues stagnantes et vides des tropiques, défraîchie prématurément par le soleil et par l'équanimité de ses habitants, nullement sordide, très propre au contraire. D'où cette tristesse aride qui n'inspire aucun sentiment si ce n'est un vague ennui.

Au milieu du rond-point, deux banians, dévidant leurs racines aériennes, portent la marque d'incisions. C'est la trace des clous que l'on enfonçait dans le tronc le temps d'une enchère pour la vente des esclaves.

J'occupe une chambre située au fond du petit jardin intérieur. D'ordinaire, les quelques touristes qui débarquent du RMS *St. Helena* descendent au Wellington ou au Consulate situés dans la rue principale de Jamestown. Le Consulate est une bâtisse de style géorgien dont la véranda jadis ravagée par les termites est soutenue par des rails de chemin de fer.

Le bar du Consulate, le seul endroit animé de l'île. Je n'ai pu résister hier soir à la tentation d'y boire un verre. Le serveur, apprenant que je suis français, a tenu à me présenter son patron.

– Pourquoi votre établissement se nomme-t-il le Consulate ? Est-ce une allusion à Napoléon ?

– Napoléon !... Je ne comprends pas.

– Peut-être avez-vous voulu évoquer la période du Consulat de Napoléon.

– Le Consulat ! Je ne comprends pas. Napoléon était empereur, pas diplomate. D'ailleurs, ce n'est pas moi qui ai baptisé l'hôtel !

Manifestement, il n'avait jamais entendu parler du Premier Consul[1]. J'ai renoncé à lui expliquer qu'à Sainte-Hélène les Anglais ne reconnaissaient pas au prisonnier son titre d'empereur et l'appelaient Bonaparte. Le nom de l'hôtel serait-il le vestige de la dernière humiliation infligée au vaincu de Waterloo ? J'imagine que tout Français en visite à Sainte-Hélène guette, non sans une délectation amusée, le moindre indice de la mesquinerie britannique. Dans ce jeu dont nous avons fixé les règles, nous croyons tenir le beau rôle, celui de la victime.

Le visage de l'aubergiste s'est soudain renfrogné. Peut-être

1. Avant d'être un hôtel et un bar, cette maison servait de bureaux à la maison Solomon. Le chef de cet établissement était à la fin du XIXe siècle le consul honoraire d'une dizaine de pays dont la France – d'où le nom de Consulate.

a-t-il pensé que je souffrais comme tous les pèlerins français d'un délire de persécution. Heureusement, une vieille Anglaise avec laquelle j'avais lié connaissance est venue faire diversion. Elle avait attiré mon attention sur le bateau à cause de ses manières impérieuses, de son sourire enjôleur. J'avais remarqué aussi sa suivante, le genre de vieille fille discrète et farceuse qu'on trouve dans les romans de Jane Austen. Pendant la traversée, elles s'étaient amusées à passer en revue tous les passagers du bateau, buvant sec et pouffant comme des collégiennes.

– Quel horrible trou, n'est-ce pas ? C'était plus amusant sur le bateau !

À la différence de leurs compatriotes, forcenés de jeux de société, elles ne s'adonnaient ni au scrabble ni au bingo. En revanche, elles étaient les premières à passer commande quand le bar ouvrait. À présent que tous les passagers se sont éparpillés à l'escale de Sainte-Hélène, elles s'ennuient.

– Où en êtes-vous avec votre Napoléon ?

J'ai répondu que mon enquête n'en était qu'au début et que les choses sérieuses allaient commencer demain avec la visite de Longwood. Sur le bateau, elle avait voulu m'asticoter avec Napoléon. Je lui avais prêté la traduction française du livre de lord Rosebery, *La Dernière Phase*. J'avais loué la perspicacité de l'ouvrage écrit sans que l'auteur ait eu connaissance des témoignages d'Ali et surtout de Bertrand. À en juger par toutes les questions dont elle m'accabla ensuite, elle l'avait soigneusement lu. Sa suivante l'avait eu aussi entre les mains mais n'en avait dit mot. Ce qui préoccupait surtout ma despotique amie, c'était la vie amoureuse de Napoléon à Sainte-Hélène. Je lui avais répété qu'au vu des témoignages l'Empereur était resté chaste, même si un doute subsiste sur ses relations avec Mme de Montholon – d'ailleurs elle avait pu constater que lord Rosebery avait eu le bon goût de ne point s'en soucier.

– Mais cette question ne relève ni du bon ni du mauvais goût, s'était-elle exclamée.

– Vous savez, Napoléon avouait lui-même qu'il n'était pas un grand amoureux.

– Qu'en savez-vous ?

Pourquoi m'étais-je senti l'obligation de lui produire quelques preuves ? Je lui avais fourni une citation de Gourgaud à qui Napoléon avait dit en soupirant : « Bah ! les femmes... Quand on n'y pense pas, on n'en a pas besoin. » Cela ne lui avait pas suffi. Il m'avait fallu lui apporter d'autres indices. Je m'étais pris au jeu. J'avais eu en outre la faiblesse de penser que ces recherches permettaient d'éprouver ma dextérité à me déplacer dans la « jungle » hélénienne.

L'historien Jean Tulard proclame que le culte napoléonien a ses quatre évangiles : Las Cases, Gourgaud, Montholon et Bertrand. Il y a aussi d'autres souvenirs écrits par les médecins (O'Meara, Antonmarchi) ou les domestiques (Marchand, Ali), sans parler d'abondantes pièces provenant d'officiels anglais ou de visiteurs de passage.

On pourrait penser que cent quatre-vingts années après les

faits, tous les témoignages de première main sont désormais connus. Erreur ! Cette période réserve encore bien des surprises, comme le révéla la publication en 1969 du journal du major Gorrequer, aide de camp de Hudson Lowe. Ses notes éclairent d'une lumière encore plus crue la personnalité du lugubre geôlier de Napoléon. Déjà, l'édition des *Cahiers* du grand-maréchal Bertrand en 1949 avait fait sensation. On tomba des nues en prenant connaissance de la sténographie enregistrée dans le plus grand secret par ce familier de l'Empereur. À partir de 1816, Bertrand avait décrit, au jour le jour, la vie du captif en se servant d'un système compliqué de signes et d'abréviations pratiquement indéchiffrables. À force de patience et d'ingéniosité, un érudit, Paul Fleuriot de Langle, en vint pourtant à bout. Les témoins de Longwood ont décrit le héros, « il y manquait l'homme » comme le remarquait Marie Bonaparte. La psychanalyste, amie de Freud, salua avec éclat la cruelle vérité de ces *Cahiers*.

Dans ce journal, où tout est consigné – depuis la consommation mensuelle en vin de Bordeaux jusqu'aux selles du grand homme –, j'avais retrouvé des propos de Napoléon sur son frère aîné qui avaient troublé mon Anglaise : « Je disais à Joseph : "Vous êtes occupé de jouir de tout, moi de penser et jamais de jouir [...]. Vous aimez les femmes. Je n'y pense guère." »

L'avais-je convaincue ? Et, du reste, de quoi ? Qu'y a-t-il de significatif ou même de décisif dans la relation de ces cinq années ? Les petits faits, les anecdotes abondent, voire les détails croustillants. On a beau les dédaigner, je n'ai pas résisté à la tentation d'en recenser un certain nombre, surtout chez Bertrand. Impavide, il consigne dans son journal les avances que le prisonnier fait à sa propre femme (« Scène de l'Empereur à Mme Bertrand qui sort en pleurs », 29 septembre 1819). Rien n'est jamais nettement formulé. Ce sont les silences, les retenues, les mystères qui forment la part la plus fascinante de ces témoignages. L'obscur, l'innommable interdisent à jamais l'accès des portes secrètes de Longwood et de ses noirs corridors ?

– Peut-être pourrions-nous aller ensemble à Longwood ? avait suggéré la vieille Anglaise, avec son sourire énergique et pourtant charmeur. Ce serait terriblement excitant de découvrir cette maison avec vous !

Comment lui faire comprendre que je n'avais aucune envie de l'avoir sur le dos pour cette première visite ? Heureusement, sa suivante s'était interposée.

– Monsieur travaille… Nous, nous faisons du tourisme. Ne vois-tu pas que tu l'as déjà trop dérangé avec tes questions extravagantes sur Bony ?

J'avais protesté mollement. Nous avions promis d'échanger nos impressions ici même, au Consulate. La suivante avec son air effacé avait utilisé le surnom détesté : Bony. Dans la nuit, j'avais regagné ma maison de Market Street, vaguement exalté, un peu perplexe aussi. Qu'allais-je ressentir en voyant Longwood, dont le timbre caverneux avait toujours résonné pour moi comme le bourdon d'un glas ?

2

« Enfin on a quitté Briars, on s'est mis en route pour Longwood. L'Empereur a monté le cheval qu'on lui avait fait venir du Cap », écrit Las Cases à la date du 10 décembre 1815. C'est d'un ton presque enjoué que l'auteur du *Mémorial* rend compte de l'étrange journée. À le lire, on sent Napoléon ravi de la nouveauté et soulagé de quitter les Briars. Las Cases consigne même : « Sa grâce et sa bonne mine étaient particulièrement remarquables ce jour-là. »

Pour gagner Longwood depuis les Briars, Napoléon et sa suite durent redescendre à Jamestown. Six kilomètres séparent la capitale du dernier lieu de captivité. La route en lacets taillée dans le basalte traverse d'abord une végétation de cactus, de bougainvillées et d'aloès dont les longues perches dénudées retombent sans grâce sur le sol de scories. Puis le maquis s'adoucit, cédant la place aux pins et aux agaves. À mi-chemin entre Jamestown et Longwood, le Button Corner oblige le voyageur à fermer sa veste. Brusquement le paysage devient plus âpre, plus dépouillé. On débouche alors sur un plateau à l'herbe rare et jaunie. Quelques maisons, une aire de jeux et de pique-nique, un mur de pierre entourent un parc. Au fond, Longwood…

Il y a quelque chose d'inexplicable dans ce site et surtout dans cette maison, qui ne correspond ni à l'idée qu'on se fait d'une prison ni même d'une habitation. N'ai-je pas déjà vu de nombreuses gravures et photographies de Longwood ? Et pourtant aucune ne saurait rendre compte de ce que je découvre à cet instant. Je suis médusé. Une maison, une prison ? Plutôt un spectre, une fantasmagorie. Il m'a rarement été donné de contempler un endroit aussi oppressant. Non pas lugubre – l'attribut d'une tristesse uniforme et irrémédiable. La beauté et la luxuriance des jardins contrastent avec le logis qui ne ressemble à rien : le type même de la maison hantée. Le décor est sage, mais l'âme détraquée. Il règne une impression de vénéneux, de stagnant. On alléguera que cette sensation est fatalement induite par les souvenirs qui peuplent une telle demeure. L'imagination l'a métamorphosée pour en faire la représentation de l'exil et de l'infortune.

Pour peu qu'on oublie l'histoire et la fable, Longwood ne serait-elle qu'une banale propriété des tropiques ? L'aspect du plateau, à cinq cents mètres d'altitude, n'a rien de comparable avec les autres paysages de l'île. Ici, on est loin de Jamestown et à plus forte raison des Briars dont la suavité évoque les Canaries. Longwood est une sorte d'Ouessant de l'Atlantique Sud. Le ciel et les arbres n'y sont jamais au repos. Tordus par l'incessant vent de sud-est, les pins sont tous déformés dans la même direction. L'empreinte de l'alizé qui a paralysé les branches ressemble à ces lignes dont les dessinateurs de bande dessinée se servent pour imiter la trajectoire d'un projectile.

Deux hommes s'affairent dans le jardin, l'un près d'un parterre de cinéraires, l'autre sur une plate-bande. Comment ne pas penser à l'aquarelle de Marchand peinte en 1819 ? C'est la description la plus exacte du Longwood de la captivité. Les deux mêmes jardiniers figurent sur la peinture du valet de chambre de Napoléon. Rien n'a changé et cependant tout est différent. Au fil des années, la ferveur aidant, le lieu a, semble-t-il, pris de l'épaisseur. Il n'y avait pas une telle végétation du temps de Napoléon qui se plaignit d'emblée du manque d'ombre.

– Eh bien ! remettez-vous !

En état de sidération, je n'ai pas vu s'approcher Michel Martineau. La voix du consul de France est quelque peu ironique. Dans mon ébahissement qui doit paraître ridicule entre certainement une part d'émotion, mais plus encore le sentiment bizarre d'être passé clandestinement sur une rive interdite, celle d'un temps qui n'appartient plus à la chronologie. Bizarre et pourtant si facile, comme lorsqu'on passe d'un fuseau horaire à l'autre.

Je n'ai jamais pris au sérieux l'aventure des deux Anglaises qui, visitant Versailles en 1901, affirmèrent avoir été transportées en l'an 1789[1]. Et pourtant, j'ai l'impression à cet instant

1. Cette affaire en troubla plus d'un, tel Jean Cocteau qui affirme : « Leur aventure est sans doute la plus considérable de toutes les époques. » Examinant les faits, il concluait qu'ils témoignent d'« une présence de l'invisible qui n'a rien à voir avec les fantômes ». Voir *Les Fantômes de Trianon,* par C.A.E. Moberly et E.F. Jourdain, Le Rocher.

de subir une hallucination. La sensation confuse du passé se cristallise soudain en une vision absolument nette comme si devant moi venait de s'opérer un phénomène inconcevable : la réversibilité du temps. Son ruissellement s'est répandu dans une autre direction.

Le regard de Michel Martineau indique qu'il semble avoir observé le même trouble chez d'autres visiteurs. Son expression est amusée. En même temps, il me dévisage comme si l'entropie était devenue un phénomène assez courant à Longwood. À Jamestown, lors de l'arrivée du bateau, il était d'un abord réservé, presque méfiant, alors que je le trouve ici plein d'aisance, allègre même, peut-être tout simplement dans la peau du maître des lieux. De sa haute stature, il domine et surveille, arrache d'autorité tout en parlant une mauvaise herbe, éborgne un bourgeon inutile. Son front alors se plisse, le visage se ferme.

Enfoui dans la verdure, le domaine français de Sainte-Hélène est un monde fermé. Il s'agit bien d'une enclave. Le drapeau tricolore flotte au milieu des jardins, entouré de deux canons. Ne sont-ils pas pointés vers Jamestown ? J'ai mauvais esprit. Territoire de la République française, Longwood affiche non sans provocation sa singularité au milieu de l'univers anglo-saxon. Les abords du sanctuaire ont beau être envahis par des baraquements en tôle, une épicerie et une pompe à essence, ces signes prosaïques de la modernité soulignent encore plus l'intimité de l'enclos et sa totale incompatibilité avec le reste du monde hélénien.

« Enfin nous nous sommes trouvés dans notre nouvelle demeure vers les 4 heures », rapporte Las Cases. En arrivant à Longwood, le cheval de Napoléon se cabre, et refuse obstinément de franchir l'entrée. Cette journée du 10 décembre où le captif voit s'ouvrir la porte d'enfer est pourtant placée sous le signe de la bonne humeur. L'amiral anglais qui a dirigé les travaux d'agrandissement de cette ancienne ferme se montre soulagé. « On croyait qu'il avait redouté la mauvaise humeur et le dédain ; mais l'Empereur au contraire témoignait une bonté parfaite », souligne encore Las Cases. Tous font bonne figure, le mémorialiste, cependant, n'a pas été long à s'apercevoir que Longwood est un lieu impossible. « Ce n'est qu'une continuité de vents, de nuages, d'humidité, toujours une température modérée et monotone qui présente du reste peut-être plus d'ennui que d'insalubrité. »

L'ennui. Gourgaud emploie sans cesse le mot dans son journal. Selon Las Cases, ce qui consume le plateau désolé et la maison-labyrinthe est un mal mystérieux. Contre cette langueur et ce vide, la violence des éléments paraît curieusement désarmée. Le secret de Longwood réside peut-être dans le rapport de cette tristesse infinie avec l'inquiétante puissance du site.

Le consul se baisse pour émotter un morceau de terre près des cinéraires. Cette plante aux feuilles couleur de cendres sied à Longwood. Fleur funèbre mais fleur vivante. Le consul se relève et revient vers l'allée. Elle est si encaissée qu'on dirait une tranchée.

– C'est Napoléon qui l'avait fait creuser. Pour se soustraire à la vue de ses geôliers quand il se promenait, commente Michel Martineau.

– Et ces cinéraires ? Il y en avait à l'époque ?

– Les plates-bandes et les parterres sont les mêmes qu'au temps de Napoléon.

– Pourtant, Las Cases se plaint en arrivant de la nudité du lieu.

– C'est longtemps après son départ que ces jardins ont été dessinés. En 1819, Napoléon émerge d'une longue période de prostration. Il se découvre soudain une vocation d'architecte-paysagiste. Il enrôle alors tout son monde à des travaux de jardinage et attribue un enclos à chacun de ses trois domestiques, Marchand, Ali et Noverraz.

– Si j'ai bien compris, le jardin amoureusement dessiné par le vaincu était destiné à faire oublier la maison imposée par le vainqueur.

– Il faut reconnaître que la maison est bizarre. Je l'habite depuis maintenant six années. On ne sait par quel bout la prendre.

Le consul m'apprend que le choix de Longwood s'imposa presque d'emblée aux Anglais. Lorsque leur prisonnier débarque à Jamestown, ils ignorent encore où ils vont le cloîtrer. Plantation House aurait pu convenir, mais cette demeure agréable était la résidence du gouverneur. Il fallait trouver une maison décente, vaste, et surtout facile à surveiller. Entourés de gouffres infranchissables, ouverts sur un seul côté et abordables seulement par une route étroite, Longwood et son plateau désert pouvaient facilement être espionnés. Certes, la mer est proche mais, dans cette partie de l'île, les falaises qui tombent à pic rendent la côte inaccessible.

« Longwood n'était qu'une agglomération de baraques construites pour servir d'abris aux bestiaux », résume lord Rosebery. « Une vacherie », précise Montholon. Le dernier toit de celui qui fut le maître des Tuileries n'était en effet à l'origine qu'une grange édifiée soixante ans plus tôt par le lieutenant-gouverneur de l'île pour stocker des céréales. Puis transformée en étable. Le logis porte la trace encore aujourd'hui de cette humble extraction. On devine la remise élevée à la hâte, qu'on s'est ensuite appliqué à consolider.

En 1787, le gouverneur de l'île conçut le projet de transformer l'ancienne ferme en résidence d'été. Elle comprenait alors quatre pièces en enfilade flanquées d'une cinquième à angle droit. C'est dans cet état que se trouve la maison lorsque Napoléon arrive à Sainte-Hélène. Une fois Longwood choisi par les Anglais pour y enfermer leur prisonnier, quelques aménagements sont effectués pendant que Napoléon attend aux Briars. Une pièce supplémentaire est construite qui servira de parloir. L'ensemble se présente sous la forme d'un T.

Pourquoi cette maison paraît-elle si tourmentée ? « Affligée » serait d'ailleurs plus exact. Qu'est-ce donc qui l'accable tant ? À l'évidence, elle est *à la torture*. Il n'y a pas que le spectre qui l'oppresse. Un air de détresse flotte sur l'habitation dont on voit pourtant qu'elle est admirablement entretenue, soignée dans les moindres détails. Est-ce son isolement absolu qui la rend si poignante ? Est-ce le rouge sanglant des murs qui lui donne cette physionomie sauvage et douloureuse ? L'enfilade même de bâtiments constitue une énigme. On dirait une série de bungalows mal alignés, un enchevêtrement de cabanons et d'appentis. Cependant, ces termes, qui appartiennent d'ordinaire au vocabulaire des stations balnéaires, ne rendent pas compte de la majestueuse mélancolie de la masure. Bicoque mal fichue, imposante. Les Hauts de Hurlevent sous les tropiques !

L'apparence trompeuse de Longwood n'avait pas échappé à Las Cases : « En résumé, l'aspect de Longwood ne saurait être agréable qu'au voyageur fatigué d'une longue navigation, pour qui toute terre a des charmes. S'il s'y trouve transporté par un beau jour, frappé des objets bizarres qui s'offrent soudainement à sa vue, il peut s'écrier même : "Que c'est beau !" Mais cet homme n'y est que pour un instant ; et quel supplice sa fausse admiration ne fait-elle pas éprouver alors aux captifs condamnés à y demeurer toujours. »

– Si vous voulez, entrons à Longwood comme y entrèrent l'Empereur et ses compagnons le 10 décembre 1815, propose Michel Martineau.

Je lui trouve à cet instant l'œil jubilant et grave du magicien sûr de ses tours.

Après avoir gravi les cinq marches, nous nous tenons sur le petit perron. C'est bien la véranda à croisillons de bois qu'on aperçoit sur l'aquarelle de Marchand – Napoléon y figure sur l'avant-dernière marche vêtu de sa culotte blanche et de son habit vert. Cette « tonnelle de guinguette », comme l'écrit Gilbert Martineau, a beau être modeste, elle est devenue le signe caractéristique de Longwood, et permet aussitôt, sur les gravures ou les photos, de reconnaître le lieu.

Michel Martineau ouvre la porte. La première pièce dans laquelle j'entre est le parloir, édifié à la hâte pour agrandir le logement du prisonnier.

Ce qui me surprend aussitôt, ce n'est pas le billard – il occupe presque entièrement la pièce –, mais l'odeur.

Elle est unique ! On peut la confondre avec le moisi mais il s'y mêle d'autres influx plus pénétrants et plus complexes, des senteurs de bois exotiques qui rappellent le santal et le cèdre. Elle évoque ces relents d'iode croupi qui imprègnent les villas de bord de mer à la morte-saison auxquels se marient des notes de résineux.

Le plus entêtant reste encore l'odeur de l'ennui. L'encens de la mélancolie, le musc des idées noires imprègnent l'intérieur de la maison. Nul besoin de savoir qui l'a habitée. Cette empreinte olfactive de cagibi que laisse l'oubli, où l'ai-je donc déjà respirée ? À Guernesey, dans la maison de

Victor Hugo. Hauteville House sent le regret, les délires de l'isolement, la démence dont sera victime Adèle, la fille du poète. L'exil a une haleine particulière. Toutes les prisons se ressemblent. Elles sont imprégnées d'un curieux fumet, mélange de renfermé, de rance et d'exsudation. Les effluences de Longwood sont différentes, plus subtiles, plus exotiques aussi, pas désagréables. Michel Martineau qui me voit renifler l'air s'inquiète.

– Vous êtes victime de ce que l'on appelle ici le « Longwood Weather ». Napoléon en sera incommodé durant toute la captivité. Vous êtes dans l'endroit le plus humide, le plus venteux, en un mot le plus impossible de l'île.

– Cette odeur… je la trouve tragique…

– Tragique !

Il me regarde d'abord avec perplexité, puis avec une solennité rieuse réplique :

– L'odeur de la tragédie, pourquoi pas !

Il garde le silence puis reprend :

– L'humidité ici est terrible. Napoléon faisait allumer des feux en pure perte. Des tonnes de bois ont flambé dans les cheminées. L'atmosphère de cave subsistait car on ignorait à l'époque que le degré d'humidité relative augmentait en même temps que la température.

– Dans son livre[1], votre père note l'étonnement des habitants de Sainte-Hélène lorsqu'ils surent que Longwood avait

1. *Napoléon à Sainte-Hélène, op. cit.*

été choisi pour servir de résidence à Napoléon : l'emplacement était si ingrat qu'aucune famille n'avait songé à s'y établir en permanence. Au fait, quand aurai-je le plaisir de rencontrer votre père ?

– Plus tard, affirme-t-il vaguement.

Avant mon départ, on m'avait prévenu : Gilbert Martineau est un homme qui aime la solitude, évite la société. Le père et le fils habitent à l'autre bout de la maison, dans la partie qu'occupaient les Montholon.

J'ai souhaité visiter rapidement toutes les pièces. La tentation a été grande de m'arrêter dans le parloir, dans la salle à manger, et surtout dans la petite chambre du prisonnier. J'ai voulu être sous l'influence définitive de mon premier regard. Seuls les commencements ont la faculté de dévoiler une vérité cachée. Mais quelle est la vérité de Longwood ? Et ce qui s'y dissimule a-t-il encore un sens ?

Nos pas font vibrer le parquet. Quand nous nous arrêtons, on n'entend plus que le tremblement des fenêtres à guillotine et la complainte du vent. J'ai prié Michel Martineau, qui voulait allumer les lampes, de laisser les pièces dans la pénombre. Tel devait être en plein jour l'éclairage de cet intérieur : une maigre clarté, un clair-obscur maussade. J'imagine les hommes bottés brutalisant le plancher de la maison de carton. Dans ce chez-soi médiocre, l'étiquette était la même qu'aux Tuileries : Bertrand, Montholon et Gourgaud en grand uniforme, les domestiques en livrée. On peut supposer que tout ce monde était en nage. Très sourcilleux sur le chapitre des préséances, le captif ne tolérait pas qu'on s'asseyât en sa présence à moins d'un signe de sa part, ni qu'on lui adressât le premier la parole sauf une fois la conversation engagée.

3

L'odeur de Longwood... Une obsession de l'Empereur. Il avait dû prolonger son séjour aux Briars à cause de la peinture fraîche. Il n'en supportait pas le moindre effluve. Aussi avait-il dépêché Bertrand et Gourgaud afin de renifler l'air de la maison. « Chez lui, l'odorat était extrêmement sensible. À bord du *Northumberland*, il avait été malade de la seule peinture du vaisseau », raconte Las Cases.

Il est rare à l'époque que l'on fasse allusion à l'odorat, sens tabou, qui renvoie à notre animalité. Chez Napoléon, cette aversion provient-elle d'une contrariété psychique ou physique ? Constant, qui fut son valet de chambre avant Marchand, au temps de la gloire, a relevé qu'« on brûlait dans sa chambre, dans de petites cassolettes en vermeil, tantôt du bois d'aloès, tantôt du sucre ou du vinaigre ». Le même Constant a raconté l'histoire de cette jeune actrice madrilène que Napoléon avait remarquée et qu'il fit venir chez lui. L'attirance de l'Empereur se transforma en antipathie à cause de ses parfums qui l'irritèrent à tel point qu'il la congédia brutalement. On a expliqué que son acuité olfactive devait son origine à des allergies. Pour Napoléon, la femme idéale était celle qui n'avait pas d'odeur.

Cet homme d'ordinaire maître de lui et qui a toujours eu l'art de simuler ses colères se fâche tout rouge à cause de cette histoire de peinture. Après Bertrand et Gourgaud, il expédie Montholon à Longwood pour vérifier si l'odeur subsiste. Il explose car les deux rapports sont contradictoires et se décide à envoyer Las Cases pour avoir un autre avis. L'osmologie était-elle familière à cet homme qui s'inondait d'eau de Cologne au sortir du bain ? Il prétendait reconnaître la Corse les yeux fermés rien qu'à son odeur !

La salle de bains est un sombre couloir éclairé par une fenêtre orientée à l'ouest. La baignoire est probablement l'objet le plus fascinant de Longwood. Je fais part de cette réflexion à Michel Martineau qui éclate de rire.

– Attention, vous allez vous mettre à dos tous les adorateurs de l'Empereur. Ils ne goûtent guère ces détails prosaïques.

– L'usage de la baignoire n'a pourtant rien de prosaïque. C'est un art qui exige adresse et discipline. Il paraît que Napoléon était un expert en ce domaine.

– Vous oubliez qu'il ne saurait y avoir de cabinet de toilette pour les grands hommes.

Sourire du consul quelque peu goguenard. Le lieu dont il a la garde lui inspire de la déférence, mais il ne déteste pas ironiser sur la légende. J'examine la baignoire encastrée dans un coffre de bois. Le vert-de-gris s'est déposé sur le cuivre bossué. Le métal est noir, comme calciné par le temps. La surface constellée de piqûres est déformée par de minuscules cratères.

– Las Cases qui dédaigne pourtant le trivial évoque dans le *Mémorial* les bains de Napoléon, fais-je remarquer. Il raconte même que le premier geste de l'Empereur en ce 10 décembre 1815 est de se faire préparer un bain.

– C'est vrai, il n'avait pas pris de bain depuis la Malmaison. Marchand raconte qu'il y est entré « avec une joie d'enfant ». La première baignoire, ce sont les charpentiers anglais qui l'avaient confectionnée. Elle se trouve aujourd'hui dans les jardins ouest. Je vous la montrerai.

Beaucoup de décisions importantes prises par Napoléon le seront dans son tub. Le baron Fain relève qu'il abusait des bains. « Il en prenait trop et les prenait trop chauds. » L'Empereur pensait que cela le soulageait de sa dysurie. Depuis le siège de Toulon, Napoléon souffrait d'une dermatose chronique prurigineuse. Elle l'obligeait à se gratter jusqu'au sang, ainsi que le notent de nombreux témoins comme Marchand. Cet instant de détente favorisait intensément sa réflexion. Lors de son dernier bain au palais de l'Élysée le 25 juin 1815, il fit venir Lazare Carnot, lequel lui conseilla de se réfugier en Amérique. Aussitôt après cette rencontre, le vaincu de Waterloo décidait de quitter l'Élysée.

Il y a chez Napoléon une perpétuelle recherche de contact physique. Il aime toucher, caresser, palper. Pour manifester son contentement, il pince, tord l'oreille ou la joue. En même temps, entrent dans tous ses gestes une appréhension, quelque aversion cachée. La peau sent, elle sue et sécrète le sébum.

D'où lui vient l'habitude de se frictionner le corps avec de l'eau de Cologne ? D'un dégoût pour les odeurs *sui generis* ? Marchand et Ali avaient eu le temps de glisser quelques flacons dans les bagages, mais, très vite, l'Empereur manqua de sa lotion favorite. Impossible de passer commande en Europe, les délais d'acheminement étant trop longs. Napoléon fit alors appel aux souvenirs de ses compagnons. À l'aide de traités qui figuraient dans la bibliothèque de Longwood, Ali put finalement confectionner une eau de Cologne artisanale. La formule retrouvée dans ses papiers a permis au parfumeur de la maison Jean Patou, Jean-Charles Kerleo, de reconstituer l'eau de Cologne de Sainte-Hélène[1].

Je n'ai pas résisté à la tentation de me procurer ce flacon. Il se trouve dans ma valise. Je me propose de l'apporter à Longwood et d'ouvrir dans la salle de bains du captif « le seul vrai souvenir olfactif que l'on puisse avoir conservé de l'Empereur[2] ».

Las Cases insiste sur le fait que Napoléon était gras, peu velu, et sa peau blanche. Bizarrement il remarque :

1. Voir la brochure *L'Eau de Cologne de l'Empereur à Sainte-Hélène*, par Me André Damien.
2. *Ibid.*

« L'Empereur présentait un certain embonpoint qui n'était pas de notre sexe, ce qu'il observe parfois gaiement. »

À l'évidence, cette maison a subi nombre de réparations depuis la mort de Napoléon. Elle est intacte cependant. Elle a échappé au sort qui l'attendait : une transformation en musée. Des objets y sont pourtant exposés mais relégués hors du « périmètre sacré ». On les a groupés dans la bibliothèque ou dans la petite antichambre contiguë à la salle de bains. Longwood échappe à la conservation, à l'exhibition, les derniers avatars de la modernité. Sans doute, les parties en bois – charpente, portes, fenêtres – attaquées par les termites ont-elles été plusieurs fois refaites depuis 1860.

Le paradoxe du « vaisseau de Thésée », qui pose le problème de la conservation et de la restauration, m'a toujours fasciné. Pendant des siècles, les Athéniens conservèrent comme une relique sacrée le bateau sur lequel Thésée, vainqueur du Minotaure, était rentré de Crète. Pour le sauver des atteintes du temps, il fallut, au cours des âges, changer les vieilles pièces de bois si bien qu'après tant de remplacements et de substitutions, on aurait pu légitimement prétendre que le bateau originel n'existait plus. Pour les Grecs, c'était toujours le vaisseau de Thésée, avec la même forme, la même histoire, le même symbole.

Dans combien de temps cette maison sera-t-elle autre ? Longwood a vécu depuis près de deux cents ans une vie de demeure ordinaire : abandonnée, redevenue une grange, endommagée, sur le point d'être démolie, rafistolée, retapée puis enfin ressuscitée. Si elle s'était trouvée en France, elle serait aussitôt devenue un lieu de culte, joyau du patrimoine, une de ces reliques vitrifiées de notre brocante nationale. Son extranéité et son isolement l'ont sauvée d'une manie protectrice bien française qui consiste à figer à jamais un logis bien vivant pour s'y confire en dévotions.

Le « gâteau de sensations » dont parlait Jacques Rivière est ici intact, presque délectable. Longwood a gardé sa chair. Certes maigre et triste. On voit que la vie de la maison désolée ne tient qu'à un fil. Mais, depuis que le captif est entré dans ces murs, il en a toujours été ainsi. Chateaubriand sera le premier à reconnaître la médiocrité de l'habitation. Perfide, il s'empresse d'ajouter : « Ceux qui habitèrent la tour du Temple et le donjon de Vincennes furent encore moins bien logés ; il est vrai qu'on eut l'attention d'abréger leur séjour[1]. »

4

Je songe à la phrase prononcée tout à l'heure par Michel Martineau : « On ne sait par quel bout la prendre. » C'est une de ces habitations mal fichues, qui comptent plus de couloirs que de pièces. Je reviens sur mes pas pour examiner

1. *Mémoires d'outre-tombe.*

le parloir construit à la hâte par les charpentiers du *Northumberland*. Les murs sont peints en vert. Mais ce qui intrigue, c'est l'immense billard à cinq blouses (trous) qui prend toute la place. Le drap est fané, les bandes affaiblies. Je prends dans ma main les boules de vieil ivoire que le captif s'amusait à presser dans son poing et à caramboler. Il ne jouait pas au billard. Le vaste entablement servait à déployer les cartes et les livres qu'il consultait en dictant debout. Le temps a meulé les boules. Elles ne sont plus tout à fait rondes. L'orbe légèrement aplati est marqué d'imperceptibles tavelures qui ont creusé l'ivoire et faussé la forme. Les paumes du captif ont massé quotidiennement ces billes. Gestes machinaux de distrait, de rêveur ? Il touche, mais pour mieux penser à autre chose. Il n'est pas dans la lune comme on pourrait le penser. Au contraire, il se concentre intensément. Le thaumaturge déchu continue de toucher les choses et les hommes.

Un pinceau de lumière transperce la fente d'une persienne animant brusquement les miniatures du Roi de Rome et une gravure aux murs décrivant les « Adieux de Fontainebleau ». La pièce s'illumine, mais l'éclat s'affaiblit pour mourir la seconde d'après. Les gravures se sont éteintes, laissant un écran noir traversé par quelques éclats argentés.

– Vous comprenez pourquoi les exilés aimaient se tenir dans cette pièce, commente Michel Martineau. C'est la partie la plus agréable de la maison. La moins sombre et surtout la moins humide car les fondations ne reposent pas directement sur le sol. Au temps de Napoléon, les murs n'étaient pas très épais. C'étaient des planches de bois, qui laissaient passer la chaleur de l'été et la fraîcheur de l'hiver.

Comme tout le reste, la salle de billard tente de se donner un air noble. Elle est la pièce la plus vaste de Longwood (quarante-trois mètres carrés), et la plus haute. L'espace y semble moins étriqué qu'ailleurs. Deux globes montés sur un trépied soulignent cependant le chiqué du décor. L'un représente la sphère terrestre, l'autre la sphère céleste. La surface de notre planète est bien plus usée que le royaume des astres ; on peut en conclure que le captif faisait plus volontiers tourner la première que la seconde. Est-ce à dire que l'ancien démiurge se souciait peu de la voûte étoilée, siège de la maîtrise divine ? Restait-il irrémédiablement attaché au domaine temporel qu'il avait soumis à son autorité ? Sur la sphère stylisée, l'Europe est une tache indistincte, presque microscopique. Le globe crucifère que les empereurs tenaient au creux de la main gauche le jour du sacre n'est plus à Longwood qu'une grosse boule vide que l'on fait tourner au hasard, comme à la loterie. « J'ai porté le monde sur mes épaules », confie-t-il à Las Cases. À présent, il joue avec comme un enfant. La chance a tourné. Le nom porte-bonheur *Bonaparte*, la bonne part, le gros lot, qui, selon Michelet, explique le fabuleux destin, a viré de bord.

On peut parier que la boule s'arrêtait toujours au même endroit. Le doigt a frotté un point jusqu'à l'effacer. Le grattage s'est élargi, véritable tuméfaction sur la peau de carton du globe. On a deviné qu'il s'agissait de Sainte-Hélène. Supprimée, l'île ! Ce n'est plus qu'une bavure, un pâté au milieu de l'Atlantique Sud.

Ces deux globes avaient échoué à la citadelle de Jamestown après la mort de Napoléon. Ils furent identifiés par Octave Aubry lors de son séjour à Sainte-Hélène en 1932. Nul n'en connaissait la provenance jusqu'à ce que l'historien les identifie formellement grâce à la description faite par Ali dans ses *Souvenirs*.

La renaissance de Longwood doit beaucoup à ces objets récupérés au terme d'enquêtes et de recoupements dignes d'une intrigue policière. Ainsi, en 1965, Gilbert Martineau a retrouvé dans l'île une grande armoire d'acajou à poignée de cuivre. Elle avait servi à ranger l'habit de Premier Consul et le manteau de Marengo.

Dans l'exil, le captif n'était pas totalement démuni. Il avait pu emporter avec lui de l'argenterie et des services de Sèvres utilisés aux Tuileries, sans compter nombre d'objets précieux comme le splendide lavabo, œuvre de Biennais et Genu, et une importante somme d'argent. Les membres de sa suite avaient réussi à la dissimuler aux Anglais lors d'une fouille sur le *Bellérophon*[1].

1. 250 000 francs, soit environ 5 millions de francs 1997. En France, l'Empereur disposait de nombreux dépôts chez le banquier Laffitte, chez le prince Eugène ainsi que chez son frère Joseph.

Nous nous asseyons, près du globe terrestre, autour d'un guéridon d'échecs. Sur le plateau rond est incrusté un damier. Le stratège d'Austerlitz et de Friedland qui tenait le champ de bataille pour un échiquier était un médiocre joueur d'échecs. Il se ruait naïvement sur l'adversaire et se faisait facilement capturer, ce qui ne l'empêchait pas de tricher effrontément.

– Et si on faisait une partie ?

La question m'est venue spontanément à l'esprit. Je mesure aussitôt l'incongruité de ma proposition. Ai-je commis un sacrilège ? Le consul a le tact de ne s'en montrer nullement surpris.

– Il manque les pièces, objecte-t-il. Et puis, je joue très mal.

Longwood intimide et pourtant, dans ces pièces, quelque chose m'est familier.

– C'est une maisonnette que l'on a voulu faire fonctionner comme un palais. Mais, si j'ose dire, elle n'était pas de taille. L'Histoire et quelques travaux ont épaissi ses murs et lui ont donné une consistance. Avec son toit de toile goudronnée, elle avait incontestablement un côté toc au temps de Napoléon.

Les persiennes sont percées de trous. Je m'en étonne auprès du consul.

– Napoléon avait imaginé cette astuce pour observer les allées et venues dans le jardin. Il était myope. Il plaçait sa lorgnette dans l'ouverture et voyait qui arrivait chez lui.

– Mais qui a troué ces jalousies ? Je suppose que ce ne sont pas les originales.

– J'avoue que c'est une reconstitution, l'une des rares de Longwood. Nous avons sacrifié à cette facilité. Mais cela permet de mieux comprendre le climat de la captivité.

Le billard, les deux globes, les perforations dans les persiennes, ce vent de solitude qui fait murmurer les châssis des fenêtres. Pauvre royaume de l'absence ! L'imagination, ce miroir ardent qui déforme et enflamme les figures du passé, a fait ici des ravages. L'imagination... À lire les récits des compagnons, on voit bien qu'il s'agit d'une tentative désespérée pour réunir ce qui est à jamais disloqué. Dans cette atmosphère de décomposition tropicale, il importe de se battre contre l'anéantissement. L'humidité attaque les cuirs et les armes, blettit les livres et les cartes à jouer – on les passait au four avant une partie –, use les énergies, amollit la mémoire. « Chaque soir, lorsque je quitte ma petite salle où j'ai du feu et que j'entre dans ma chambre à coucher, j'éprouve la même sensation que si j'entrais dans une cave humide », confie Napoléon à son médecin O'Meara.

L'humidité de l'air saturé suinte de partout. Elle embue le carreau des fenêtres. Mais surtout la réalité. L'entendement se perd à comprendre les subtilités et les contrastes du climat de Longwood. Sans la moindre transition alternent fraîcheur et chaleur, sécheresse et pluie, tempête et bonace. En plein été, aussitôt que le soleil se couche derrière la montagne, une fraîcheur subite chassant la canicule dévale sur le plateau. En quelques minutes, le thermomètre peut chuter de dix degrés. Selon lord Rosebery, cette météorologie a beaucoup pesé sur la captivité. « Il semble qu'il y eut quelque chose dans l'air de Sainte-Hélène qui empêcha la vérité de s'y acclimater. » Mystérieusement, il ajoute : « Une curieuse moisissure recouvre tous ces récits. »

La moisissure, ses belles taches veloutées et ses délicats filaments de soie. Ici, tout s'altère, se détériore. Et se métamorphose. S'il existe un secret de Sainte-Hélène, ne faut-il pas le chercher dans cette stagnation, dans ce croupissement ?

TROISIÈME JOUR

Le cannabis du Hollandais. – L'Échelle de Jacob. – Le paradis de Bernard Moitessier. – Le cheval Blücher. – Deuxième rencontre avec les Anglaises. – L'aigle de la DS noire. – Le pantalon blanc de Michel Martineau. – Faut-il croire aux revenants ? – « J'ordonne ou je me tais ». – La première entrevue de Napoléon avec Hudson Lowe. – Apparition de Gilbert Martineau. – Où il est question du fantôme du Danois. – La danse des morts. – La couronne d'immortelles. – Le Château des Brouillards.

I

– Nul ne s'échappe de Sainte-Hélène. Je crois que l'idée d'évasion n'a jamais effleuré votre empereur.

Je note le « votre empereur » légèrement dépréciatif du chef de la police. Il a prononcé ces deux mots en marquant un temps d'arrêt. Veut-il exprimer quelque réserve, chicaner sur le titre ? Pour Hudson Lowe et le gouvernement britannique, Napoléon n'était que le « général Bonaparte ». Est-ce aussi l'opinion du policier ? Je remarque mon contentement quand il m'arrive de déceler dans ce domaine une preuve de la perfidie anglaise. Il est rassurant de se figurer que les caractères nationaux n'ont pas changé, de feindre l'indignation à propos de Jeanne d'Arc, Sainte-Hélène ou Fachoda. À dire vrai, ce genre de divertissement n'intéresse plus grand monde. Le chef de la police de Sainte-Hélène préfère à l'évidence le présent. Le passé, il le balaie d'un revers : « Dans l'histoire de Sainte-Hélène, Napoléon représente à peine six années. » Ce qui l'intéresse, c'est le chiffre des prisonniers actuellement sous les verrous : sept. L'expression « sous les verrous » est d'ailleurs incorrecte.

– Ils ne sont pas à franchement parler enfermés. Du

moins pas toujours. En fait, ils jouissent d'une grande liberté. L'isolement de Sainte-Hélène est le meilleur des geôliers. On ne s'échappe pas d'une prison sans murs. Évidemment, nous sommes compréhensifs.

– Mais c'est terrible ! À quoi rêve un prisonnier sinon à se sauver ? Si vous ôtez à vos détenus l'espoir de l'évasion, vous les désespérez. J'imagine que les peines sont plus courtes.

– C'est vrai. Les mois ne leur sont comptés que vingt-huit jours. Mais ils doivent avoir une bonne conduite. Vous pouvez les rencontrer si vous le souhaitez.

– En dehors de la prison ?

– Bien sûr, par exemple quand ils vont se baigner dans l'océan ou quand ils vont pêcher.

Mon étonnement comble d'aise le policier. Il brandit fièrement ses sept doigts.

– Sept, dis-je pour confirmer. Est-ce un chiffre élevé pour l'île ?

– Pas du tout. C'est très faible. Les gens ici sont très respectueux de la loi. Sainte-Hélène a l'un des taux de délinquance les plus bas du monde.

Comme pour nuancer ce tableau idyllique qui dévalorise sa fonction, il ajoute presque à voix basse :

– Nous avons eu un crime… En 1984. Une affaire sentimentale.

– Notre seul problème, assure-t-il en reprenant son ton professionnel, c'est la saoulerie du samedi soir. Les gens se défoulent. C'est une infraction que nous traitons avec indulgence.

– Pour quels délits sont retenus les prisonniers actuels ?

– Comment ! Vous ne savez pas ?

Mon ignorance semble l'attrister. Il m'invite à regarder le mur gauche. La première page d'un journal y est encadrée avec ce titre : « La plus grosse affaire survenue à Sainte-Hélène depuis Napoléon ». Bigre ! Il s'agit de la saisie en 1990 de cinq tonnes de résine de cannabis cachée dans les soutes d'un bateau.

– Une affaire considérable, raconte-t-il. Un juge a dû venir de Grande-Bretagne. Le capitaine, un Hollandais, a écopé de la plus grosse peine. Il ne sera libéré qu'après l'an 2000. Vous pouvez le voir. Il occupe son temps à peindre. Il a beaucoup de talent. Tenez, j'appelle la prison. Vous n'avez qu'à traverser la place.

J'avais remarqué la prison en débarquant du bateau. Située derrière l'église Saint James, construite en 1774 à l'emplacement d'une chapelle, elle date de l'occupation portugaise.

On entre dans la prison comme dans un moulin. Le gardien lit un journal.

– Attendez ! Je ne suis pas sûr que les prisonniers soient là.

Il ouvre une porte derrière lui. Elle n'a de remarquable qu'un gros verrou qu'il n'a même pas pris la peine de tirer. Une salle tout en longueur s'offre à moi. Trois cellules avec chacune quatre lits superposés sont aménagées sur un côté.

– Je vous l'avais bien dit. Ils sont dehors.

– Vous n'avez pas l'air inquiet.

– Pourquoi ? C'est le jour où ils jouent au football.

En me promenant dans Market Street, je fais la connaissance d'un type aux manières joviales. Il se nomme Nick Thorpe. Il est le représentant d'une des plus vieilles familles blanches de l'île. Fièrement, il précise que la maison de commerce Thorpe and Sons a été fondée en 1860. Nick m'invite à prendre une tasse de café dans le comptoir de la firme. Une gravure sur le mur représente un cheval qui a pour nom Blücher – le vainqueur de Waterloo.

– Oh ! ne faites pas attention ! C'était un sacré bon cheval... Je ne sais pas qui a commis la faute de goût de le nommer ainsi... Désolé, blague-t-il.

– Je vous pardonne... Justement, Napoléon... Qu'en pensent aujourd'hui les Héléniens ?

– À dire vrai, pas grand-chose...

Il réfléchit quelques instants.

– Vous savez, il était prisonnier... Eh bien ! je crois que les Saints ne se sentent pas honorés. Ils ont l'impression que cela les dévalorise. Entre nous, Napoléon n'est pas un sujet de conversation bien passionnant ici.

– Alors, de quoi parle-t-on à Sainte-Hélène ?

– L'aéroport. Je ne vois que cela, l'aéroport. Faut-il ou non en créer un ? Il n'y a que cela qui intéresse les gens. Mais je crains que ce débat n'aille pas très loin.

– Pourquoi, il n'y aura jamais d'aéroport ?

– Je n'ai pas dit cela... Mais vous avez vu ! Avez-vous bien regardé ?

– Regardé quoi ? fais-je étonné.

– Mais Sainte-Hélène... Qu'est-ce que Sainte-Hélène ? Un musée... une représentation du bon vieux temps, quand nous possédions un Empire. C'est rassurant, n'est-ce pas. Mais les Britanniques paient très cher cette fantaisie. Sainte-Hélène est une île totalement assistée. Le gouvernement emploie 80 p. 100 de la population. C'est une île de fonctionnaires...

Il éclate de rire.

– Nous sommes tellement dépendants, bouffonne-t-il, que nous ne pouvons même pas rouspéter. Dire que nous avons perdu la chance d'être le Hong Kong de l'Atlantique Sud !

– Comment cela ?

– Les Chinois de Hong Kong ont voulu investir ici. Cela ne s'est pas fait. Les Saints avaient peur de perdre quelque chose.

– Perdre quoi ?

– Ils ne le savent toujours pas eux-mêmes. Vous savez, les Saints ont une perception du monde très particulière. Sur leur caillou, ils ont le sentiment que le monde est encore très grand, alors que partout ailleurs il a rétréci. C'est le propre des îles, elles font des erreurs de perspective. Sainte-Hélène, au fond, a un problème d'échelle.

Mon interlocuteur ne croit pas si bien dire. Il est remarquable que la prison de Sainte-Hélène donne sur l'Échelle de Jacob, l'escalier qui gravit la montagne et permet d'accéder à Ladder Hill, le poste de guet. Les bâtiments noirs de cet observatoire dominent la baie de Jamestown. Pourquoi avoir appelé cette rampe l'Échelle de Jacob ? Ce nom fait allusion à l'un des épisodes les plus mystérieux de la Genèse. Jacob, fils d'Isaac, fit un rêve. Il vit « une échelle dressée en terre dont le sommet touchait le ciel ; des anges de Dieu y montaient et y descendaient ». Au réveil, le souvenir de ce songe terrorisa Jacob et il s'écria : « Que ce lieu est effroyable ! »

L'effroi que veut inspirer Sainte-Hélène apparaît à mesure qu'on parvient au sommet de l'escalier. Je monte une à une les six cent quatre-vingt-dix-neuf marches en m'appuyant parfois sur la rambarde. À la quatre cent cinquantième marche, je croise un jeune garçon. Il me regarde avec stupéfaction. C'est à l'évidence folie d'escalader l'Échelle de Jacob.

Du sommet, la difformité de Jamestown est encore plus saisissante : la ville est garrottée par les deux montagnes. Elles l'étranglent et ne lui laissent aucune chance de respirer. Comprimée dans cet entonnoir, la petite ville a cherché à s'allonger sur la mince bande de terre. Mais le plus étonnant, sur les hauteurs de Ladder Hill, reste la ligne de batteries pointées sur la mer. Les bouches à feu sont installées sur d'énormes ouvrages bétonnés aujourd'hui abandonnés. Ces longs canons amenés sur l'île entre les deux guerres n'ont jamais servi. Encore une mystification ! Si, depuis 1673, année où les Anglais reprirent l'île aux Hollandais, le canon a parfois grondé à Sainte-Hélène, ce n'est que pour rythmer les jours ou saluer un événement exceptionnel. Rien n'est vrai dans cette force déployée.

Qu'en pensait le captif, lui qui affirmait un jour à Las Cases : « Il n'y a qu'un secret pour mener le monde, c'est d'être fort, parce qu'il n'y a dans la force ni erreur ni illusion, c'est le vrai mis à nu. » Le vrai ne saurait être ici opposé à l'illusion ni même à l'erreur. À Sainte-Hélène, je commence à m'en apercevoir, c'est une infinie variété d'états qui s'altèrent ou se métamorphosent sans parvenir à se fixer. À l'image de ces voiliers à l'ancre que j'aperçois, microscopiques, dans la baie de Jamestown. Leur balancement a quelque chose d'irrésolu.

Pour les navigateurs, Sainte-Hélène reste « l'auberge de l'Océan », la halte bienfaisante entre l'Afrique et l'Amérique du Sud. Je songe au navigateur solitaire Bernard Moitessier qui, en 1957, relâcha pendant plusieurs semaines à Jamestown. Il a refusé de voir la part funèbre de Sainte-Hélène, la face Longwood. Il vante la douceur des habitants et la salubrité du climat. « Nous étions tombés dans un petit paradis », écrit-il. Et pourtant, au cours de l'escale, il se produit un incident singulier. Moitessier s'aperçoit que la coque de son bateau est pourrie. Les bordés sont aussi flasques que du carton. Il doit réparer et calfater. Le carton, la dissolution.

Grâce à la complaisance des Héléniens, il viendra à bout

de ses difficultés. Un jour où il pleut, il entend la réflexion d'un marin de passage qui accuse les Anglais d'avoir assassiné Napoléon en l'enfermant « dans cet enfer de pluie et de crachin ». Cette observation le chiffonne. Il la trouve injuste. « Non, s'écrie-t-il, Napoléon n'a pas été assassiné. Pas par le climat de Sainte-Hélène du moins. »

Ah, ce climat !... Interminable sujet de chicanes qui fait apparaître la captivité comme un drame toujours d'actualité. « Sainte-Hélène est un séjour enchanteur si on a son billet de retour en poche », aimait à dire le regretté Paul Ganière, auteur d'un magistral *Napoléon à Sainte-Hélène*[1]. L'incertaine météorologie hélénienne est à l'image de l'insaisissable atmosphère qui entoure les dernières années de l'Empereur.

Le climat de Longwood doit beaucoup à cette météorologie qui rend les gens émotifs, agités, irritables. L'historien Frédéric Masson a même parlé à ce sujet de « passion coloniale », soutenant que, sans cet élément, « tout reste incompréhensible[2] ».

Il est certain que les acteurs de la tragédie sont perpétuellement à cran. « Une déformation s'exerce sur les êtres qui, de normaux en Europe, deviennent anormaux sous l'équateur. » Curieusement, un seul homme échappe à l'énervement général, c'est Napoléon. Il passe, surtout au début, par des phases d'énergie qui retombent vite. Les périodes

1. Librairie académique Perrin.
2. *Autour de Sainte-Hélène,* Ollendorff.

d'asthénie et de découragement se feront de plus en plus fréquentes, surtout dans les derniers mois de 1816.

Je rôde dans Jamestown mais c'est Longwood qui me hante. Michel Martineau m'y attend en début d'après-midi.

– Alors, Longwood vous a plu ?

Absorbé par la contemplation de la baie, je n'ai pas entendu arriver derrière moi la vieille Anglaise et sa suivante. Elles surgissent en chuchotant et s'esclaffent comme des écolières qui ont fait une farce. Elles sont venues à Ladder Hill dans une vieille voiture ouverte qui avait déjà attiré mon attention dans la rue principale de Jamestown. C'est une guimbarde à la fois baroque et ingénieuse, retapée comme seuls les Anglais savent le faire, un véhicule très confortable et saugrenu. Je suppose que c'est un ancien break, sans le toit, transformé en une spacieuse décapotable. Le *charabanc*, comme on l'appelle ici, sert à transporter les quelques touristes de Sainte-Hélène.

– Plu ? Pas exactement, mais troublé, oui.

– Troublé ! Qu'y a-t-il de troublant dans cette affreuse bicoque ?

– C'est tout l'effet qu'elle vous a fait !

– La maison est insignifiante. Le jardin en revanche est superbe.

– Je ne suis pas d'accord. Longwood n'est pas insignifiant. Ordinaire, médiocre, étriqué si vous voulez, mais rempli de sens. On comprend tout en voyant cette maison.

– Comprendre quoi ! Comme tous les Français, vous

jouez sur les mots. Oubliez la légende, il ne reste plus grand-chose de cette… baraque.

Elle a une façon drôlement canaille de parler notre langue avec une intonation à la fois persifleuse et enfantine qui adoucit ses manières despotiques.

– Je ne partage pas votre opinion. C'est un lieu habité par les fantômes. C'est la maison de la douleur et de la mort. On sent cela dès qu'on pénètre à l'intérieur.

– Vous avez trop d'imagination, coupe-t-elle avec sévérité. La douleur, la mort ! Cela sent affreusement le moisi, ah oui !

Elle aime bien ponctuer ses phrases par un « ah oui ! » qui arrondit comiquement sa bouche. Sa suivante, qui a gardé le silence, lui jette un regard sans bienveillance.

– Tu n'as rien compris à Longwood. Tu n'as cessé de récriminer pendant la visite. Pourquoi donc t'obstines-tu à aller dans les musées ? Tu les détestes. D'ailleurs, tu n'as aucune sensibilité à l'histoire. Moi, j'ai trouvé cette maison pathétique.

– Tu as probablement raison. C'est vrai, il n'y a que les vivants qui m'intéressent. J'ai aperçu le consul dans les jardins. Il est si jeune ! À son âge ! S'enfermer si loin du monde ! Il doit terriblement s'ennuyer.

– Je ne crois pas. Il n'est pas tout seul. Son père vit aussi à Longwood. Chaque année, ils reviennent en France. Pour éviter les mois d'août et de septembre qui sont ici les plus pénibles.

Je connais finalement peu de choses sur ces deux *ladies.*

Elles ont pris le bateau à l'escale de Tenerife. Pourquoi ont-elles choisi de venir à Sainte-Hélène ? À cause de Napoléon ? C'est peu probable. Visiblement, elles cherchent à tuer le temps en attendant l'appareillage du RMS *St. Helena*. La suivante m'intrigue. Qu'elle suive l'autre, c'est certain. Pourtant, ce n'est pas sa dame de compagnie. Elle en accepte sans broncher le ton pète-sec mais, à l'occasion, sait la remettre à sa place avec un certain détachement et une sorte d'hilarité sous-jacente. Elle a toujours l'air de se divertir intérieurement. Les gens, les choses semblent être pour elle frappés d'une irrémédiable bouffonnerie. Excepté ce qui touche à Napoléon. Sur ce chapitre, impossible de connaître son opinion. Sous son apparente froideur, elle doit cacher un tempérament romanesque.

Nous errons entre les maisons. Impression de dégradation. Même les pavillons en construction paraissent déjà ruinés. Est-ce le climat qui altère ainsi toute chose ? Dans un jardin envahi par les herbes folles, je découvre une DS 19 noire. La végétation a commencé à s'enrouler autour de la carrosserie. Le véhicule est encore en bon état. À la vue du bouchon de radiateur, je reste cloué sur place : un aigle argenté. Aigle impérial ou aigle américain ? Je veux connaître le propriétaire. Mes deux amies vont cogner à la porte de la maison. De vieilles bouteilles de bière jonchent le sol, un réfrigérateur est couché par terre. Pas âme qui vive… [1].

1. Un pèlerin de Sainte-Hélène a pu acheter cet aigle après mon passage.

2

J'entrevois une fois de plus avec le même sentiment d'irréalité l'aquarelle de Marchand : les deux jardiniers, le parterre d'Ali recouvert d'un arceau, la grotte, le pavillon chinois...

Michel Martineau m'attend sur le perron de la véranda. Au même emplacement que l'Empereur. Comme dans l'aquarelle, il est vêtu d'un pantalon blanc. Précisons qu'il ne porte pas un habit vert, mais une chemise bleu ciel.

Sur le moment, je le soupçonne d'avoir reconstitué cette scène supposée se passer en 1819. Sa mine de prestidigitateur faussement emprunté me laisse imaginer qu'il est parfaitement capable d'un tel tour. Cependant, à l'évidence, il a la tête ailleurs.

Il me présente la clé de la maison comme s'il allait me la donner, mais c'est en fait pour me signifier que je suis libre de vaquer à ma guise dans les pièces de Longwood. Il ouvre la porte et remet la clé dans sa poche.

– Je ne puis vous accompagner. Faites comme chez vous. J'ai un problème d'électricité dans la partie Gourgaud. Vous savez, ici, j'exerce tous les métiers : bûcheron, jardinier, plombier, peintre, électricien, sans compter l'administration. Allez, je suis sûr que la perspective de visiter tout seul la maison hantée ne vous déplaît pas.

Il a dit « la maison hantée » en y mettant une inflexion légèrement ironique, manière peut-être de me signifier qu'il a deviné mon émotion lors de la première visite et qu'il se sent en confiance.

– Croyez-vous aux revenants ? dis-je.

– Je ne sais pas. Je suppose que certains événements tragiques survenus quelque part sont assez puissants pour que des images parviennent à s'y imprimer et à y laisser des traces. Mais je crois surtout au magnétisme du souvenir, à la force de l'imagination. C'est elle qui ressuscite les lieux.

– De toute façon, tous les lieux sont hantés. Pensez à tous les morts qui se sont succédé dans une maison.

– Ah ! vous croyez que leur âme erre et qu'ils tourmentent les vivants ?

– Je n'en sais rien… Tenez, je songe souvent aux chambres d'hôtel, à ces corps qui se sont accumulés sur un même lit. C'est peut-être ce qui explique tous les bruits bizarres qu'on y entend, des coups dans la tuyauterie, des grincements dans le plancher…

– C'est *La Nuit des morts-vivants* que vous êtes en train de me raconter là. Trêve de plaisanterie. Au début, c'est vrai, j'avais la sensation de vivre au milieu des fantômes. À présent, je n'y pense plus. Longwood est la maison où je travaille. Cela vous déçoit ?

– Non. Mais il est difficile d'oublier le passé : tenez, cette panne d'électricité dans l'ancien appartement de Gourgaud. Et puis l'aile Montholon que vous habitez…

– Et mon atelier qui se trouve dans l'ancienne argenterie…

– Votre atelier ?

– Oui, je peins. Mais rien que des fleurs.

– Les fleurs de Longwood ?

– Les agapanthes, les iris. Je vous les montrerai. Mais je dois vous quitter.

Le billard est recouvert d'un drap. Les boules sont emprisonnées dans un triangle. Au fond, l'odeur de Longwood n'est pas si déplaisante. Peut-être aussi m'est-elle maintenant familière. La maison exhale le moisi, mais aussi l'humus, quelque chose de terreux, d'herbacé, pareil à l'odeur de la mousse sur les arbres. Ces bouffées ne parviennent pas à masquer un parfum plus subtil d'aromates. Celui-ci rend agréable la fameuse odeur de cave dont se plaignait Napoléon.

La salle de billard est plongée dans l'obscurité. Le consul m'ayant autorisé à ouvrir les fenêtres, je m'emploie à remonter une par une les guillotines, puis à écarter les persiennes. Les faisceaux de lumière trouent brutalement la pièce et animent gravures et objets.

C'est ici, dans cette antichambre qui servait de parloir et de salon d'attente, que Hudson Lowe est introduit pour la première fois le 16 avril 1816. Le geôlier vient de débarquer à Sainte-Hélène et désire voir le prisonnier. Mais l'ancien monarque n'apprécie pas que lui soit imposé le moment de l'audience. Il fait savoir qu'il est souffrant. En réalité, il épie la scène depuis le début derrière un volet de sa chambre. Hudson Lowe devra revenir le lendemain.

Être à l'affût, surveiller dans l'ombre, est une attitude familière à Napoléon. Il dispose d'ailleurs à Sainte-Hélène d'un espion, Cipriani, le maître d'hôtel corse. Ce dernier appartient à une famille qui sert le clan Bonaparte depuis des lustres. Cet homme inquiétant sait tout ce qui se passe dans l'île, le mouvement des bateaux, les rumeurs de Jamestown…

« Ministre de la police » du prisonnier, ce Fouché au petit pied connaissait-il déjà Hudson Lowe ? Les deux hommes se sont probablement côtoyés lors du siège de Capri en 1806. « Sa Majesté nous donnerait tous pour Cipriani », se plaint Gourgaud. Avide de renseignements, friand de potins, le captif passe de longs moments à interroger son maître d'hôtel. Était-il si dévoué à Bonaparte ? Il n'est pas impossible que Cipriani fût un agent double.

Le monde clos de Longwood baigne dans un climat trouble de triche, de duplicité. Ces pièces qui s'emboîtent les unes dans les autres, ces sombres corridors, cet univers compliqué d'appentis, de resserres, de cagibis favorisent l'intrigue, l'aparté, le conciliabule. L'Empire et son côté policier et soudard, ses habitudes d'espionnage, ses façons brusques de troupes en campagne, son mépris du confort et son goût du secret ont laissé à Longwood leur empreinte.

Napoléon agit en coulisse, Bertrand et Montholon sont chargés, eux, de donner officiellement la réplique aux Anglais. Si le réclusionnaire est dans la boîte du souffleur, ce n'en est pas moins lui qui met en scène. « J'ordonne ou je me tais. » La vérité est qu'il fait les deux. Le rôle qu'il s'est attribué exige le silence, mais l'ex-« Jupiter-Scapin[1] » dirige au sein de sa petite troupe gestes, attitudes et même jeux de physionomie.

Il y a du *comediante* dans le comportement de Napoléon face à Hudson Lowe lors de leur première rencontre. Le prisonnier veut à l'évidence impressionner son gardien. Lorsque celui-ci est introduit, Napoléon garde le silence. Décontenancé, Hudson Lowe se risque à engager lui-même la conversation. Les deux hommes s'expriment en italien, ce qui ajoute à l'étrangeté de la rencontre.

Hudson Lowe connaît bien la Corse. Il y a combattu les Français, il a même habité un moment une maison de Letizia Bonaparte réquisitionnée par les Anglais. En 1799, il passe à Minorque, aux Baléares, pour y instruire des réfugiés corses hostiles aux Français. Les recrues forment le Royal Corsican Rangers qu'il emmènera avec lui en Égypte. À la Paix d'Amiens, on le retrouve sans affectation. Mais, à la reprise des hostilités, il est chargé pour la seconde fois d'organiser une légion corse. Après l'affaire de Capri où il se laisse duper par les Français, il pense à quitter l'armée, mais se décide finalement à participer à la conquête des îles d'Ischia et de Provida. Après l'abdication, il est chargé de porter la nouvelle à Londres. Au début des Cent-Jours, on le retrouve à l'état-major du duc de

1. Abbé de Pradt.

Wellington. Il ne participera pas à la bataille de Waterloo et devra se contenter de faire son entrée à Marseille dont l'administration lui a été confiée. C'est dans cette ville qu'il apprend le 1er août 1815 la nouvelle de sa nomination au poste de gouverneur de Sainte-Hélène et de geôlier de Napoléon.

Les deux hommes se font face. Pas de témoins. Comme à son habitude, Napoléon tâte le terrain, passe d'un sujet à l'autre, pose des questions en apparence incongrues. Savoir à qui on a affaire. À l'ancien chef des Corsican Rangers, il demande ce qu'il a pensé des habitants de son île. Est-il marié ? Quels sont ses états de service ? Et l'Égypte ? Toujours cette nervosité, cette fébrilité de l'intelligence à la recherche d'un indice. Sentir l'adversaire à partir d'un regard, d'une repartie, peut-être d'une odeur – les odeurs donnent des avertissements. A-t-il flairé quelque chose de suspect chez Hudson Lowe ? Lui qui voit si vite sous la surface la vraie nature des êtres a du mal à mesurer le « tirant d'eau » du personnage. Le « tirant d'eau » : une expression qu'il affectionne. Premier chef moderne, il a besoin de quantifier, de jauger, de passer son monde à la toise. Après le départ de Hudson Lowe, il se contente d'affirmer : « Ce nouveau gouverneur parle peu mais il paraît poli. »

3

J'examine la cheminée du salon devant laquelle le captif se tenait debout lorsqu'il recevait les visiteurs. Chambranle de marbre noir, âtre soigneusement astiqué et vide : il y a des lustres que l'on n'y a pas allumé de feu – opération au demeurant vaine dans un milieu aussi humide. Cependant, cette cheminée n'est pas définitivement morte. L'attraction de l'air extérieur la fait ronronner. Je me baisse pour inspecter le conduit. Une lumière couleur de soufre apparaît à l'extrémité qui est grillagée.

– Alors, vous croyez que les cheminées de Longwood font de la figuration.

Devant moi, à l'entrée de la porte qui mène à la salle à manger se tient un homme. Je ne sais s'il fait la moue ou s'il blague. Son sourire en coin – mais est-ce un sourire ? – est accentué par le cigare qu'il tient à la bouche. Immobile, les mains dans les poches, il fixe la cheminée. Une expression froide contredit son attitude ironique. La fumée qui plisse ses yeux à travers des lunettes teintées lui donne un regard inquisiteur.

– Les cheminées vous intéressent ? Vous savez sans doute que dans chaque cheminée loge un esprit, maléfique ou complaisant. C'est selon. Avez-vous remarqué que certaines fumaient de manière inexplicable ?

– C'est probablement à cause des mauvais lutins, dis-je goguenard.

– Vous ne croyez pas à ces histoires ?

– Mais si ! C'est pour cette raison, je suppose, que la cheminée est grillagée !

– Les conduits sont grillagés à cause des mainates. Ces oiseaux sont la seconde calamité de l'île après les termites. Au temps de Napoléon, les cheminées fumaient atrocement. Il n'y avait jamais assez de bois ou de charbon. Vous savez que l'Empereur ne supportait pas l'odeur du charbon.

– Je l'ignorais… Alors, selon vous, est-ce que les esprits hantent toujours Longwood ?

– Vous ne connaissez pas le fantôme du Danois ?

– Le fantôme du Danois ? Jamais entendu parler !

– Cher monsieur, gronde-t-il, il faut lire les *Souvenirs* de Mme de Montholon.

Un mauvais point pour moi ! J'ai consulté la plupart des témoins, mais j'ai négligé Albine de Montholon. J'essaie d'en savoir plus sur son fantôme. L'homme fait semblant de ne pas entendre. Je ne l'intéresse plus. Il n'a pas une fois souri.

Sourire impliquerait à l'évidence un abandon qu'il ne souhaite pas. Il y a quelque chose d'énigmatique dans la nonchalance de ses manières, elle contraste avec la raideur de son ton, la mimique tendue. Les lèvres sont presque toujours serrées, même quand il parle.

– Vous êtes Gilbert Martineau ?

Il acquiesce d'un air glacial. Ma question semble l'avoir assombri encore un peu plus. Alors que je lui pose une question sur le buste en marbre blanc de Napoléon posé devant moi, il m'interrompt.

– Je vous en prie. Ne me demandez rien ! Je n'ai plus de fonctions officielles ici. Vous devez questionner mon fils. Moi, je n'existe plus.

– Mais il ne s'agit pas d'une interview. Est-ce si compromettant de vous demander un renseignement ?

– N'insistez pas.

Et il me tourne le dos.

L'ours de Longwood est conforme à sa légende. À Paris, son éditeur[1] m'avait prévenu : « Vous verrez, Martineau ne se laisse pas facilement approcher. » Je l'avais interrogé sur son auteur. Il ne comprenait pas pourquoi il s'était retiré du monde : « À dire vrai, je sais peu de choses sur lui. Peut-être a-t-il voulu vivre sur place la fin de l'épopée. C'est l'auteur le plus discret qui soit. Les tirages de ses livres, le succès, l'insuccès, tout cela l'indiffère. Sa biographie de Pauline de Bonaparte a bien marché. Il n'est absolument pas jaloux du succès d'historiens comme André Castelot ou Alain Decaux avec lesquels on pourrait le comparer. »

Ses livres sur la famille de Napoléon n'apportent pas de révélations, mais le récit est bien mené, les personnages bien campés. Il y a un autre Martineau, plus savant, plus secret aussi : c'est le chroniqueur de Sainte-Hélène qui a su décrire de l'intérieur le drame de la captivité. Un troisième

1. Yvon Chotard, ancien PDG des Éditions France-Empire.

Martineau se cache derrière le biographe de Byron. *La Malédiction du génie*[1] est un livre sombre, hautain. On y sent la fascination de l'auteur pour celui qui fut l'ange noir de la poésie anglaise. « Sa grande force fut de ne pas croire au bonheur », écrit-il.

En 1956, Martineau quitte définitivement Paris pour s'installer avec ses parents à Sainte-Hélène. Il arrive à point nommé. Les bâtiments de Longwood viennent à peine d'être restaurés. En visite à Sainte-Hélène, possession britannique, le roi George VI s'était auparavant ému du délabrement de la propriété, ravagée par les termites. Un Français, ayant la fonction de commis de chancellerie, avait fait office de gardien. Il avait quitté l'île. Un officier en retraite de l'armée britannique avait été chargé alors d'entretenir la maison. Piqué évidemment au vif, notre pays s'avisa que cette enclave était française et qu'il serait de surcroît humiliant de s'en remettre aux anciens bourreaux de l'Empereur. Il importait cependant de nommer une personnalité qui reçût l'agrément des autorités britanniques – l'enclave française dépend de notre consulat général à Londres. Ancien officier de marine, Gilbert Martineau fut désigné grâce à l'intervention du président Vincent Auriol et à l'appui du prince Philip, duc d'Édimbourg. Lecteur de latin et de grec à Eton dans les années 30, il y avait connu le futur époux de la reine. « La parfaite connaissance de l'anglais et du monde britannique

1. Tallandier.

qui avait entraîné son choix facilita beaucoup son installation et, pour la première fois peut-être depuis le terrible exil, Français et Anglais cohabitèrent harmonieusement[1]. »

Depuis quarante ans, il habite le domaine mystérieux. Qu'a-t-il vu ? Qu'a-t-il entendu ? Le vent qui fait doucement vibrer les fenêtres disjointes de sa voix grave de violoncelle doit raconter d'étranges choses.

Cette maison détient un secret… Elle flotte dans un état qui n'est ni le présent ni le passé. C'est une suspension. À Longwood, la durée semble s'interrompre momentanément comme si le cours du temps voulait y marquer une pause. Je perçois des déplacements d'énergie, comme une propagation à l'origine inconnue. Parfois, je me sens pris dans un piège. La lumière, les bruits, les odeurs de Longwood ont un caractère de plus en plus insidieux.

Gilbert Martineau a disparu au fond d'un corridor. J'entends le parquet qui gémit et le craquement de cuir neuf que l'homme laisse dans son sillage.

Les gravures du salon s'éclairent étrangement. Le verre des cadres s'allume. Soudain, sur les murs, les soldats de l'armée d'Italie, les Maries-Louises que Napoléon passe en revue à Montereau s'animent. L'embrasement envahit le salon. Un flot historique fait irruption. Les personnages descendent de leur cadre, le cortège de soldats s'agrandit à mesure qu'il sort des ténèbres. Le vent scande la marche des morts dans un

1. Jacques Jourquin, in *Le Souvenir napoléonien*, n° 403.

concert de gémissements. Il passe une ombre dans la lumière, puis tout s'éteint. Les taches rouillées laissées par l'humidité ont repris leur place sur les gravures. Ne subsiste plus que l'odeur sombre et lourde de croupi et de tubéreuse qui dans la touffeur de l'après-midi étourdit et laisse une impression grisante.

L'historien Octave Aubry qui n'était pas particulièrement impressionnable visita Longwood dans les années 30. Ce pèlerinage le bouleversa si profondément qu'il fit dans les premières pages de son livre cette confidence inhabituelle chez lui : « J'ai vu son fantôme, oui, je l'ai vu qui se levait derrière ces portes plates, dans ces pièces mesquines [...]. Je l'ai entendu parler, se raconter à ses derniers, si rares, fidèles[1]. » Artifice littéraire d'un historien sous le coup de l'émotion ? On ne sait. Cependant, Octave Aubry décrit un phénomène dont je viens d'avoir la révélation : la sensation du temps non pas retrouvé, mais renversé, *mis à l'envers*. J'avais hier évoqué non sans naïveté un retour au passé. Il s'agissait en fait d'un retournement. Je surprends une face inconnue du temps, une sorte de changement de destination, un déroutement. Ce nouvel aiguillage laisse voir non le versant opposé du temps, mais son envers, tel le revers d'un tissu moins brillant que l'endroit.

1. *Sainte-Hélène*, tome Ier : *La Captivité de Napoléon*.

4

Dans cette pièce où j'ai rencontré Gilbert Martineau, Napoléon est mort le 5 mai 1821. Contraste entre le salon de poupée et la fameuse expression de Chateaubriand. « Il rendit à Dieu le plus puissant souffle de vie qui, jamais, anima l'argile humaine. » Au coucher du soleil, en présence des derniers fidèles, il rend le dernier soupir dans le petit lit de camp d'Austerlitz en balbutiant ces mots : « Armée, tête d'armée… Joséphine. » Il est âgé de cinquante et un ans. À cet instant précis, le valet Marchand arrête la pendule du salon. Elle marque 5 h 49. Pendant l'agonie, le malade avait été transporté dans cette pièce plus vaste et mieux aérée que la petite chambre.

Entre les deux fenêtres où avait été placé le lit, une plaque de cuivre vissée sur le plancher : « L'Empereur est mort ici le 5 mai 1821. » Une couronne de fleurs séchées gît sur le sol. Ce sont des immortelles. La plante fétiche de la captivité est encore présente tout autour de Longwood. Fleur de la miséricorde, symbole de la générosité et de la délicatesse. C'est lady Holland, admiratrice de Napoléon, qui lui fit envoyer quelques plants d'Angleterre afin d'adoucir la détention et de lui rappeler sa Corse natale.

Le périmètre est délimité par des cordes qui en interdisent l'accès. C'est le seul emplacement sanctuarisé de la maison. Au milieu de l'enceinte est exposée une reproduction du masque mortuaire d'Antonmarchi – le dernier médecin de l'Empereur. Cette empreinte est en bronze, le visage noir, l'arête du nez légèrement incurvée. Les traits émaciés rappellent le masque de Pascal. On dirait une divinité sulpicienne ; expression effusive et presque obscène de la souffrance, avec une pointe de mièvrerie. C'est pourtant le même moulage que l'on voit à Paris au musée de l'Armée. Mais la couleur change tout : le métal brun foncé fait grimacer le visage et confère à la physionomie une expression si hallucinée qu'elle finit par être bouffonne. Les témoins assurent que le visage du défunt avait rajeuni. « La bouche, légèrement contractée, donnait à sa figure un air de satisfaction, il ne paraissait pas avoir au-delà de trente ans », note Marchand.

Sur le mur, entre les deux fenêtres, est accrochée la gravure de Steuben qui décrit avec minutie la scène même de l'agonie, effrayant télescopage, comme sait en ménager Longwood, accolant le présent et le passé dans une illusion parfaite.

Je ne puis ôter mon regard du masque mortuaire. Les muscles de la bouche paraissent encore convulsés. Le rictus fait penser au frémissement glacial des agonisants de la Renaissance allemande. Et puis, il y a cette tête, installée sur le coussin de bronze, les plis, le gland de l'oreiller supposé donner un air noble à l'ensemble.

Parfois, le bronze brille, réfléchissant la lumière changeante du dehors. Alors, les traits du visage frémissent, la tête se réveille, le front et les pommettes luisent comme s'ils ruisselaient de sueur.

La pression des nuages est enfin parvenue à se libérer. Aussi compactes que des grêlons, les grosses gouttes explosent sur le sol en diffusant un léger flocon de fumée. Les jardiniers se sont réfugiés sous la véranda. La brume a envahi le jardin. Herbes, plantes, objets, humains, tout transpire. La pluie et la canicule vaporisent une lourde odeur de boue et de décomposition végétale à laquelle se mêle un parfum de serre aux notes médicinales.

L'atmosphère est trop oppressante à l'intérieur. Je traverse le salon et manque de renverser les deux globes de la salle de billard. Les jardiniers qui regardaient pensivement la pluie tomber s'écartent brusquement. L'eau a noirci les cinéraires du jardin.

Les deux hommes ont mis sur leur tête un sac de jute en forme de capuchon. Appuyés sur leur pioche, ils ont l'air de deux moines soldats montant la garde devant le Château des Brouillards.

QUATRIÈME JOUR

Les cheveux rouges de Hudson Lowe. – « L'Empereur est triste ». – Arc-en-ciel d'odeurs. – La cour du roi Pétaud. – La bouderie, pratique hélénienne. – L'enchanteur facétieux. – L'escapade du 3 janvier 1816. – Les « épaves du naufrage ». – Le Shéhérazade de Longwood. – Pégase et Méduse. – Le sténopé de la chambre noire. – Où l'on évoque *Bouvard et Pécuchet.* – Retrouver le pur instant. – Eylau, la bataille censurée. – Les rats du cabanon. – Michel Martineau, peintre des fleurs. – Le combat contre l'humidité. – L'haleine de la solitude. – Les grandes battues du Temps. – La neige noire du *Cimetière.* – « J'ai perdu bien du monde ». – La tête de Méduse.

I

Le 30 avril 1816, Hudson Lowe est introduit pour la deuxième fois chez Napoléon. Enrhumé, l'Empereur le reçoit dans sa chambre. Mal rasé, vêtu d'une robe d'intérieur, le captif a l'air mécontent. Le nouveau geôlier l'irrite. N'a-t-il pas édicté de nouveaux règlements, imposé des restrictions supplémentaires ? Ainsi, il a exigé de ses compagnons et des domestiques un engagement écrit : ils doivent accepter les mêmes conditions d'existence que leur maître, faute de quoi ils devront quitter Longwood. « Tout ici respire un ennui mortel. La position est désagréable, insalubre ; il n'y a point d'eau, ce coin de l'île est désert », grommelle le prisonnier.

Comme toujours, il choisit l'attaque afin de mesurer le fameux « tirant d'eau » de l'interlocuteur. Lowe répond en chipotant, évitant de polémiquer. Ce refus précautionneux d'engager le combat est un signe pour Napoléon. Aussi bien a-t-il compris depuis le début à qui il a affaire. Après cette deuxième entrevue, tout est dit. « Quelle ignoble et funeste figure que celle de ce gouverneur. Dans ma vie, je ne rencontrai jamais rien de pareil. C'est à ne pas boire sa tasse de café si on avait laissé un tel homme seul auprès », confiera-t-il à Las Cases. À l'évidence, la tête de cet homme ne lui revient pas. Tous les témoins ont été frappés par la physionomie singulière du cerbère : visage pointu, parcouru de taches de rousseur, grand front, long nez, lèvres minces, cheveux rouges. Tempérament buté, personnalité indécise, caractère autoritaire, il s'emmêle dans ses contradictions et ne répond jamais clairement. L'Empereur est quelque peu dépité. Il aurait voulu saisir l'expression du personnage à l'instant où il l'attaquait. La nuit venait de tomber, on ne distinguait plus rien dans la pièce. « Aussi est-ce inutilement, révèle-t-il à Las Cases, que j'ai cherché à étudier le jeu de sa figure et à connaître l'impression que je pouvais causer en ce moment. »

Hudson Lowe, qui s'est entretenu auparavant avec Montholon et Las Cases, pousse la mauvaise foi jusqu'à vanter la beauté du site. Les deux hommes se récrient : le climat est brûlant, il n'y a pas d'arbres pour prendre l'ombre. « On en plantera, nous dit-il. Quel mot atroce ! » se lamente Las Cases. Cette façon d'envisager l'avenir comme si le prisonnier allait demeurer à jamais à Sainte-Hélène semble avoir déprimé Napoléon. Il nourrit de folles espérances sur un changement d'attitude des grandes puissances à son égard. Revenir peut-être en Europe… Le captif accuse le coup. Comme toujours quand il broie du noir, il reste enfermé dans sa chambre. Il n'aime pas qu'on le voie malheureux.

Comme hier, Michel Martineau m'a donné la permission de circuler à ma guise dans Longwood. Je suis assis dans la petite chambre de Napoléon, où il s'enfermait pendant des journées, voire des semaines, quand il était cafardeux. Je calcule la dimension de la cellule : pas plus de seize mètres carrés. Il me semble mieux comprendre, à présent, la tristesse et la solitude du prisonnier. Toujours cet aspect étriqué, une manière insipide, à la limite de l'indigence, de sauver les apparences, de tenir son rang. À cette mesquinerie s'ajoute une fadeur tropicale qui donne à l'ensemble un air morne, une sorte de saisissement gris et mou. « Il faudrait pouvoir s'endormir et ne se réveiller que dans un an ou deux », déclare-t-il à Gourgaud. Le demi-dieu impatient qui naguère prévenait son interlocuteur, « je suis prêt à vous donner de tout, sauf du temps », est accablé par l'entassement des jours. « Nous n'avons de trop ici que du temps », soupire-t-il.

L'éternité de l'instant... C'est contre cette durée indéfinie que se battent tous les prisonniers du monde. Ce lent anéantissement avec son odeur sèche de poussière flotte encore dans la chambre à coucher. À Longwood, chaque pièce a son parfum. D'où émane-t-il ? Le bois du plancher n'explique pas tout. On ne perçoit pas toujours ces changements. Parfois un arc-en-ciel d'odeurs se déploie soudainement à l'image d'un phénomène météorologique. Irisation du souvenir, réfraction du passé ? Ces bouffées enivrent si violemment qu'il faut des heures pour que le sens olfactif en chasse la trace. Tous les exils se valent. Loin des palais et de la lumineuse évidence du pouvoir, les retraites paraissent amères, inconfortables, à jamais éteintes. J'ai retrouvé à la Boisserie, maison austère et mal distribuée, la même dignité maussade. Dans la solitude champenoise, j'ai ressenti la même tristesse, la même souffrance de la morne attente. Le général de Gaulle faisant des réussites et discourant est une figure longwoodienne.

« Nos journées étaient sans caractère, sans couleur, et ne nous laissaient que des souvenirs vagues », note Las Cases le 25 février 1816. « Il n'était pas bien, il s'est retiré de bonne heure », enregistre-t-il le 28 mars. « L'Empereur à dîner était silencieux et triste, il n'était pas bien » (14 avril). « Il disait avoir été mou, dégoûté toute la journée, pesant » (1er septembre). Lorsque la lassitude et la mélancolie le submergent, Longwood ressemble à la cour du roi Pétaud, une maison où tout le monde veut commander et parler à la fois. Le monarque abattu ne parvient plus alors à contrôler la petite troupe qui se chamaille.

Le plus insupportable de tous est sans aucun doute Gaspard Gourgaud. Élevé au titre de baron en 1812 pour être entré le premier au Kremlin et pour avoir découvert la mine qui devait faire sauter l'état-major de la Grande Armée, cet artilleur, polytechnicien, a été promu *in extremis* général de brigade après Waterloo. Au dernier moment, il a arraché la permission de suivre Napoléon à Sainte-Hélène. Il idolâtre le grand homme. Mais sa jalousie empoisonne le climat de la captivité. Très sourcilleux pourtant sur l'étiquette et sur la manière dont on s'adresse à sa personne, l'Empereur tolère avec une indulgence inexplicable les incartades de ce compagnon. Impulsif, chicaneur, Gourgaud tyrannise l'objet de sa vénération.

La lecture de son *Journal* le montre sans artifice. Gourgaud est l'anti-Las Cases. Il décrit son héros tel qu'il est et non pas tel que l'exige la légende : un homme à la fois patient et égoïste, parfois dépassé par les événements, souvent désarmé face aux impertinences de son ancien premier aide de camp. Gourgaud se plaît à rabrouer l'Empereur, à le contredire. Entre eux, ce ne sont que fâcheries et réconciliations. « Sa Majesté se fâche. Moi aussi. Elle se calme. Je boude » (23 janvier 1816). La bouderie est une pratique hélénienne quotidienne de gens qui s'ennuient. Un jour, Gourgaud se permet de contester une affirmation de Napoléon. Celui-ci soutient qu'il aurait pu renverser la situation s'il était resté à la tête de l'armée en Russie. « Pardon, Sire, il était trop tard. » « Vous croyez que, moi, je n'aurais pas pu tenir à Vilna ? » « Non, Sire. » Une autre fois, Gourgaud tance l'Empereur qui dicte la campagne d'Italie. Il lui explique tout à trac qu'il fait trop de répétitions (2 juin). Il arrive que, lorsque Napoléon veut faire la paix, Gourgaud continue à faire la tête. « Est-ce que vous avez encore la diarrhée ? » « Non, Sire » (19 juillet).

Emporté, susceptible, Gourgaud déteste Las Cases mais exècre encore plus le couple Montholon. C'est un être perpétuellement frustré. Il aurait voulu être le seul confident du prisonnier. Excédé, Napoléon s'écrie un jour : « Vous avez cru, en venant ici, être mon camarade. Je ne le suis de personne. » Et, pour bien mettre les points sur les *i,* l'ancien césar ajoute : « C'est moi qui dois être le centre » (25 décembre 1816), aveu pathétique d'un roi sans couronne qui veut régner sans partage dans sa fermette misérable sur deux militaires avec épouses, un célibataire caractériel et un ancien émigré aux manières doucereuses.

2

Gourgaud et Napoléon sont là devant moi. Débraillé, l'Empereur a noué un madras autour de sa tête. La main droite est introduite sans façon dans la culotte du pantalon tandis que la gauche tient un feuillet. L'Empereur est pensif, les yeux sont un peu tristes, la bouche fait la moue, une barbe naissante hérisse le menton. Napoléon va parler, il se concentre, il va ressusciter la gloire contre le temps. Le regard laisse malgré tout échapper une lueur de mélancolie. Gourgaud attend, la plume dressée, prêt à enregistrer la parole impériale. L'expression de son visage est appliquée, un rien avantageuse. Il est seul avec son maître ! Comme il est heureux, comme il est important !

La scène, peinte par Steuben, est accrochée entre les deux fenêtres. Je reconnais une fois de plus la main subtile du prestidigitateur. Longwood est rempli de ces tours. Un enchanteur facétieux s'emploie à ces effets où le passé et le présent se trouvent nez à nez. La gravure est placée sur le mur qui figure… sur la gravure.

On a disposé aussi face à face le buste de Marie-Louise – posé sur la cheminée – et celui de Joséphine. Dans la petite chambre du mari, les deux épouses se regardent en chiens de faïence. Joséphine dévisage sa rivale avec espièglerie, impression probablement due à ce nez mutin qui donne à sa physionomie un air piquant. Le visage de la Habsbourg est inerte. Les yeux globuleux apportent à l'expression quelque chose de godiche.

Napoléon déjeune sur le guéridon, fait sa toilette devant la fenêtre. Comme jadis, le sofa est placé à la perpendiculaire de la cheminée. Le captif aime s'y étendre pour lire. Apparemment, il est libre, il est maître en sa maison ; à la différence d'un prisonnier ordinaire, il organise ses journées selon son humeur. Longwood, une prison ? Un millier de soldats sont cantonnés en permanence à Deadwood, dans le voisinage, pour surveiller la maison. Dans un périmètre d'environ sept kilomètres, Napoléon peut se promener à sa guise, mais, au coucher du soleil, des sentinelles entourent les bâtiments jusqu'à l'aube. Ils ne quittent pas de l'œil Longwood et se tiennent sous les fenêtres tous les quinze mètres. Une autre limite d'une vingtaine de kilomètres de circonférence, qui englobe la première enceinte, autorise l'Empereur à circuler librement, avec le risque de rencontrer des patrouilles chargées de le surveiller. Un officier d'ordonnance britannique qui réside en permanence à Longwood doit s'assurer personnellement deux fois par jour de la présence de Bonaparte.

Le 3 janvier 1816 pourtant, il sort de l'enceinte réglementaire pour se rendre à Sandy Bay, au sud de l'île. Ce sera l'une de ses seules excursions hors du périmètre de Longwood. Trois jours plus tard, faussant compagnie à l'officier d'ordonnance anglais, il parvient avec Gourgaud à Rock Rose Hill, point situé à un mile de la mer. Cette escapade du 6 janvier reste mystérieuse. Napoléon a-t-il voulu éprouver le système de surveillance des Anglais ? Moment probablement unique dans la captivité : les deux hommes sont seuls, les Anglais affolés ignorent à cet instant où se trouve Bonaparte. La mer est toute proche, aucune sentinelle, aucune batterie d'artillerie. Le prisonnier songeur scrute l'horizon. La côte africaine se trouve à deux mille kilomètres, l'Amérique à trois mille. Peut-être à cet instant s'est-il senti encore plus confiné qu'à Longwood. Devant l'océan illimité, il a la révélation de la prison qui l'enferme, non par exiguïté mais par excès d'espace. « On ne s'enfuit pas d'une prison sans murs », m'avait déclaré le chef de la police de l'île.

Napoléon donne le signal du retour pour Longwood. Les Anglais ne lui pardonneront jamais cet instant. Il a franchi une ligne interdite. Il s'est trouvé dans un interface, à la surface de séparation de deux états, ni vraiment libre ni vraiment délivré. Il n'est pas douteux que nombre de tracasseries ultérieures ont leur origine dans cette fugue.

Le prisonnier a-t-il eu des projets d'évasion ? C'est un point encore mal élucidé de la captivité. En tout cas, ses partisans en Amérique ne restaient pas inactifs, mais ne parvinrent jamais à coordonner leurs efforts pour aboutir à une action commune.

En 1816, la garnison de Sainte-Hélène compte 2 784 hommes. Hudson Lowe dispose d'une escadre qui croise en permanence autour de l'île. Elle comprend trois frégates, deux vaisseaux armés et six bricks. Tout navire qui approche de Sainte-Hélène est immédiatement repéré et n'a la permission d'accoster qu'après accord des autorités. Le prisonnier ne peut recevoir de visiteurs sans l'autorisation du gouverneur, ni adresser ou recevoir des lettres sans qu'elles soient soumises à la censure des Anglais. On lui dénie son titre d'Empereur. À Sainte-Hélène, il n'est plus que le général Bonaparte.

Un jour où Hudson Lowe lui adresse une lettre à ce nom, l'Empereur la lui retourne, avec ce commentaire : « Je n'ai plus eu de nouvelles de ce général depuis la bataille des Pyramides. » Las Cases résume ainsi la situation en mars 1816 : « L'Empereur régularise tout ce qui l'entoure, et prend l'attitude de la dignité qu'opprime la force ; il trace autour de lui une enceinte morale. »

Le détenu a décidé une bonne fois pour toutes de s'enclore dans sa prison. À Gourgaud, il va même jusqu'à avouer que si on lui donnait toute l'île, il n'aurait pas envie de sortir davantage. « Au bout de quelque temps, tout le monde m'aurait vu ; et cela ne ferait pas tant d'effet qu'en restant comme je le fais. » Il n'a aucune envie d'amadouer Hudson Lowe. « Il ne peut y avoir aucun rapport de société entre un geôlier et un prisonnier », confie-t-il à Bertrand.

Ce qui frappe dans cette pièce comme dans le reste de la maison, c'est le manque de *grandeur*. Un logis de petit-bourgeois qui vivote. Avec les quelques biens qui lui restent, vestiges de la splendeur passée (« les épaves du naufrage », selon la formule de lord Rosebery), il cherche à faire illusion. Il y a un côté thurne d'étudiant dans ce décor sommaire que les domestiques ont tenté de transformer avec les moyens du bord. Il arrive même à l'Empereur de bricoler. Pour agrémenter son intérieur, il découpe un jour les planches d'un grand livre où figurent des oiseaux. « Il les fit attacher à la pente de la tenture de son cabinet ; il détacha aussi du volume un grand aigle qu'il fit mettre, mais sans le découper, au-dessus de son bureau », raconte Ali. Le monarque déchu en est réduit à déchirer dans un album l'oiseau impérial. Longwood empoisse chaque geste et fige dans l'insignifiance la procession du souvenir.

Sans doute y a-t-il les dictées. Mais ce pèlerinage dans le passé est presque toujours désenchanté et douloureux. Il suffit de lire les récits de Las Cases ou de Gourgaud pour s'apercevoir que cet exercice est placé sous le signe d'une angoisse qui cherche son apaisement dans la profusion des détails. Napoléon s'emploie à rétablir, à réparer, à restaurer.

Il a un côté Shéhérazade. Pour ne point périr, il faut raconter, ressusciter les mille et une nuits du règne, retarder le fatal dénouement.

Pour ne pas succomber, les prisonniers doivent se raconter des histoires. Napoléon n'a plus guère de complicité avec les vivants, il n'en veut nouer qu'avec ses souvenirs. C'est l'Échelle de Jacob posée non pas sur le ciel, mais sur le gouffre. Le Grand Empire, l'Europe unifiée sous son sceptre, les frères et les sœurs transformés en rois et en reines, tous ces succès ne sont que les promesses de la catastrophe. Autant de degrés qui descendent vers l'abîme. Le contraire du songe de Jacob assuré d'une longue postérité et qui va donner naissance à un peuple, à une nation.

Napoléon, qui se plaît à commenter le moindre épisode de sa vie, ne parle qu'à deux reprises de ses rêves. Le premier, il ne le racontera qu'à son valet de chambre Marchand. Étrangement, ce qu'il a entrevu a trait à sa descendance. Une nuit, il a aperçu Marie-Louise et son fils, qu'elle tenait par la main. « Elle était fraîche comme je la vis à Compiègne. Je la pris dans mes bras, mais quelque force que je misse à la retenir, je sentais qu'elle m'échappait, et, lorsque j'ai voulu la ressaisir, tout avait disparu et je me suis éveillé. »

« Je sentais qu'elle m'échappait » : hantise de l'abandon, de la chute ! À Sainte-Hélène, il n'a qu'une peur : que ses compagnons le quittent. Avec son parler cru, Gourgaud écrit le 15 juillet 1816 : « Si nous partions tous, Sa Majesté serait obligée de se tuer. » Le même Gourgaud mentionne l'autre rêve raconté par l'Empereur dans lequel « il tuait un housard anglais qui le chargeait ».

Napoléon a toujours été fataliste. Le 2 septembre 1816, évoquant l'apogée du règne, il fait cet aveu à Las Cases : « Je voyais clairement arriver l'heure décisive. L'étoile pâlissait, je sentais les rênes m'échapper, et je n'y pouvais rien. » Prescience de la catastrophe à laquelle il faut opposer l'admirable phrase du *début*, quand il était à vingt-cinq ans général de l'armée d'Italie : « Je voyais déjà le monde fuir sous moi, comme si j'étais emporté dans les airs. » La confidence faite une fois de plus à Gourgaud date de 1817. Instantané qu'on pourrait presque qualifier de stendhalien, tant la fusion de la lucidité et du rêve répand une traînée lumineuse. Éclair qui traverse les mornes journées et irradie soudain la lourde opacité de Longwood. Tout y est. L'acceptation du risque, le bonheur déployé à perte de vue, la grande chevauchée de l'aventure. Pégase s'envole, il prend le mors aux dents, le destin s'emballe… « Je sentais les rênes m'échapper et n'y pouvais rien. » N'avait-il pas avoué un jour à Las Cases : « On peut donner une première impulsion aux affaires ; après, elles vous entraînent. »

Pégase, né du sang de Méduse dont le regard hante toujours la chambre noire. Pégase-Méduse, le début et la fin, l'inspiration et l'expiration.

Dans ces moments de sincérité, il ne joue plus à cache-cache avec sa mémoire. Cependant, il fait rarement son *mea culpa*. Si la vérité entre en conflit avec sa gloire, il choisit la seconde. Quand il évoque ses échecs, il se livre non pas à l'autocritique, mais à un étrange jeu de l'erreur. Il recherche la pièce qui fait défaut, le détail qui l'a mis en difficulté. Au sujet de Waterloo, il dit par exemple : « Tout m'a manqué que quand tout avait réussi. » Mais qu'a-t-il manqué ? La véritable question est en fait : pourquoi suis-je ici ?

C'est dans cette pièce qu'il a cherché à élucider l'énigme, dans cette chambre noire qu'il s'est employé à faire pénétrer la lumière du souvenir. Les persiennes sont baissées, les rideaux tirés. Seul un rayon tranche le mur obscur. Le trait éclatant et acéré du sténopé pénètre dans la chambre et forme une image, une ombre mystérieuse dont la taille grandit à mesure que l'objet s'éloigne de l'ouverture. Un nuage, un arbre du jardin, la silhouette d'un homme, un oiseau ? La pointe étincelante est dirigée sur les grilles noires du foyer de la cheminée.

« Il était dans sa chambre à coucher, le feu de bois donnant à sa physionomie l'expression la plus singulière et la plus mélancolique », écrit son médecin O'Meara. On trouve assez peu le mot de mélancolie sous la plume des mémorialistes. Parfois, Gourgaud l'emploie : « Ennui, mélancolie » (11 juillet 1816). Faut-il voir dans ce mot une note romantique ? Napoléon était un grand amateur des poèmes d'Ossian, ces ballades celtes parcourues de brumes et de vents furieux. Sur son plateau de Longwood, il était face à cette nature déchaînée. Le captif, qui détestait les brouillards et l'incessant martèlement de l'alizé sur sa prison, se trouvait au cœur d'un paysage qui n'était pas sans ressembler à la vision déchiquetée des imaginations préromantiques. Mais cette mélancolie-là, pas plus que le climat de roman gothique de cette maison désolée, n'intéressait nullement le prisonnier. La mélancolie de Napoléon cache un deuil très ancien. « Toujours seul, au milieu des hommes, je rentre pour rêver avec moi-même, et me livrer à toute la vivacité de ma mélancolie. De quel côté est-elle tournée aujourd'hui ? Du côté de la mort. » Ces lignes datent de 1786 lorsqu'il était lieutenant.

À Sainte-Hélène alternent les périodes d'euphorie et d'abattement. Un détail suffit pour qu'il retrouve un certain entrain. Un jour où il fait beau, il lance, radieux, à Gourgaud : « Si c'était là une marque que le bonheur nous revient ? » Le bonheur ne passe que fugitivement dans l'exercice de la remémoration. L'édification de la légende s'y oppose. Bonaparte n'a jamais recherché la félicité, mais la gloire. Aristote assure que « tout être d'exception est mélancolique ». À Sainte-Hélène, il l'est doublement puisqu'il a tout perdu et qu'il se souvient. Il est dépossédé. Mais de quoi ? Du pouvoir, des honneurs ? Ce serait trop simple. En réalité, il est tourmenté par un mal obscur, innommable, un appel, un mystère qu'il ne parvient jamais à identifier. Cette impuissance à approcher le secret traverse les dictées et les interminables soirées de Longwood. Que redoute-t-il ? Probablement la désintégration. C'est sa hantise. Il rôde autour, il a peur que cet effritement ne le détruise de l'intérieur. Cette lutte contre le morcellement est le combat que livrent tous les captifs. De guerre lasse, le prisonnier de Longwood finira peu à peu par capituler, appelant la mort de ses vœux d'une manière qui ressemble au suicide.

Napoléon proclame sans cesse qu'il n'y a que lui qui souffre. Il aime signifier à Bertrand, à Las Cases, à Montholon et à Gourgaud qu'ils ne sont pas vraiment des prisonniers. Tous ces gens sont condamnés à eux-mêmes, mais ils ont choisi, ils savent pourquoi ils sont là. Lui seul est une victime. Avec dérision, il n'emploie le « nous » que pour s'exclure. Lorsque ses compagnons se plaignent, il s'exclame : « Nous sommes très heureux, ici, nous pouvons monter à cheval, nous avons une bonne table, nous pouvons nous en aller quand il nous plaît, nous sommes bien reçus partout et couverts de gloire. » Très nettement, il accuse ses compagnons de le déposséder de sa souffrance. « La seule personne malheureuse, c'est moi, d'abord d'être tombé de si haut, ensuite, de ne pouvoir comme vous me promener qu'escorté. »

Il ne lui a pas échappé qu'ils l'ont accompagné pour raconter ensuite au monde sa déchéance et sa fin. Le soir après dîner, ils l'écoutent vaticiner et déclamer le *Zaïre* de Voltaire. L'exercice est si fastidieux qu'un jour Gourgaud et Mme de Montholon décident de cacher le volume. Ils n'ont qu'une hâte : regagner leur chambre pour consigner ce qu'ils ont entendu. Ils ne veulent pas en perdre une miette. « Sa Majesté dit qu'on ne peut plus parler parce qu'on tient des journaux de tout », commente Gourgaud. Le grand homme qui pense et rêve tout haut dit une chose et son contraire. Sainte-Hélène est une histoire des points de vue. Souvent, la perspective change, l'optique se transforme. Religieusement, les évangélistes enregistrent les idioties qu'ils entendent. Ce sont des militaires, pas des hommes de lettres.

On a peu insisté sur le côté *Bouvard et Pécuchet* de cette retraite forcée. À Longwood, le petit groupe emploie son temps à faire des expériences. On voit ainsi pendant des semaines l'ancien demi-dieu et ses compagnons se passionner pour une machine à fabriquer de la glace envoyée d'Angleterre. Puis ils se lassent, et l'on s'adonne à une autre occupation. Pendant quelques semaines, l'Empereur et Gourgaud s'amusent à évaluer l'eau que débite le Nil. Une autre fois, ils font des calculs sur l'emploi des pompes à feu dans la défense des places. Ils adorent chiffrer. Napoléon s'enthousiasme pour la botanique et le jardinage. Les phases d'excitation durent peu. Ce militaire adore inspecter, *passer en revue*. Il lui faut examiner successivement et tourner le dos, comme au temps du Grand Empire, lorsqu'il inspectait ses troupes. C'est aussi sa façon à lui de *couper court*.

Le soir à Longwood, on s'entretient solennellement de l'amour, de Dieu, de la matière, de la langue française, du destin… Les témoins se poussent des coudes pour ne pas éclater de rire. « J'entendais les *Dialogues des morts* », raille Albine de Montholon. Gourgaud est chargé très sérieusement par Napoléon de réorganiser l'artillerie française. Un jour, le captif désœuvré se met en tête de réformer l'infanterie. Il prévoit le moindre détail, allouant par exemple pour chaque compagnie des morceaux de tôle pour faire cuire des galettes de blé. Mais l'Empereur et Gourgaud se chicanent sur un détail. La réforme de l'infanterie restera en plan.

Ces entreprises chimériques font partie d'un jeu qu'entretiennent les compagnons avec le stratège. Significative est la réflexion du grand-maréchal Bertrand : « L'Empereur dicte au général Gourgaud un projet d'organisation de l'armée à remettre au grand-maréchal. Gourgaud dit en riant à Mme Bertrand : "Je ne savais pas que nous allions entrer en campagne. Nous organisons l'armée." »

Seule l'action apaise son angoisse. Mais les missions inutiles, les expéditions perdues que sont les incursions dans la science, la métaphysique ou l'art militaire, n'ont rien à voir avec l'action. Ce ne sont que raids avortés, batailles sans combat. Un passe-temps. Tous le savent, à commencer par l'intéressé.

Napoléon a ceci d'attachant qu'il n'est jamais dupe. Il va toujours droit au but. Rudement. S'il se leurre parfois sur lui-même, la lucidité finit toujours par l'emporter. Longwood est l'envers de la tapisserie. Ce côté où l'on voit la trame et le métier permet enfin de comprendre le motif central. L'artiste n'a plus rien à perdre ; il explique la technique, le canevas. Les couleurs de la partie qu'il montre sont éclatantes et valent bien l'endroit. N'affirme-t-il pas au sujet de sa puissance passée : « Un trône n'est qu'une planche garnie de velours » ? Il répète volontiers qu'« un général doit être charlatan ». Cette absence d'illusion confère aussi à ces épanchements une allure désolée. Il y a des jours où Napoléon ne parvient plus à enchaîner. « J'aurais dû mourir à la Moskova », ressasse-t-il. Cette fameuse coulée en fusion de la pensée et de l'action qui naguère embrasait tout sur son passage s'applique désormais aux affaires domestiques. La parole monotone et répétitive flotte, suspendue au-dessus des dévastations de la mémoire. Alors, la mélodie du souvenir se dérègle dans un brouhaha que les scribes tentent ensuite d'arranger. Ils y parviennent au détriment de la vérité. Cependant, dans les dernières années de la captivité, Bertrand semble recueillir avec fidélité l'éparpillement et la désorganisation du verbe napoléonien.

Comment retrouver le pur instant ? « Tenez, en ce moment, tandis que je vous parle, je me reporte aux Tuileries, je les vois, je vois Paris », explique-t-il à Gourgaud. En fin de compte, il a la nostalgie non du bonheur, mais des instants privilégiés, des moments parfaits. Il est attentif surtout au temps à l'état pur, à l'instant unique, à l'intermittence. Il ne sait pas trop quand il a été heureux. Il se creuse la tête… À votre avis ? demande-t-il à son entourage. Cette manière un peu goguenarde de faire estimer par autrui son bonheur passé est plaisante. Gourgaud répond : « Le mariage avec Marie-Louise. » Mme de Montholon : « Premier Consul. » Bertrand : « Naissance du Roi de Rome. » Son jugement à lui ? « Peut-être que c'est à Tilsit, je venais d'éprouver des vicissitudes, des soucis, à Eylau, entre autres, et je me trouvais victorieux, dictant des lois, ayant des empereurs, des rois pour me faire la cour » (mai 1817).

Eylau : le nom que Napoléon n'aime pas prononcer. Sujet défendu, bataille censurée. Probablement parce que ce carnage sonne le vrai « commencement de la fin ». Pendant une de ces conversations du soir où l'on refait l'Histoire, Bertrand affirme que ce qui l'avait « le plus frappé dans la vie de l'Empereur était le moment à Eylau, où, seul avec quelques officiers de son état-major, il se trouva presque heurté par une colonne de quatre à cinq mille Russes ». Napoléon fut en effet à deux doigts d'être pris. « Il était plus que temps ; l'Empereur n'avait pas bougé ; tout ce qui l'entourait avait frémi », raconte Bertrand.

Curieusement, alors qu'un mot, une allusion suffisent pour déclencher la logorrhée des souvenirs – il peut alors parler trois ou quatre heures d'affilée –, ce rappel d'Eylau fait fiasco. Las Cases le note sans commentaire : « L'Empereur avait écouté ce récit sans aucune observation. »

Silence révélateur. Eylau est la bataille prémonitoire. Dans son déroulement, elle annonce le désastre de Waterloo. Fait sans précédent dans l'histoire de l'Empire : Napoléon reste huit jours sur le champ de bataille, comme pour bien signifier au monde que cette victoire sanglante lui a été acquise.

Eylau constitue le début de l'énigme, l'origine de la faute. Est-ce pour cette raison qu'il répugne à en parler ? Prolixe sur son règne, ses amours, la conduite de ses batailles, Napoléon esquive singulièrement le grand affrontement du

8 février 1807. Il n'évoque guère Friedland, la bataille suivante, trois mois plus tard, qui venge pourtant avec éclat l'engagement meurtrier d'Eylau. L'une est trop liée à l'autre.

Les exposés de Sainte-Hélène valent aussi par les blancs, les silences. Napoléon casse perpétuellement la chronologie. Il a toujours eu le goût du coq-à-l'âne, le génie du raccourci. Il ne prise guère les transitions, les idées intermédiaires. D'où un discours saccadé, des images éclatées. Cette prise en direct, ce *zapping* des souvenirs, donne parfois à ses dictées un décousu très moderne. C'est un déroulement brisé dont rend bien compte le mouvement du *Mémorial*. Chez Las Cases s'enchevêtrent (comme dans les *Mémoires d'outre-tombe*) le présent et le passé. Ce sens du raccourci, du moment qui donne le signal de la chasse au trésor, est fascinant. C'est bien un rébus que le vaincu essaie de résoudre par le jeu de la mémoire. Une suite d'images, de mots, de dates évoquant par leur résonance un contenu caché qu'il s'agit de deviner. Les tracasseries de Hudson Lowe se mêlent à l'évacuation de Moscou. Le climat de Longwood déclenche une image : le ciel de la Corse natale, lequel amène un détail sur Pascal Paoli, le héros de l'indépendance, puis une digression sur la famille. Enfin, le pouvoir… Comme Chateaubriand, Napoléon peut s'exclamer : « Ô souvenirs, vous traversez le cœur comme un glaive ! » Les dictées de Napoléon avancent à coups de rêveries, de vagues à l'âme, de regrets, d'extases. Il y a en lui un peintre qui ne pourra jamais plus prendre un pinceau, un statuaire qui a perdu sa glaise. « J'aime le pouvoir, moi, mais c'est en artiste que je l'aime. »

Ce cri déchirant traverse le caveau funèbre de Longwood. Les murs sont dégoulinants d'humidité. Les rats grouillent au-dessus de sa tête. Dans son cabanon tropical, enseveli sous l'amas des prouesses passées, il s'époumone : « Ce n'est pas la faiblesse, c'est la force qui m'étouffe, c'est la vie qui me tue. »

3

L'égouttement de la pluie sur le toit frappe doucement le sol du jardin. Le chuchotement infini et monotone se répand, maussade, dans la petite chambre. Une bruine molle et épuisante s'est installée sur Longwood. Ni pluie, ni crachin, ni brume, c'est une muraille flottante et poisseuse, qui s'écoule lourdement par masses blanchâtres. La vapeur d'eau est si épaisse qu'il semble que l'air saturé soit devenu liquide.

Les Anglais avaient bien choisi l'endroit. Longwood est une prison de nuages, un cachot aérien. Dans cette geôle, le prisonnier jouit de toutes les apparences de la liberté : l'océan illimité à l'horizon, le plateau dégagé, une échappée vers le plus haut sommet de l'île, le pic de Diane. Cependant, l'air et le ciel isolent et confinent aussi sûrement qu'une cellule. « Je hais ce Longwood, ce *vento agro* », maugrée l'Empereur. Curieusement, lorsqu'il se plaint du climat, il se sert de sa langue natale – les souvenirs de son médecin O'Meara sont truffés de mots italiens. Il appelle Sainte-Hélène l'*isola maladetta.*

Un sécateur à la main, Michel Martineau qui travaillait avec les jardiniers surgit dans la chambre de Napoléon. J'aime cette familiarité du passé avec le présent. Les Martineau apprivoisent la demeure. Quant à l'actuel consul, les jardins sont l'affaire de sa vie. Il y puise son inspiration de peintre.

– Les fleurs des tropiques sont éclatantes mais n'ont aucun parfum. Les roses font merveille ici mais elles ne sentent rien. Seuls les lilas de Perse et le gingembre embaument violemment. Ce sont les fleurs de Longwood qui m'ont donné l'envie de peindre.

– Qui vous a appris ?

– Personne. Au début, j'ai beaucoup tâtonné.

– Avant Sainte-Hélène, vous n'aviez jamais touché un pinceau ?

– Jamais. C'est peut-être la peur de l'ennui qui m'a forcé à peindre. Au bout de deux ans de séjour à Longwood, je me suis dit qu'il me fallait une occupation. C'est en travaillant dans les jardins que l'idée m'est venue d'en représenter les fleurs. Sans la peinture, je n'aurais pas pu tenir.

– Pourquoi ? C'est si terrible de vivre ici ? fais-je un peu hypocritement.

L'expression de son visage indique que je viens de franchir

un domaine sinon interdit, du moins privé, qui ne concerne pas l'intrus que je suis. Avec une certaine dureté et une pointe d'ironie dans la voix, il s'exclame : « Qu'est-ce que vous croyez ! Qui peut se croire prémuni contre l'ennui, à Longwood ou ailleurs ? » Il me semble entendre son père…

Il se reprend et sourit :

– Mais pourquoi s'en prémunir ? Il me faut un soupçon d'ennui pour me contraindre à prendre mes pinceaux. À trop attendre, l'ennui me submerge et je ne peux rien faire.

– Et l'ennui de Napoléon, comment le définiriez-vous ?

– Ah ! l'ennui napoléonien ! Il est venu, je pense, d'une vie trop réglée, trop routinière, trop recluse aussi. Les dictées, la promenade à 4 heures de l'après-midi, le dîner fixé à 8 heures, les soirées au salon… C'est en novembre 1816 que tout bascule. La lassitude et la léthargie vont peu à peu gagner cet homme qui, on ne le soulignera jamais assez, n'avait cessé de bouger. L'année 1816 voit l'arrivée de Hudson Lowe, les persécutions et le départ de Las Cases en novembre. Il est certain que cela affectera beaucoup l'Empereur.

Ancien émigré rentré en France en 1802, Las Cases n'avait jusqu'en 1815 approché Napoléon que de loin. Chambellan, maître des requêtes au Conseil d'État, il faisait partie de ces nombreuses figures anonymes de l'administration impériale. Lorsque, après Waterloo, il se présente à l'Élysée pour le servir, Napoléon n'est pas long à juger l'homme. Certes, l'« Extase », comme le surnommait Gourgaud, est un flatteur, mais il a de la finesse et du jugement. Sur le *Northum-*

berland, aux Briars, il s'est souvent trouvé seul à seul, en familiarité avec le monarque déchu, au grand mécontentement des autres membres de la suite qui l'appellent « le jésuite » ou « le cafard ».

Dans le *Mémorial*, Napoléon se conduit en grand séducteur avec Las Cases. La jalousie de Gourgaud démasque bien le comportement de l'Empereur qui fait, selon son expression, « le bon apôtre » avec « le petit Las Cases ». Patelin, l'homme qui terrorisait le Conseil d'État, déclare à son confident : « Que n'êtes-vous venu me trouver [...]. Vous eûtes grand tort. » Las Cases avait écrit pendant l'émigration un *Atlas historique* qui avait eu à l'époque un grand succès. Et Napoléon de s'exclamer : « Pourquoi ne me l'avez-vous pas fait connaître ? Mais il faut le dire, mon cher, un peu d'intrigue est indispensable auprès des souverains. »

Ce besoin d'expliquer, de jeter parfois le masque, a quelque chose de subjuguant. Ce comédien n'est pas un homme affecté. Moraliste du pouvoir, il lui faut sans détour dévoiler ses clés. « Vous étiez pour moi dans la masse, vous étiez placé dans mon esprit d'une façon tout à fait banale. Vous m'approchiez, et vous n'aviez pas su en tirer parti [...]. Vous étiez pour moi sans couleur. » Il ajoute sans ambages : « Mes nominations aux emplois tenaient beaucoup de la loterie. » Ce refus de l'illusion, cette brutalité souvent allègre jaillissent parfois telle la foudre au milieu des litanies obsédantes du passé. L'aigle au regard infaillible ne s'intéresse qu'aux situations, pas aux êtres humains. Crûment, il confie à Las Cases :

« L'homme fait pour les affaires et l'autorité ne voit point les personnes, il ne voit que les choses, leur poids et leur conséquence ! » Napoléon est l'homme des *bourrades*, il lui faut bourrer de coups : coup de fouet pour la démythification de soi-même, coup de hache lorsqu'il s'agit de juger autrui.

Las Cases lui oppose qu'une fois, après une mission en Hollande, le souverain aurait pu saisir l'occasion d'établir le contact avec son conseiller. Il se produit alors dans l'alluvionnement que laissent certaines images une de ces exhumations caractéristiques de la démarche napoléonienne. Dans la prodigieuse mémoire resurgit un vague souvenir qui ondule, grossit : « Oui, je m'en souviens bien… À présent, je crois me rappeler un peu… L'idée que vous me présentiez me frappa. » Las Cases pense : « Il va faire amende honorable. » Mais non ! C'est Las Cases qui n'a pas su se mettre en avant : « Vous ne comprîtes pas mes questions, ou vos réponses furent insignifiantes, non positives […]. Et je passai à votre voisin. Il en était ainsi avec moi, je le répète, mais je n'avais pas le temps de faire autrement. »

« Je n'avais pas le temps de faire autrement. » Le voilà, c'est lui. Nul regret, le constat brut de l'absurdité du pouvoir, la force des choses dont il faut prendre acte. L'aveu ne manque pas de cruauté dans la situation présente. L'ennemi le plus constant qu'il ait combattu d'un bout à l'autre de l'Europe n'est autre que le temps. L'affaire d'Espagne, la campagne de Russie sont la traduction d'un homme pour qui « le temps presse », « l'heure tourne ».

À Sainte-Hélène, il a tout son temps. Ce qui lui faisait défaut lui est désormais dispensé à profusion.

Dans cette chambre, à gauche de l'entrée, se trouve ce qui représente le mieux la condamnation du temps. Aurais-je oublié que j'ai accompli le voyage à Sainte-Hélène pour un lit aperçu au musée de l'Armée à Paris ? Il est là, devant moi, maigre couche ornée d'un dais en drap blanc.

– Ce lit est un faux, avoue Michel Martineau d'un air désolé.

– Un faux ! Dans cette chambre, il fait on ne peut plus authentique. C'est le vrai lit. Celui du musée de l'Armée contrefait la réalité.

Il lève les yeux au ciel.

– Le vrai faux, le faux vrai. Vous savez, on peut s'amuser longtemps à ce jeu. Comme les reliques, c'est affaire de foi ou de confiance. Bon, ce lit n'est qu'une copie. Vous êtes déçu ?

– Oui. Mais j'aimerais savoir la raison de cette déception. Je me demande souvent pourquoi on a besoin de croire à l'authenticité d'un objet ou d'un lieu ? Peut-être parce qu'elle exprime la vérité de l'origine. Une réalité d'ordre matériel dans lequel entre aussi le toucher. Il y a du talisman, de l'amulette dans un objet de musée. L'idée un peu superstitieuse que le contact avec un personnage célèbre confère à cet objet une valeur absolue, magique. Qu'en pensez-vous ?

– Vous ne trouvez pas qu'il suffit d'y croire. Alors, l'imagination se met en mouvement.

– Oui, c'est très mystérieux. Je me souviens d'une visite au musée de Chantilly qui renferme les fameuses miniatures des *Très Belles Heures du duc de Berry*. Les visiteurs s'extasiaient devant les couleurs des manuscrits enluminés du XVe siècle. Évidemment, ce ne pouvait être que les originaux puisqu'ils se trouvaient exposés dans une vitrine. Il s'est alors passé quelque chose d'extraordinaire. Incidemment, le guide a précisé que c'étaient des copies. Eh bien ! cela n'intéressait plus personne. Le guide a eu beau faire valoir que les copies restituaient mieux que l'original l'éclat primitif des bleus, le charme était rompu.

Le consul qui surveille le jardin d'un œil quitte la pièce un instant. Je profite de son absence pour m'asseoir sur le lit. C'est interdit, je le sais. J'ai le sentiment de trahir la confiance de Michel Martineau. Depuis mon arrivée, il me laisse vaquer à ma guise dans Longwood. Tant pis ! Il faut que je connaisse la consistance de ce lit. Après tout, c'est un faux. En m'asseyant, j'ai l'impression que le sommier se plie en deux. Un vrai lit d'enfant ! Le matelas est sans épaisseur. Et puis, il y a les pieds à roulettes… On dirait un lit de dépannage avec paillasse escamotable. Le dais, s'il prétend racheter la précarité de la couche impériale, souligne l'apparence lilliputienne de la pièce. Appelé lit de camp du « petit modèle », il a toujours servi à Napoléon. À Austerlitz, il dormait dans la même couchette. L'armature en acier était estampillée du serrurier Desouches, fournisseur de l'Empereur et du Garde-Meuble impérial. Deux lits de camp du même modèle furent emportés à Sainte-Hélène. Quand il ne trouvait pas le sommeil dans sa chambre, le prisonnier allait s'étendre dans l'autre lit dressé dans le cabinet de travail contigu.

Michel Martineau revient dans la pièce. J'ai failli me faire prendre. Les yeux se plissent, l'arête du nez se pince, je le sens sur ses gardes. Mais non, il sourit.

– Vous voyez, je me prends au jeu du gardien du temple. Les jardins, la maison… C'est un combat de tous les instants contre l'envahissement tropical. Longwood lutte… Contre l'humidité, contre le vent. Deux ans sans entretien et tout tombe en ruines !

– Et la lutte contre le temps ?

– C'est la plus sournoise. J'ai l'impression qu'à Longwood le temps n'a pas la même consistance qu'ailleurs.

– Et les hommes qui vivent là, de quoi sont-ils menacés ?

– Ah ! vous et vos questions insidieuses ! s'esclaffe-t-il.

– Insidieuses ! Je les trouve plutôt directes.

– Eh bien ! justement nous en parlerons, si vous y consentez, avec mon père.

– Avec votre père !

– Oui, si vous acceptez notre invitation à déjeuner. Demain, cela vous convient-il ? Je suis sûr que vous vous amuserez. Le repas sera servi dans la partie O'Meara.

– J'ai cru comprendre pourtant que votre père n'aimait guère les mondanités.

– Mondanités ! Comme vous y allez ! Nous sommes heureux de vous accueillir.

La cheminée de la chambre enregistre la moindre saute de vent. Lorsque le murmure est sur le point de s'apaiser, la détonation d'une rafale accable l'âtre d'une étrange clameur. Les huées se propagent *recto tono* comme un chant grégorien, meurent, puis soudain renaissent pour expirer dans un râle qui ressemble au feulement d'un chat. Gémissement insoutenable et pourtant attirant comme la plainte d'une présence invisible. Gilbert Martineau avait raison : des esprits séjournent dans les cheminées.

Je reconnais la voix qui toujours pleure. Seuls les captifs savent distinguer cette lamentation. C'est le ressassement infini qui souffle des soupirails et pleure sous le blindage des cachots. Il est pareil au chant monotone que l'on entend, fredonné dans les hangars déserts lorsque le gong de la tôle fausse de sa cadence irrégulière l'harmonie de la triste mélopée. L'appel monte parfois d'une octave, alors le chœur beugle. On dirait que des voix de fausset composent le récitatif. Pauvre aria qui ne parvient même pas à raconter le délaissement, l'oubli du monde et la désolation des jours.

Je reçois en plein visage l'haleine de la solitude. Elle ne sent pas vraiment mauvais. C'est une odeur d'étoffe fanée, aride, légèrement musquée, un peu surie, cet étiolement qui vous saisit quand vous entrez dans une salle de cinéma vide.

La psalmodie tremble encore dans les aigus, comme si elle n'allait pas pouvoir tenir dans un registre aussi haut.

Mon expression fixe alarme le consul.

– Vous semblez mal. Que se passe-t-il ?

– Ce n'est rien. Le vent dans la cheminée… Quel curieux gémissement, vous ne trouvez pas ?

Il prête l'oreille et secoue la tête.

– Je n'entends rien. Le vent ici est une présence si naturelle… Son sifflement fait partie de mes oreilles.

4

Napoléon s'apprête à dicter. Gourgaud a pris la plume. Il attend, le maintien avantageux. Quelle vanité dans la pose ! Napoléon est cafardeux. Il a probablement entrevu l'air faraud du scribe. Il se referme sur lui-même, stoïque. Le principe de vie vacille mais l'énergie reprend le dessus. Avec Gourgaud, son piqueur, il va repartir à la chasse. À l'avance, il est las de poursuivre les souvenirs pour les capturer ou les tuer. Heureusement, il va aussi beaucoup braconner dans cette battue du temps. Tricher fait partie du jeu… « Une fabrique de faux », tel est le jugement que porte l'historien Jacques Bainville sur Longwood[1].

À l'évidence, la gravure de Steuben lutte contre le mur où Martineau l'a accrochée. Elle ne tient pas en place. Il a bien choisi son exposition. À cet emplacement, la scène et les per-

1. *Napoléon*, Fayard.

sonnages ne peuvent que remuer. Le maître de Longwood les a si habilement emprisonnés dans leur décor ! Cloués sur le mur devant lequel ils sont représentés, ils sont l'objet du supplice le plus raffiné qui soit. La reproduction statique perpétuelle. Napoléon et Gourgaud glissent immobiles sur le versant interdit sans jamais basculer. Scène gigogne qui donne le vertige. Il va dicter… Gourgaud a trempé sa plume avec suffisance dans l'encrier… Vite, la suite !

Il n'y aura jamais de suite.

L'image de l'enfermement est devant moi, annonce tant de fois répétée d'un achèvement qui jamais ne survient. Le visage de Napoléon a la même expression intensément absente que dans *Le Cimetière d'Eylau,* première figure de la mélancolie napoléonienne que le baron Gros a saisie avec tant de profondeur. Les yeux plafonnent étrangement, le blanc du globe oculaire souligne la fixité hébétée du regard. « C'est le portrait le plus magnifique et assurément le plus exact qu'on ait fait de lui », prétend Delacroix. En tout cas, c'est le plus inquiétant. Gros ne dévoile qu'une partie du secret. À mots couverts, il nous livre quelques signes de la tristesse impériale. Le mystère de Saturne à cheval. Tandis qu'au loin l'incendie achève de consumer Eylau, Napoléon étend sa main gantée sur le champ de bataille. Le ciel est sombre, des tourbillons de fumée s'élèvent de la plaine éteinte. Chez un peintre, c'est toujours la lumière qui signe le tableau. Tout est noir dans cette toile. La neige pareille à de la suie, le visage blême de l'Empereur mangé par une barbe charbonneuse. Cette figure paraît brûlée de l'intérieur.

Le roi thaumaturge est impuissant à accomplir un miracle. Gesticulation monotone. Épuisé. Et surtout insensé. Le vainqueur à la tête de spectre ne sait quoi faire. Là encore, on attend la suite. Le stratège ne parvient pas à installer le mouvement de son geste qui bénit. Le plus extraordinaire est qu'il refuse de voir le champ de bataille ; son regard humide, presque effaré, scrute le ciel. La mimique ne contient aucune signification. Ou plutôt, l'Empereur semble lever le bras pour dire : « Attendez, je ne comprends pas », ou même : « Je n'y suis pour rien. »

Vingt-sept peintres avaient concouru sur ce sujet imposé par Napoléon et commandé par Vivant Denon, directeur des Musées impériaux. Sur les instances de celui-ci, Gros se décida le dernier à faire acte de candidature. Intéressante, cette obsession du monarque à vouloir immortaliser la première grande boucherie du règne.

Il parcourt la plaine funèbre face à l'insignifiable et à la mort. « Jamais tant de cadavres n'avaient couvert un si petit espace », note le chirurgien Percy. Au milieu de tous ces uniformes, Percy est le seul personnage « civil » que Gros choisira de représenter dans son tableau – il figure dans la partie gauche, une écharpe sur l'épaule.

« Mon amie, il y a eu hier une grande bataille, la victoire m'est restée, mais j'ai perdu bien du monde », écrit Napoléon à l'impératrice Joséphine au lendemain de la bataille. « J'ai perdu bien du monde. » Il parle de ses soldats morts comme un bourgeois qui aurait mal ponté au jeu – on ne saurait toujours faire dans le style noble.

Ces quelques mots sont pourtant émouvants. Il est sincèrement sonné par le résultat de la bataille incertaine. Dans ces moments-là, il est lui-même. Le prosaïsme lui réussit plutôt bien. Ces lettres écrites au bivouac sous le coup de l'événement sont vraies. « Je suis un peu fatigué, j'ai été mouillé deux ou trois fois dans la journée », griffonne-t-il à l'intention de l'impératrice Marie-Louise après la bataille de Bautzen. Il sait qu'il n'y a que le concret qui intéresse la grosse Autrichienne. Un mari trempé, menacé d'un rhume, c'est l'expression du réel. Cet homme a toujours les mots qui conviennent – flatter ou blesser – selon l'interlocuteur auquel il s'adresse.

Il a perdu bien du monde... Mesure-t-il à Sainte-Hélène que c'est le monde qui l'a perdu. Et pourtant, il semble toujours dire : « J'ai perdu mais je suis fidèle à cette perdition, à ce naufrage. Je suis le féal de mon malheur. Ma chute est ma foi. »

Le ciel terreux d'Eylau est pareil à celui de Longwood. Les tourbillons s'élèvent de la plaine ensanglantée, ils se fondent à la neige boueuse. Ce sont les mêmes qui flottent au-dessus du plateau. Le regard morne du grand homme est déjà du côté de Sainte-Hélène. La neige pourrissante d'Eylau, la blettissure des tropiques sont les deux faces d'un même destin. La lassitude de la grande plaine russe, la désolation hélénienne se rejoignent. Le trouble contenu dans le tableau de

Gros est partout présent à Longwood. Mais comme un cauchemar.

Napoléon avait désiré ardemment l'organisation d'un concours. Il souhaitait donner l'image du vainqueur saisi par la pitié. Parmi les figures imposées, la plus impérieuse était celle de la miséricorde. Il fallait que l'Empereur figurât dans une attitude consolante. Ne pas se contenter de reproduire le carnage mais déborder la vision d'horreur par le réconfort, la mansuétude, la commisération. Le vainqueur fait donner des secours aux vaincus. Gros représente ainsi un jeune Lituanien, le bras droit couvert de pansements, penché avec reconnaissance vers le conquérant. Il serait malséant qu'il touchât le monarque, il se contente d'effleurer l'encolure de sa monture.

Gros a multiplié les détails comme cette baïonnette qui laisse goutter les cristaux de givre ensanglantés. Le peintre demanda à Murat de faire un croquis au dos du dessin préparatoire. Il alla même jusqu'à solliciter de l'impératrice Joséphine la faveur d'examiner la pelisse et le chapeau portés par Napoléon pendant la bataille. « Qu'il les garde tout le temps qu'il voudra », répondit l'Empereur. Gros les conserva jusqu'à sa mort. Le peintre ne cessait de contempler la bordure intérieure du feutre noir à trois cornes. La soie gardait la trace de la sueur de l'Empereur. Il est vrai qu'il avait eu chaud. La poussée de quatre mille grenadiers russes vers le poste d'observation où il se tenait l'avait surpris. Il n'avait dû son salut qu'aux grenadiers du général Dorsenne. Ces braves avaient chargé les Russes de face, baïonnette au canon. Ce fut une hécatombe. Pris à la fois en flanc et à revers par la cavalerie française, les assaillants furent massacrés.

Cette année 1807, qui voit l'improbable succès d'Eylau racheté quatre mois plus tard par l'exploit de Friedland et le triomphe de Tilsit, constitue plus que la naissance du Roi de Rome en 1811 l'apogée du règne. Cependant, le zénith est enténébré par un trouble, une émotion. De façon prémonitoire, le futur prisonnier de Longwood engage déjà une solidarité avec le malheur qui sera son lot huit années plus tard. Cependant, comme tous les parias, il ne réclamera pas à Sainte-Hélène la compassion mais la justice, la reconnaissance de ses droits que Hudson Lowe et les Anglais lui contesteront de plus en plus âprement.

Tout est présage dans *Le Cimetière d'Eylau* : la résignation devant le moment fatal, la nature hostile, la glaciation du souvenir sans oublier la note comique accompagnant nécessairement l'horreur. Au centre de l'hécatombe, Murat, aussi harnaché qu'un prince oriental, la jambe avantageuse, juché sur un cheval bai chamarré de pierreries. Vision outrée, ébouriffante. Gros respecte apparemment les conventions de l'hagiographie. Les gestes des personnages, l'empreinte de la bataille sont conformes aux nécessités de l'idéologie. Mais chaque détail se retourne contre la propagande officielle. Gros tente d'affaiblir la cruauté du carnage en faisant ressortir la fatuité de Murat.

Il n'avait sans doute pas conscience de la caricature. Une

fois achevée l'œuvre, le peintre fut pris d'un doute affreux : n'avait-il pas accordé trop d'importance à Murat au détriment de l'Empereur ? Gros était un être vulnérable. Désespéré par l'échec de son *Hercule et Diomède*, il se suicidera en 1835.

Bien sûr, le sagace meneur d'hommes avait tout compris. Le charnier, la noirceur radicale de la scène. Son regard de prostration. Cet instant où Gros lui présente sa toile et où le monarque découvre son double aux yeux fixes et fous, quelle attente extraordinaire, quelle incertitude ! Que va dire l'icône ? Cet *autre* qu'il entrevoit, sa propre image qu'il ne reconnaît pas et qui est lui-même, n'est-ce pas au milieu de la félicité, le *Mané, Thecel, Phares* du règne, la main mystérieuse qui annonce la fin. Le temps est désormais *compté*, Eylau *pèse* lourd, l'Empire sera *divisé*.

À ce funeste avertissement, quelle est la réaction du nouveau Balthasar – lui aussi un usurpateur ? Il retire de son habit sa propre décoration de la Légion d'honneur pour l'épingler sur la poitrine du peintre. Ce geste en dit long sur l'inexplicable indulgence du monarque ou sur son audace. Comment a-t-il pu laisser passer un tel tableau ? Ces visages gelés, ces mutilations, ce charnier, tout l'accuse. Gros a même poussé l'inconvenance jusqu'à peindre un cadavre sous la monture de l'Empereur. Certes, on aperçoit à peine cette tête que le sabot du cheval s'apprête à écrabouiller. Mais la volonté de déformer l'énoncé officiel est manifeste. De la part d'un monarque aussi froidement intéressé, prompt à tout deviner au premier coup d'œil, cette faiblesse est incompréhensible. À moins qu'il ne faille accepter une autre explication plus simple : le souvenir d'Eylau l'a traumatisé à jamais.

Curieusement, chez ce calculateur, un trait dément son égoïsme : la faculté à s'éprendre de ce qui lui est défavorable ou hostile. Il aura toujours un faible pour les êtres qui lui sont néfastes. Fouché, Talleyrand, sans parler des Anglais. Il est subjugué par ses ennemis. Hudson Lowe est le seul qu'il ne tentera jamais de séduire.

Visage impassible, regard fixe, geste arrêté, Napoléon est *médusé*. Méduse, puissance de la nuit, figure de l'horreur. Il a vu quelque chose. Mais quoi ? Son image, son double ? La tête de Méduse hante encore la petite chambre de Longwood. Rappelons-nous le trouble de O'Meara, qui l'avait surpris seul un soir devant la cheminée contemplant le feu de bois. Le médecin avait été particulièrement saisi par l'« expression mélancolique » du captif. On a parfois l'impression que, depuis Waterloo, il est plongé dans un rêve, qu'il ne parvient pas à se réveiller. Veilleur de ruines qui dort debout, ouvre brusquement les yeux et s'assoupit. Cette léthargie peut être aussi pour le prisonnier un moyen de ruser avec le temps. « Souvent, de la nuit il fait le jour ou du jour la nuit. En un mot, il agissait comme quelqu'un qui, étant dominé par l'ennui, met en usage tout moyen pour abréger le temps », note son valet Ali.

Eylau, premier ébranlement. Les oscillations produites par le choc aboutiront à Sainte-Hélène. L'astre noir, comme l'étoile des Rois mages, s'est arrêté au-dessus de la maison de Longwood. Il désigne celui qui, se consumant d'ennui, va mourir de mélancolie.

C'est à 10 h 30 du matin que se produira la catastrophe. Pour soulager Davout, Napoléon fait donner le corps d'Augereau déployé au sud du cimetière. À cet instant, une soudaine tempête de neige soulève la plaine. Les soldats d'Augereau, qui par vent d'est reçoivent de plein fouet les flocons dans les yeux, sont aveuglés. Déviée dans sa trajectoire, la masse des fantassins se présente devant l'artillerie russe. Les six mille cinq cents Français reçoivent à bout portant la mitraille des soixante-douze canons ennemis. Une brèche énorme s'est ouverte dans le dispositif…

Lors de la Débâcle en 1940, tous les tableaux du Louvre furent évacués. Les convois s'immobilisaient parfois au milieu du flot des réfugiés. *Le Cimetière d'Eylau* effrayait. L'immense toile avait été roulée et dépassait d'un camion comme un long tube. Les gens croyaient que c'était un canon de DCA destiné à répliquer à l'aviation allemande[1]. Ils se représentaient l'objet comme une menace.

1. *Le Front de l'art,* Rose Valland.

CINQUIÈME JOUR

Les escaliers du cimetière. – Troisième rencontre avec les Anglaises. – L'« oiseau fil de fer ». – Les deux cavaliers. – Chasteté de Napoléon. – « Vous n'êtes qu'un puritain ! » – Le bric-à-brac d'Ali. – Verdeur d'Amy. – Dialogues sur le prince André. – Karl Marx à Eylau. – Le prof et le colonel Chabert. – Analogie entre Eylau et Longwood. – La « charge des quatre-vingts escadrons ». – L'usine de computers. – La présence invisible. – Le château Batailley 1986. – Discussion sur Hudson Lowe. – Le misanthrope sur son rocher. – Le vieillard qui ne veut pas mourir. – Les orteils de bébé.

I

Amphithéâtre, escalier géant ? Quel est cet ouvrage aménagé à flanc de colline au milieu de la campagne ? Des vaches paissent au creux du vallon. Cachée dans les arbres, la chapelle néogothique semble désaffectée. En me haussant sur la pointe des pieds, j'aperçois à travers le vitrail un autel, une croix, des bancs de bois. Un bouquet fané laisse à penser que le culte y est parfois célébré. D'étranges oiseaux à longues pattes s'envolent à mon passage.

Il y a autre chose que le bruissement des grands arbres qui trouble le silence de la vallée, c'est ce calme qui répand un bourdonnement presque immobile. Un son permanent, grave, une bande sonore qui n'ayant rien enregistré n'amplifie plus qu'un vague chuintement.

Je m'approche des gradins sur lesquels sont dessinés plusieurs rectangles. Une dizaine par degré. Ils sont recouverts d'un gravier noir et entourés d'une bordure en ciment peinte en blanc. Sur chaque rectangle, un numéro…

En contrebas se dressent deux colonnes de marbre terminées par une pointe pyramidale. Une centaine de noms à consonance hollandaise sont inscrits sur les faces de chaque stèle.

Je me trouve au milieu d'un cimetière sud-africain. Les rectangles de cailloux noirs disposés sur chaque escalier ne sont rien d'autre que des tombes. Les numéros ont été reportés sur les deux stèles avec le nom correspondant. C'est une sépulture affreuse qu'on a réservée à ces morts. Ils ne sont plus que des matricules.

Je monte plusieurs gradins et m'arrête au hasard devant une tombe. Elle porte le numéro 34. Pourquoi ai-je soudain envie de connaître l'identité du numéro 34 ? J'ai le sentiment de commettre une effraction, du moins de briser la règle du silence qui semble avoir été imposée à cette vallée. « Numéro 34, Boshoff… »

Le moteur d'une voiture, un claquement de portières. Des voix s'approchent… Je crois reconnaître l'une d'entre elles, avec son timbre cassant et ses inflexions cajoleuses. Ce sont mes deux Anglaises. À croire qu'elles sont à ma poursuite.

– Vous voyez, on ne se quitte plus, susurre l'impérieuse lady avec son sourire charmeur. Mais dites-moi, mon ami, ne commettez-vous pas des infidélités à l'égard de votre Bonaparte ? Longwood, c'est fini ?

– Non, non. J'y retourne ce midi. Mais, vous savez, il n'y a pas que Longwood qui m'intéresse.

Une fois de plus, sa suivante a l'air contrariée. À l'évidence, elle ne prise guère chez sa compagne ce goût irrépressible pour la provocation. Cette conduite ne me déplaît pas. J'aime son style un peu rude qu'elle sait adoucir par l'élégance de son maintien et la suavité de son ton. Elle a dû être une très belle femme. Quand elle s'emporte, l'iris de ses yeux verts étincelle d'un éclat doré. Si les épaules ont voûté le port, elle s'emploie à se tenir droit en gardant une souplesse, un fondu étonnant dans le moindre de ses gestes. Peut-être une ancienne danseuse…

La suivante a moins d'aisance mais un regard à la fois radieux et avisé. Elle fait la morale à l'autre d'un ton dont on ne sait s'il est sentencieux ou persifleur. Elles semblent s'entendre à merveille. J'ai l'impression cependant qu'elles tournent en rond dans cette île trop petite. Il n'y a qu'à la fin de l'après-midi au bar du Consulate, devant un scotch, qu'elles retrouvent leur enjouement.

– Alors, que pensez-vous de ce cimetière ? Révoltant, n'est-ce pas ? Ce sont des tombes de prisonniers boers. Pendant la guerre du Transvaal, il y a eu jusqu'à six mille prisonniers ici. Parmi eux se trouvaient treize Français qui avaient combattu aux côtés des Boers. J'ai lu cela dans mon guide.

– Qui les avait parqués à Sainte-Hélène ?

– Vous le savez bien, nous, parbleu, les Anglais… Nous étions en guerre contre ces gens.

– Et ces tombes ?

– Ce sont des prisonniers. Ils ont succombé à une épidémie de fièvre typhoïde. Ils étaient parqués comme vous dites sur le plateau de Deadwood, près de Longwood. Des conditions sanitaires épouvantables… Cent quatre-vingts prisonniers sont décédés.

À mon tour de l'asticoter.

– Vous avez le chic, vous les Anglais, pour vous comporter avec mesquinerie avec vos prisonniers. Après Napoléon, les prisonniers boers… Et ces tombes numérotées, comme dans un camp de concentration. Tout cela manque de générosité.

– Vous exagérez… Qu'y puis-je ? bredouille-t-elle.

– Vous n'y pouvez rien en effet. Ces événements ont eu lieu au début du siècle. Mais il doit y avoir une malédiction sur cette île.

– Une malédiction ! Vous croyez à ces idioties ? coupe-t-elle d'un ton sévère.

– Tous ceux qui l'ont visité parlent de son côté funeste.

– Sainte-Hélène, c'est vrai, n'est pas gaie. Nous attendons avec impatience l'appareillage du bateau. Mais, vous savez, nous avons découvert des coins qui sont de véritables paradis terrestres.

– Des paradis terrestres, ici !

– Mais oui… Ils se trouvent surtout dans la partie occidentale de l'île. Je crois savoir que ces paysages étaient inconnus de votre Empereur. Il refusait de les visiter. C'était un drôle de prisonnier, ah oui ! Par orgueil il s'est enfermé volontairement dans sa bicoque.

À l'évidence, elle cherche à engager la polémique. Mais je ne me sens ni le goût ni le courage d'ouvrir avec elle les hostilités. Aussi bien elle voudra toujours avoir raison. Mon silence, loin de la contrarier, illumine son visage. Elle pense que j'ai capitulé.

– Visitons ensemble le cimetière, voulez-vous, dis-je enfin.

– Oh oui ! minaude-t-elle en entraînant sa suivante par le bras.

Elle propose de nous lire les informations contenues dans son guide.

Je respire ici, bien plus puissante qu'à Longwood, l'odeur stagnante de l'oubli. Sournoise, la maison du captif a su, sous la luxuriance de ses jardins et la complication de ses galeries, dissimuler les parfums vénéneux du souvenir alors que cette colline morte distille un air flétri, un fluide sans tonus : le souffle de la défaite et de l'exil. Les vaincus échouent toujours à Sainte-Hélène. Pourquoi les vainqueurs ont-ils assigné leurs captifs dans un espace aussi étroit ? Pour les humilier ? Le tour de force est remarquable : on a réussi à miniaturiser un site grandiose. À croire que ces sépultures trop exiguës ne renferment que des homoncules. Le temps a dénudé les couronnes mortuaires dont ne subsiste plus que l'armature de fils de fer tressés. Avec leur châssis blanc mal ajusté, les tombes ressemblent à des tabatières ouvertes sur les toits.

Mon énergique amie raconte l'histoire du général Cronje, figure de la résistance à l'envahisseur britannique. Capturé, il fut emmené à Sainte-Hélène et logeait à Kent Cottage au pied de l'ancien fort de High Knoll. À la différence de Napoléon qui refusait toute escorte, le général Cronje, lui, exigeait d'être accompagné dans ses promenades par des gardes à cheval.

Pourvu qu'elle ne relance pas la discussion sur l'orgueil de Napoléon… Mais non, elle continue de déclamer. À la conclusion du traité de paix en 1902, les prisonniers revinrent chez eux. Les deux obélisques furent édifiés en 1912. Elle m'apprend qu'avant les Boers un chef zoulou nommé Denizulu fut déporté à Sainte-Hélène par les Britanniques. En 1915, ce fut le tour du sultan de Zanzibar interné avec sa famille dans une maison située aux alentours de Jamestown. Enfin, en 1957, trois hommes qui avaient tenté d'assassiner le souverain de Bahreïn furent envoyés à Sainte-Hélène.

– Regardez, les *wire birds*, s'exclame-t-elle.

– Les *wire birds* ?

Elle montre, tout excitée, les oiseaux à longues pattes que j'ai aperçus tout à l'heure.

– Une espèce très rare, poursuit-elle avec enthousiasme. Elle n'existe qu'à Sainte-Hélène. On l'appelle l'oiseau fil de fer à cause de ses pattes.

Deux cavaliers jaillissent du fond du vallon. Ce sont eux qui ont fait s'envoler les « oiseaux fil de fer ». L'un des hommes est vêtu d'une culotte blanche et coiffé d'une bombe de couleur rouge. L'autre cavalier qui a du mal à suivre est encouragé par son compagnon. Ils passent devant nous au galop. Le retardataire est une femme… Brève vision d'un visage aux traits doux, à l'expression ardente. L'homme nous salue cérémonieusement. Il regarde sa compagne d'un air indécis. Je lui trouve la même physionomie douloureuse et absente que le Napoléon de Gros.

– Vous avez vu la tête de la femme... Ses joues en feu ! Vous ne trouvez pas qu'elle avait la mine de quelqu'un pris en défaut, chuchote la suivante.

– Qu'est-ce que tu vas encore inventer ! Une histoire d'adultère, je parie. Mais tu retardes terriblement. Il y a belle lurette (elle prononce *lauret*) que ça n'est plus honteux, ah oui !

Elles sont parties pour se chamailler une bonne demi-heure. Perdu dans mes pensées, je regarde les deux cavaliers disparaître au loin derrière Brown's Hill. Un chien les suit, tourne autour des chevaux et les effraie par ses aboiements.

2

Lorsqu'il s'apprête à envahir la Russie en 1812, Napoléon se tient devant le Niémen. Juché sur son cheval, il contemple l'eau du fleuve. Dans quelques instants, le sort en sera jeté. Soudain un lièvre surgit et s'engage entre les jambes du cheval qui prend peur. L'écart fait tomber l'Empereur à terre. Funeste présage que les témoins ne manqueront pas de relever.

Au début de la captivité, Napoléon monte à cheval

presque chaque matin. Gourgaud qui a été nommé grand-écuyer veille sur l'écurie et accompagne Napoléon dans ses promenades. Mais la limite des douze *miles* lassera vite le prisonnier qui a l'impression de « faire du manège ». À partir de 1816, il renonce à cet exercice et ne se déplace plus qu'en calèche[1]. Il la fait atteler à 4 heures de l'après-midi. Mme Bertrand ou Albine de Montholon prend place à ses côtés. Les frères Archambault – qui comptent au nombre des douze serviteurs accompagnant l'Empereur déchu – fouettent l'attelage. Au grand galop les six chevaux font le tour du parc. Le chemin est très cahoteux. Napoléon exige que la calèche roule à fond de train. Il arrive que les roues frôlent le vide à la grande frayeur des dames qui roulent dans tous les sens. Elles sont si secouées qu'elles descendent de la voiture au bord de l'asphyxie. La sortie n'a guère duré plus d'un quart d'heure. Le captif est ravi et les traits défaits de ses passagères ont le don de l'égayer. Il est vrai que les distractions à Longwood sont rares. Cette année 1816 est riche en tracasseries.

La troisième entrevue avec Hudson Lowe a lieu le 16 mai. Selon son habitude, Napoléon ménage de longs silences. Il fixe son geôlier pendant deux ou trois minutes. « Si lord Castlereagh[2] vous a donné l'ordre de nous empoisonner ou de nous tuer tous, faites-le le plus tôt possible », s'écrie le

1. Elle servira de corbillard pour l'enterrement de l'Empereur en 1821 et se trouve aujourd'hui aux Invalides.
2. Ministre britannique des Affaires étrangères depuis 1812.

captif. « Monsieur, réplique Lowe, je ne suis pas venu ici pour être insulté. » En sortant, le gouverneur rencontre le grand-maréchal Bertrand. Il lui narre la conversation difficile qu'il a eue avec le « général ». Pour une fois, il fait sur son prisonnier une réflexion assez pertinente. « Il veut que les choses se passent comme il veut. Il a fait une Espagne imaginaire, une Pologne imaginaire. Il veut maintenant faire une Sainte-Hélène imaginaire. »

La convention signée par les Alliés en 1815 avait prévu l'envoi à Sainte-Hélène de commissaires représentant chacune des puissances. Certes, la garde du prisonnier avait été confiée à l'Angleterre, mais ces représentants avaient pour mission de « s'assurer de la présence de Bonaparte ». Ces personnages débarquent les 17 et 18 juin 1816. Le comte Balmain avait été nommé par la Russie, le baron Stürmer par l'Autriche et le marquis de Montchenu par la France. La Prusse n'avait envoyé personne. « Sainte-Hélène est l'endroit du monde le plus triste, le plus inabordable, le plus difficile à attaquer, le plus insociable, le plus pauvre, le plus cher et surtout le plus propre à l'usage qu'on en fait maintenant », écrit en arrivant le délégué russe à son ministre. « Hideux », tel est le jugement du Français.

Le séjour de ces trois commissaires sera peu enviable. Persécutés par Hudson Lowe, qui estime que ces hommes sont là uniquement pour lui compliquer la tâche, livrés à eux-mêmes, ils ne purent jamais rencontrer le prisonnier. Non sans ironie, Napoléon leur fera dire un jour qu'« il pouvait leur offrir des livres de sa bibliothèque, si la lecture était un moyen de tromper leur ennui ».

Après une entrevue de pure forme le 20 juin, Hudson Lowe se présente à nouveau le 16 juillet pour la cinquième fois à Longwood. « Dix minutes se passèrent sans que l'Empereur dît un mot. » Puis, soudain, il éclate en « acerbes reproches ». Tout y passe : les vexations, les mesquineries du « sbire ».

– Ainsi je ne puis inviter personne à dîner, et si j'avais une fille ou une maîtresse, je ne pourrais la faire venir.

– Vous n'en avez pas, chicane Lowe.

– Mais je puis en avoir.

– Oh ! je rendrai compte de cela au gouvernement.

« Vous n'en avez pas », s'exclame le geôlier apparemment sûr de son fait. À l'évidence, il est au courant de la vie intime de son prisonnier. Mais renseigné par qui ? Probablement par certains domestiques. En octobre 1816, Longwood compte trente-deux serviteurs dont douze Français secondés par huit habitants de l'île, dix soldats et deux Chinois. Tout se sait à Longwood. La petite colonie française y vit si entassée qu'une affaire amoureuse doit être aussitôt connue. Gourgaud ne se prive surtout pas de multiplier les sous-entendus qui laissent à penser que Mme de Montholon est la maîtresse de Napoléon. Cela contrarie fort l'intéressé qui s'écrie un jour devant Bertrand : « C'est faux, elle est trop laide. » Et il ajoute : « Cela pourrait se mettre dans les gazettes et faire du tort. » Il est fort soucieux de son image et ne souhaite pas que l'Europe fasse des gorges chaudes sur quelque passade. Il reste en outre l'époux de Marie-Louise. Il n'ignore rien pourtant de sa liaison avec Neipperg. Peut-être veut-il paraître inattaquable au regard de la cour autrichienne. Son beau-père, qui appartient au camp des vainqueurs, a le pouvoir de changer sa condition. Le captif ne désespère pas de revenir un jour en Europe.

3

– Napoléon a-t-il été chaste à Sainte-Hélène ? Répondez.

Mon Anglaise est revenue à la charge. C'est bizarre : on dirait qu'elle lit dans mes pensées.

– Vous êtes une obsédée.

– Oh ! ne soyez pas hypocrite. C'est une question qui passionne tout le monde. À commencer par ceux qui prétendent que c'est de la « petite Histoire », comme vous dites en français. La mélancolie de Napoléon et toutes ces choses que vous me racontez, c'est bien beau, cela ! oui. Mais, s'il était triste, c'est tout simplement parce qu'il n'avait pas de femme.

– L'explication est un peu rapide, vous ne trouvez pas ! Je vous ai déjà tout dit à ce sujet.

– Tout ! rétorque-t-elle d'un ton indigné. Mais comment peut-on tout savoir sur cette question.

Elle appuie comiquement sur le mot *tout*. Elle est coriace, ma vieille lady. Sa suivante la prend par le bras et l'entraîne pour tenter de divertir son attention. Elle la repousse presque brutalement.

– Vous n'êtes… vous n'êtes qu'un puritain ! bredouille-t-elle.

J'essaie de lui expliquer que Napoléon était devenu assez désabusé sur ce chapitre et qu'il semblait avoir tué en lui tout désir. Elle ricane.

– « Tué en lui tout désir »… Vous avez une façon de parler de ces choses-là… Il n'avait pas envie de baiser, voilà tout. C'est bien le mot qu'emploient les mâles français entre eux, n'est-ce pas ?

– Exact. Personnellement, je l'utilise rarement. Je suis un puritain…

Elle éclate de rire et me presse de questions.

– Parlait-il de ses amours passées à Longwood ? Et cette Albine de Montholon, que faut-il en penser ? Joséphine, paraît-il, était experte…

Je lui cite quelques confidences du captif. En particulier, celle faite à Gourgaud : « Je n'ai jamais aimé d'amour, sauf peut-être Joséphine, un peu et encore parce que j'avais vingt-sept ans quand je l'ai connue. »

– Mais, vous savez, l'amour était quand même le grand sujet à Longwood, dis-je.

– Ah ! vous voyez bien… Je savais que vous me cachiez des choses, geint-elle.

– Non, non, ce n'est pas ce que vous croyez. Les célibataires comme Gourgaud se mouraient d'amour. Marchand, le valet de chambre de l'Empereur, courtisait une femme de chambre des Montholon et en aura un enfant. Ali courait les indigènes, essayait de conquérir une autre femme de chambre des Montholon, puis tomba amoureux de la gouvernante des enfants Bertrand. Napoléon se faisait raconter toutes ces histoires, réprimandait les uns et les autres, prétendait se poser en arbitre. Il avait certainement un côté voyeur. Très mécontent de Gourgaud qui amenait de temps à autre des femmes dans sa chambre de Longwood, il lui faisait la leçon : « Ah ! l'amour est une singulière chose, car on devient comme les animaux. »

– Vous voulez dire qu'il était finalement lui aussi un puritain, commente rêveusement l'Anglaise.

Depuis le début, je me garde bien de lui faire part d'une découverte singulière survenue alors que je dépouillais des notes écrites par Ali[1]. Infatigable polygraphe, le bibliothécaire de l'Empereur a noirci de sa fine écriture des centaines de feuillets sur Sainte-Hélène. Bourrées de redites, d'incidentes, d'additifs, de réfutations, ces pages constituent un fatras qui, pour une publication, exigerait un classement chronologique. Ali, répétons-le, est l'œil ou, si l'on veut, la mémoire photographique de la captivité. Ces observations ont été écrites longtemps après son retour en France. Il se souviendra du

1. Fonds Jourquin, inédit.

moindre détail. Il passera son temps à éplucher soigneusement les récits de Las Cases, de O'Meara parus quelques années après la mort de Napoléon. Sa méthode est simple : elle consiste à rectifier une anecdote qui lui paraît inexacte et à la relater ensuite minutieusement. Autour de ce fait, il déroule ses propres souvenirs. Cette fructification de la mémoire est prodigieuse. Elle donne même parfois le vertige car cette amplification qui ne semble pas devoir s'arrêter devient hypertrophie. C'est pourtant dans cet excès qu'Ali est irremplaçable.

En effet, au détour d'une longue description apparaît le détail, le geste, la péripétie qui révèlent toute une face cachée de la captivité… Les annotations d'Ali indiquent, si besoin en était, que les témoins officiels supposés avoir consigné le moindre geste du prisonnier n'ont pas tout dit. Ainsi, parmi d'interminables développements sur les mœurs des Chinois vivant à Sainte-Hélène, que dévoile Ali ? Une broutille enfouie dans le bric-à-brac mais qui laisse perplexe !

« Un soir, contre l'ordinaire, on prépara un petit repas d'un certain nombre de petits mets assez délicats et recherchés, accompagnés d'un joli petit dessert. Ces apprêts inusités me firent demander à M. pourquoi il en était ainsi. Je n'obtins pas réponse ; mais, plus tard, j'appris que ces préparatifs avaient été faits pour recevoir une femme ou une fille, que cette femme était venue, mais que l'Empereur l'ayant trouvée trop jeune, avait respecté sa jeunesse et son innocence, lui avait fait donner une certaine somme et l'avait renvoyée comme elle était entrée. »

Vétille, dira-t-on. Le pauvre captif n'avait-il pas droit à quelques consolations ! Le plus surprenant est qu'aucun autre compagnon ne fait la moindre allusion à cette visite. On a lieu de supposer qu'elle n'était ni la première ni la dernière. Certes, on peut avancer que ce genre d'anecdote ne peut guère captiver la suite de l'Empereur. C'est la question de la favorite – et non une fille qu'on fait venir de la ville – qui passionne les compagnons du captif.

Néanmoins, l'argument ne paraît pas convaincant. S'il s'agit d'une affaire sans importance, pourquoi Ali ne mentionne-t-il pas le nom de la personne auprès de laquelle il essaie de s'informer – il s'agit selon toute vraisemblance de Montholon ? « Je n'obtins pas réponse », écrit-il. Cette phrase signifie qu'il importe d'observer la plus grande discrétion sur ces relations galantes.

Le plus curieux est que ce n'est pas la première fois que Napoléon renvoie ainsi une fille d'un âge trop tendre. Lors de son séjour à Schönbrunn en 1805, son valet de chambre Constant raconte qu'une rencontre fut ménagée entre l'Empereur et « une charmante demoiselle » mais qu'il « respecta l'innocence de la jeune fille et la fit reconduire chez ses parents ».

4

– Oui, oui, vous m'avez déjà dit que Napoléon n'avait pas le « tempérament voluptueux ». Vous avez une façon impayable de parler de ces choses-là ! Je veux des détails, exige-t-elle avec son sourire si tyrannique.

– À quoi cela vous avancera-t-il ?

– Mais, cher ami, il n'y a que cela qui compte. Il paraît que c'était un amant impatient et pressé, glousse-t-elle, gourmande. Bon, ce n'était pas une « bonne affaire ».

D'où tient-elle cette verdeur ? Elle utilise systématiquement, comme s'il s'agissait d'un jeu, nos expressions les plus crues. Tout pourtant dans ses manières, son habillement, sa façon de s'exprimer dans notre langue, respire l'élégance, une aisance naturelle. Le nez d'aigle, la mâchoire vigoureuse, dégagent une impression de domination. Les narines frémissent avec une grande force expressive qui irise ses yeux verts et allume l'or de la pupille. Sa suivante a le même chic, même si son style est moins flamboyant.

– Alors, répondez ! intime-t-elle.

– Eh bien ! je crois que c'est une légende. Mademoiselle George, la comédienne, dit que c'était un amant « dont l'amour n'avait ni violence ni brusquerie ». Il était très tendre et très pudique. Par ailleurs, il devait tenir son rang. Vous savez que, dans un pays comme le nôtre, un monarque se doit d'avoir des maîtresses. Il fallait qu'il sacrifiât à l'usage.

Elle semble satisfaite par mes explications. Je songe avec

« VUE DE LONGWOOD », AQUARELLE DE LOUIS MARCHAND.
Probablement la représentation la plus exacte de Longwood.
Le captif et son double…

« LE CIMETIÈRE D'EYLAU », PAR LE BARON GROS.

Le vainqueur
à la tête
de spectre…

La neige pourrissante
de la plaine russe
et la blettissure
des tropiques…

PHOTO R.M.N.

Le refus
de regarder
le champ
de bataille…

« PRISE D'EYLAU PAR LES FANTASSINS DU CORPS DE SOULT », PAR SIMON FORT.
Soir du 7 février 1807. *Le commencement de l'obstacle...*

« BATAILLE D'EYLAU », PAR SIMON FORT.
8 février 1807, Murat charge à la tête de quatre-vingts escadrons.
Le présage de Waterloo...

L'EMPEREUR À SAINTE-HÉLÈNE DICTANT SES MÉMOIRES AU GÉNÉRAL GOURGAUD », PAR KARL AUGUST VON STEUBEN. *Les grandes battues du Temps…*

« LA DERNIÈRE PHASE », PAR JAMES SANT.
Le début de la désincarnation…

L'APOTHÉOSE DE NAPOLÉON », PAR HORACE VERNET.
a Passion et la transfiguration du martyr…

PHOTO SYGMA / STÉPHANE COMPOIN

VUE DE JAMESTOWN.

effroi à l'anecdote d'Ali. Si elle l'apprenait... Congédier cette fille est au fond une attitude logique. Il veut signifier qu'il reste le souverain. Seule compte l'apparence : il la renvoie...

Bizarrement, le grand homme est assez vantard sur ce sujet. Caulaincourt qui, au retour de Russie en 1812, passa de longs moments en tête à tête avec lui, remarque : « Il aimait à parler de ses succès auprès des femmes. En tout, s'il y avait un côté faible dans ce grand et merveilleux ensemble, c'était celui de la vanité du passé. » À Sainte-Hélène, ce n'est pas la délicatesse qui l'étouffe quand il confie à Bertrand que « Joséphine avait le plus joli petit c... qui fût possible ». Il insiste en comparant ce dernier aux « Trois-Îlets de la Martinique ». Auprès du même Bertrand, il se flatte d'avoir révélé l'amour physique à Marie-Louise. « La première nuit, elle disait "encore". »

Il aimait les potins, les détails scabreux. Caulaincourt insiste : « Il était souvent indiscret. » Un autre témoin, Pons de l'Hérault, qui l'approcha de près à l'île d'Elbe, relève : « Napoléon aimait trop à connaître le détail vulgaire des vies du foyer. »

« Un rien l'amusait », note Albine de Montholon. À Sainte-Hélène, le grand homme se perd souvent dans l'accessoire. Tatillon et indiscret, il veut tout savoir de chacun. C'est pour avoir soigné les moindres détails sans jamais s'y noyer qu'il a conquis le pouvoir et dominé l'Europe. À Longwood, son esprit d'analyse ne s'applique qu'à de petites choses. Il a beau dire à Las Cases : « Les détails de Sainte-

Hélène ne sont rien. C'est d'y être qui est la grande affaire », la captivité n'est qu'une suite de faits sans importance dans lesquels son intelligence finit par s'épuiser. A-t-il d'autre choix ? Céder sur un détail, c'est capituler. Sur ce point, il se montre aussi intransigeant avec ses geôliers qu'avec ses proches. Dans les conversations à Longwood, l'étiquette exige que l'on se tienne debout en sa présence. Il s'aperçoit bien que Bertrand est mort de fatigue et que Gourgaud résiste au sommeil en s'appuyant sur la cheminée. Il n'en a cure. Il doit être le « centre », selon son propre mot.

En privé, c'est un homme plutôt accommodant. Il a toujours été bienveillant avec ses proches, débonnaire avec les domestiques, faible avec les siens. « On a souvent vanté la force de mon caractère ; je n'ai été qu'une poule mouillée, surtout pour les miens et ils le savaient bien », avoue-t-il à Las Cases. Après une dispute avec un familier, il veut à tout prix se réconcilier. Il n'a jamais supporté d'aller se coucher sans faire la paix. « La brouillerie lui pesait comme un cauchemar », relève encore Pons de l'Hérault. Ce trait se retrouve dans ses relations avec Gourgaud. L'aide de camp est souvent dans son tort. Insolent, sarcastique, parfois grossier, il laisse cependant Napoléon, après une chicane, faire le premier pas. « Gorgo, Gorgotto, mon fils Gorgo », s'exclame-t-il. Accents presque paternels. Il éprouve de la tendresse pour l'effronté jeune homme et lui passe tout.

Le côté bonasse et même faible révèle la face sentimentale

de son caractère. Il l'oublie allégrement lorsqu'il s'agit de son rang ou de sa gloire. À Longwood, les préséances sont essentielles à la survie. Il ne sort de ses gonds qu'à cette occasion. Ali, qui n'en perd jamais une, l'anecdote fût-elle à son désavantage, raconte une colère impériale. « M'étant servi du pronom Vous, au lieu de l'expression usitée : Votre Majesté, il me lança un coup de pied, pour me punir de mon manque de respect ou de mon impertinence, en m'apostrophant par des qualifications les plus dures, et les plus humiliantes que peut suggérer un vif mécontentement. »

Ce « coup de pied » impérial contre l'excellent Ali me plaît bien. L'ancien lieutenant d'artillerie fruste, le butor, sommeille toujours chez Bonaparte. Il a toujours été assez « nature ». Il se leurre rarement sur lui et autrui. Rappelons-nous le mot chuchoté à son frère le jour du Sacre : « Joseph, si notre père nous voyait. » Et, à Eylau, le spectacle de l'Empereur au bivouac, se gavant de pommes de terre sous le regard de ses grognards…

5

– À quoi pensez-vous ? demande l'Anglaise.

– À rien. Enfin, pas tout à fait, je songeais à Napoléon, à son absence d'affectation dans certaines circonstances.

– Oh ! racontez-moi, gazouille-t-elle d'un air enfantin.

– Il n'y a rien à raconter.

– Pourquoi ? Suis-je trop sotte pour comprendre ? De

toute façon, votre Napoléon ne m'intéresse pas, s'emporte-t-elle en me tournant ostensiblement le dos.

– J'en suis ravi. Enfin, nous allons parler d'autres choses. De vous, par exemple !

– De moi ! Je n'ai rien à raconter, s'indigne-t-elle avec violence. Ma vie est banale.

Changeant de voix, elle susurre :

– Expliquez-moi donc pourquoi vous vous passionnez pour ce personnage. Vous êtes vraiment obsédé par ce Napoléon. Vous le suivez à la trace.

– Mais non. C'est fortuit. Parfois, c'est vrai, j'ai un peu aidé le hasard. Mais Napoléon, on le rencontre partout quand on voyage en Europe. Où que vous alliez, vous tombez presque toujours près d'un champ de bataille, d'une auberge, d'un château où Napoléon s'est arrêté.

– Êtes-vous allé jusqu'en Russie ?

– J'ai vu Borodino, mais à cause du prince André.

– Le prince André !

– Oui, le héros de *Guerre et Paix*.

– *Guerre et Paix* ! Mais je connais ce livre par cœur, confesse-t-elle d'un ton enflammé que je ne lui soupçonnais pas.

– Par cœur ! C'est un ouvrage qui fait tout de même mille cinq cents pages.

– Mais n'est-ce pas ce qu'on dit dans votre langue quand on aime vraiment un livre ? Il vous habite. Le cœur, c'est la passion, non ? J'aime *Guerre et Paix* de tout mon cœur.

– Moi aussi… Eh bien ! nous allons pouvoir enfin nous entendre.

– Mais nous nous entendons bien ! C'est votre idée fixe qui nous empêche de vivre en bonne intelligence.

– Tu exagères, vraiment, Amy, intervient la suivante. Idée fixe ! Tu es inconsciente ! Mais ce monsieur n'est pas à ta disposition. Laisse donc lui la paix. Toi, tu te promènes. Tu agis toujours selon ta fantaisie… C'est de l'égoïsme, Amy.

Je viens d'apprendre qu'elle se prénomme Amy. À cet instant, Amy a une mine penaude.

– Bon, tu as raison. J'exagère.

Son air déconfit ne dure pas longtemps.

– Mais revenons à Borodino, fait-elle en arborant un sourire exagérément affable – il y a dans cette aménité trop appuyée quelque chose de carnassier.

Suavement, elle poursuit :

– Vous souvenez-vous de la bataille ? Le prince André est seul. Il contemple au crépuscule un bois de bouleaux. Un pressentiment le ronge. Peut-être sera-t-il tué demain ? Il voit sa mort. Ce qui est extraordinaire, c'est la jalousie qu'il éprouve face à ces bouleaux. Il va mourir et ces arbres continueront de vivre. Il se représente intensément son absence de cette vie alors que les bouleaux, eux, vivront. Vous savez que le prince André idolâtrait Napoléon ?

– Au début, oui, à l'époque d'Austerlitz, il l'admirait. Mais il a changé d'opinion.

– Je présume que vous êtes allé à Austerlitz ?

– Oui. Vous n'allez pas me croire mais c'est fortuit. Je visitais Brno en Tchécoslovaquie. J'ai appris que, tout près, se trouvait le champ de bataille. Je n'ai pu résister.

– Je ne vous crois pas. Je pense que vous êtes victime d'une obsession. Vous êtes incroyables, vous les Français, ah oui ! Vous prétendez ne pas aimer Napoléon, mais vous ne cessez de parler de ses batailles. Vous adorez vous contempler à travers ce miroir : l'Empereur. Vous étiez les plus forts, vous dominiez l'Europe. Heureusement que nous, les Anglais, étions là.

– Vous avez raison, sans doute sommes-nous nostalgiques de cette période.

Son visage s'illumine. Elle adore avoir raison.

– Je parie que vous êtes allé aussi à Eylau. Vous n'arrêtez pas de me parler de cette bataille. Qu'a-t-elle donc de si extraordinaire ?

Elle est douée d'un sixième sens. Je suis en effet allé à Eylau. Inutile de lui dire que, là encore, j'ai visité le champ de bataille par hasard. Elle refusera de me croire.

– Savez-vous où se trouve Eylau ? dis-je.

– Je n'en sais rien. En Allemagne probablement.

– C'est en Russie. Mais, à l'époque, c'était en Prusse. Königsberg, vous connaissez ?

– Vaguement.

Je lui raconte qu'en 1946 la ville annexée par les Soviétiques a été rebaptisée Kaliningrad. Aujourd'hui, c'est une enclave russe en Lituanie. Ce fut longtemps une zone militaire interdite. Les autorités russes commencent à présent à accorder des visas. Je lui confie avoir toujours eu le désir de voir la capitale de la Prusse orientale.

– Pourquoi donc ?

– C'est la patrie de Kant.

– Je ne comprends pas. Quel intérêt de voir la ville natale de Kant ? Ne vaut-il pas mieux lire ses ouvrages ?

– On peut faire les deux. Je dois dire que je suis attiré par les confins. Königsberg est l'avancée extrême de la germanité en terre slave. C'est la ville des Chevaliers teutoniques. C'est à Königsberg que se faisaient sacrer les rois de Prusse. Mais on en revient toujours à Napoléon. La cour de Berlin se réfugia dans cette place forte après le désastre d'Iéna en 1806 pour préparer la revanche.

À l'évidence, je lui casse les pieds. Elle écoute d'un air docile. Son visage se veut concentré mais je vois bien qu'elle est ailleurs. Je commence à la connaître. En histoire, elle n'aime que les potins, les secrets d'alcôve. Mais n'a-t-elle pas quelque raison d'être inattentive. Nous nous trouvons devant le monument des Boers, au centre de l'île de Sainte-Hélène, et moi, je lui parle de Königsberg et de la Prusse.

J'interromps mon laïus afin de voir si elle relance. La paix est retombée sur le cimetière, un vent tiède traverse la vallée. La suivante tend l'oreille comme si elle guettait un bruit étrange. Le silence ne semble plus être qu'une surface immobile agitée par un tremblement ou plutôt une rumination.

Je songe à Eylau, à ma stupéfaction lorsque je suis arrivé

dans le village baptisé aujourd'hui Bagrationovsk en hommage au prince Bagration, général russe qui s'illustra à Austerlitz et à Eylau et qui sera mortellement blessé à la bataille de la Moskova.

Mon Anglaise a beau être fatigante, elle ne manque pas de sagacité. Ne m'a-t-elle pas démasqué ? Pourquoi cet acharnement à vouloir ressusciter ce qui est mort, cette prétention à vouloir meubler l'insupportable silence du passé ?

L'amour de l'irréparable m'a conduit à Sainte-Hélène comme à Eylau. Excès de crédulité ou de confiance ? Cette naïveté me porte à penser que les lieux survivent au souvenir, que du séisme né d'un désastre ou d'une tragédie subsiste une empreinte ou, à tout le moins, un frémissement, qu'un site parle mieux qu'un écrit. Eylau - Sainte-Hélène, un fil secret relie ces deux noms de la tragédie.

6

Parti tôt le matin de Kaliningrad, j'avais passé une bonne partie de la journée à tenter de retrouver la trace du cimetière d'Eylau. Comme l'ancienne Königsberg, le village de Bagrationovsk divague. La chose est courante dans cette région. L'âme de la Prusse erre au milieu des vestiges du passé. Il ne reste plus un seul Allemand. Mais peut-on effacer des marques aussi anciennes ? Aussi, la bourgade d'Eylau a-t-elle deux vies, deux respirations. Les Russes ont remplacé les Allemands. Ils ont pris possession de leurs maisons mais n'ont jamais eu les moyens de les entretenir. Le crépi tombe par plaques entières, mettant à nu la maçonnerie des façades.

Accompagné d'un guide-interprète, j'interrogeais les passants d'Eylau. Je tenais à la main la reproduction du tableau du baron Gros (format carte postale). Les gens montraient pour la plupart un visage fermé. Un étranger… Le premier à visiter le champ de bataille depuis 1945. Et cette photo… Peut-être s'attendaient-ils à ce que je leur montrasse le visage d'un parent dont je cherchais la trace, mais une peinture… J'étais en effet en quête d'un paysage disparu.

J'avais cru pourtant en arrivant que la chance me favorisait. Un long cortège funèbre fermé par une fanfare se dirigeait vers le cimetière. Le défunt reposait, les mains jointes, dans la caisse ouverte selon la coutume orthodoxe. Un détail m'avait frappé : l'homme qui ouvrait la procession portait le couvercle du cercueil posé sur la tête. Je pensais qu'il me suffisait de suivre ces gens pour tomber sur le cimetière d'Eylau. Mais ce cimetière-là, en contrebas du village, ne pouvait être le bon. Sur le tableau de Gros et dans maintes gravures de l'époque, le cimetière est situé près de l'église, reconnaissable à son clocher pointu. J'avais examiné la nef en ruines placée au milieu du village : une bâtisse de briques rouges à ciel ouvert infestée d'oiseaux ; les murs et les croisillons avaient été renforcés à l'aide de ciment. Mais l'emplacement ne correspondait pas à l'église que je cherchais.

J'interrogeais les dernières personnes du cortège. Ils se

repassaient la reproduction de Gros en hochant la tête. Injustement, je leur trouvais l'air abruti, lorsqu'un visage s'illumina. « Il y a un homme à la sortie du village, un ancien professeur »... Dans les villages les plus reculés de la vieille Europe, on finit toujours par dénicher un érudit amateur, généralement enseignant ou – mais c'est plus rare – agent d'assurances à la retraite.

C'était un vieil homme aux pommettes saillantes, bancal, assez exalté, incroyablement versé en histoire militaire. Il avait tout lu sur Eylau et m'impressionna d'emblée en me récitant un passage du *Colonel Chabert*. Les lecteurs de Balzac n'ignorent pas, en effet, que Chabert, abattu d'un coup de sabre lors de la fameuse charge de Murat, fut laissé pour mort sur le champ de bataille d'Eylau. Quand il se réveilla, il était recouvert de cadavres et sur le point d'étouffer.

– Rappelez-vous le récit que Chabert fait à l'avoué Derville, monsieur le Français.

– À dire vrai, je ne m'en souviens pas.

Il se mit alors à déclamer des phrases en russe que l'interprète tentait de traduire le mieux qu'il put. Il y était question de « fumier humain » dans lequel, semble-t-il, se débattait le pauvre colonel.

– C'est ici, monsieur, que tout s'est passé.

Entre chaque phrase, il gardait un long silence pour donner davantage de solennité à ses propos.

– Tout s'est passé ici... Dans la neige... Des cadavres... Partout... Ici même.

– *Le Colonel Chabert* est un roman, avais-je objecté.

– Un roman, oui. Mais Eylau, monsieur, est vrai.

Il m'avait ensuite emmené à l'écart du village pour me montrer un bâtiment gris au sommet d'une éminence.

– Voilà l'endroit où s'élevait l'église. Ici même, là où nous sommes, se trouvait le cimetière. Tout s'est déroulé au pied de l'usine que vous voyez.

Je n'avais pu alors dissimuler mon émotion, cette décharge mystérieuse qui parcourt l'échine comme un frisson et laisse un trouble violent pareil à une commotion. Pourquoi étais-je bouleversé ? Apparemment, il n'y avait vraiment pas de quoi. La terre, ravinée par les gels de l'hiver, ne montrait que sa pauvre et triste nudité. Une odeur grasse de lignite, mélange de suie et de poudre à fusil, si caractéristique des pays de l'Est, arrivait par bouffées. À perte de vue s'étendait l'interminable plaine sablonneuse qui, de la mer du Nord à l'Oural, déploie le même paysage de landes, de tourbières que rompt parfois une butte, une ligne de peupliers ou de sapins. Les géographes qualifient ce vestige de l'expansion glaciaire de « zone très anciennement déprimée ». On ne saurait mieux dire.

Eylau, loin de tout… J'avais accompli un voyage si compliqué pour atteindre ce tertre où se trouvait Napoléon le 8 février 1807. Mais que dire de la marche des soldats de la Grande Armée depuis sept mois ? « Le Tondu gagne ses guerres avec nos jambes », disaient-ils. Ils avaient vaincu à Iéna et à Auerstaedt, pris Berlin pour s'enfoncer ensuite en

Pologne. Lancés à la poursuite des Russes qui se dérobaient depuis des jours, ils avaient atteint Eylau au cœur de l'hiver. L'adversaire, retranché dans le village, acceptait enfin le combat. Affamés, affaiblis par d'incessants mouvements tournants, les grognards aspiraient au repos. Aux quatre-vingt-cinq mille Russes, Napoléon ne pouvait opposer que soixante mille soldats. Presque tous les maréchaux d'Empire de la première promotion, de 1804, étaient là. Ressentaient-ils eux aussi la même lassitude ? Probablement, mais un vent de fronde ne soufflait pas encore parmi eux. À l'heure du combat, ils avaient pour la plupart gardé le feu sacré de leurs vingt ans. Au début de la Révolution, Soult n'était que caporal, Augereau maître d'armes, Davout sous-lieutenant, Murat maréchal des logis, Ney commis aux écritures, Bernadotte sergent-major. Bessières se destinait au métier de barbier.

L'engagement avait commencé la veille au soir, le 7 février. Après des affrontements très meurtriers autour du cimetière, la cavalerie avait fini par en déloger les Russes. L'ennemi avait contre-attaqué en vain au cours de la nuit. Nul besoin d'être versé en stratégie militaire pour apprécier l'intérêt de ce poste d'observation, véritable belvédère d'où l'on domine la contrée à perte de vue. Le matin du 8 février 1807, la plaine enneigée ressemblait à une houle blanche déferlant vers le village d'Eylau. Quelques îlots noirs formés par les marécages où la neige avait fondu sans pouvoir s'accrocher émergeaient de cette mer gelée. Les piétinements et le sang ne l'avaient pas encore transformée en bourbier.

« Ce qui était très pénible, écrira le capitaine Parquin qui servait dans la cavalerie[1], c'était une neige épaisse, poussée avec violence par un vent du nord sur nos visages, de manière à nous aveugler. Les forêts de sapins qui abondent dans ce pays et qui bordaient le champ de bataille le rendaient encore plus triste. Ajoutez à cela un ciel brumeux, dont les nuages paraissaient ne pas s'élever au-dessus des arbres : ils jetaient sur toute cette scène une teinte lugubre et nous rappelaient involontairement que nous étions à trois cents lieues du beau ciel de France. »

Une impression désolée, hostile, que j'avais moi-même éprouvée en cette fin d'hiver. Des champs vides et humides coupés par de maigres buissons, un vent dur qui semblait avoir coupé à ras la végétation, j'avais la révélation d'un paysage primitif, illimité. Aucune ordonnance humaine, hameau ou clocher, ne venait adoucir la terre dénudée. Vibrante, l'odeur d'allumettes soufrées pénétrait jusqu'à nous comme une onde liquide. Ce sentiment d'exil si bien décrit par Parquin, Napoléon le ressentait à sa manière. Sa progression à l'est l'éloignait de ses bases et l'affaiblissait chaque jour davantage. Le site ingrat d'Eylau n'était guère propice à des mises en scène offensives et à des mouvements imprévus qui déconcertent l'adversaire et le précipitent dans un traquenard comme à Austerlitz.

1. L'édition critique des *Souvenirs* vifs et pittoresques du commandant Parquin a été établie par Jacques Jourquin (Tallandier). Ils constituent un témoignage passionnant sur les campagnes napoléoniennes.

La présence d'un étranger avait chauffé à blanc mon compagnon. Ce qui ne l'empêchait pas de grelotter comme moi. Nous scrutions l'horizon au pied de cette usine aux murs fanés, dont le toit était surmonté de l'étoile rouge soviétique et l'entrée ornée d'un buste de Karl Marx. Comme nous, l'auteur du *18 Brumaire de Louis Bonaparte* regardait le champ de bataille d'un air morne. La commissure de ses lèvres se fendillait et donnait à son visage une expression dégoûtée.

Pourquoi le vieux prof avait-il déclamé devant moi quelques phrases sur Sainte-Hélène ? Ce jour-là, il déposa en moi une idée que j'avais trouvée sur le coup excentrique. « Le tournant d'Eylau, le tournant d'Eylau », répétait-il. L'interprète ne parvenait à traduire la pensée du professeur. Il tâtonnait en employant les mots de « renversement », de « revirement » sans trop savoir ce que l'autre voulait signifier. Peut-être indiquait-il que le chef de guerre avait atteint ici même, à Eylau, en rase campagne, sa limite.

Nous contemplions la grande plaine flottante où, pour la première fois, le stratège s'était empêtré. Des nuées de corbeaux s'envolaient dans un râle terrible, nasillard, dont l'écho assourdissant faisait songer à une immense déflagration. Le temps était gris, une brume indécise montait des marécages. Cette incertitude des formes et du ciel, loin d'accabler l'âme, favorisait au contraire l'imagination.

C'est alors que le vieux prof me montra à main gauche l'emplacement d'où partit à 10 h 30 l'attaque d'Augereau destinée à soulager Davout. Au moment de l'attaque, perclu de rhumatismes, Augereau tenait à peine à cheval.

Je fixais le morceau de terre que pointait mon compagnon, essayant de me représenter l'ébranlement des divisions formées en colonnes... Et la catastrophe qui surgit devant l'Empereur impuissant. Le ciel blafard, immobile, se met soudain en mouvement, des flocons de neige volent comme des milliers d'insectes. Poussés par le vent d'est, ils s'abattent sur les visages des soldats. Les six mille hommes d'Augereau sont aveuglés. Alors qu'ils croient foncer sur le centre russe, ils présentent le flanc et se font écharper à bout portant par les soixante-douze pièces de l'artillerie russe. Instant critique : un trou béant s'ouvre dans le dispositif français. Quatre mille grenadiers russes s'engouffrent alors dans la brèche, approchant de si près le cimetière que nombre de combattants pourront apercevoir l'Empereur, ses yeux, son visage, son regard troublé !

Thiers, qui disposait d'informations de première main sur cette période, note le comportement du chef de guerre dans ces circonstances. Napoléon était bouillant, colère même quand tout allait bien. « Dès que le danger paraissait sérieux, il devenait calme, doux, encourageant, ne voulant pas ajouter au trouble qui naissait des circonstances celui qui serait résulté de ses emportements. »

Le vieux prof m'inquiétait. J'avais l'impression qu'il se prenait pour Napoléon, conduisant en personne la bataille. Il claudiquait en multipliant les petits pas et ses gestes étaient de plus en plus grandiloquents. Il avait cessé de répondre aux questions que je lui posais, absorbé qu'il était par des problèmes de stratégie. Au fond, chacun de nous essayait à sa manière de ressusciter la présence invisible. Lui s'était mis dans la peau de l'Empereur, je croyais, quant à moi, percevoir encore dans le paysage les ondes du tremblement de terre de 1807.

À y regarder de près en effet, c'est bien un séisme qui, dans l'après-midi du 8 février, secoua la plaine d'Eylau. Emmenés par Murat, dix mille cavaliers auxquels s'étaient joints les grenadiers à cheval de la garde allaient tenter de combler l'immense brèche ouverte par Augereau. Ce fut probablement la charge la plus gigantesque, la plus démesurée de l'histoire napoléonienne. Elle témoignait du péril dans lequel se trouvait alors l'Empereur, contraint de jeter toutes ses forces dans la bataille. Eylau, le commencement de l'obstacle… Rien ne se déroulait comme prévu. Chez lui, la manœuvre avait toujours importé davantage que le combat. Cette fois, c'est la lutte à mort qui l'obligeait au choc frontal.

– Murat, Murat, criait le prof en tenant son écharpe comme un fouet.

Il prononçait « Miourrate » en roulant interminablement le *r* et en se déhanchant. Son excitation augmentait. Son emballement m'effrayait… Il ressemblait à un prophète en transes. Les corbeaux semblaient lui répondre ; ses imprécations libéraient une clameur démesurée, une sorte de crépitation enrouée pareille aux cris des agonisants. L'interprète avait depuis longtemps renoncé à traduire et tentait de me faire comprendre par des signes discrets que le vieux était complètement timbré ! Il n'avait pas tout à fait tort. Je crois cependant aujourd'hui que sa folie, son emportement, avaient réussi à forcer un des portails du labyrinthe. Il m'avait fait entrevoir, dans le réseau inextricable du temps, quelques images… Les escadrons disposés en colonnes, sabres levés et trompettes au vent, le martèlement des sabots sur le sol glacé, l'attente du signal puis le formidable ébranlement des dix mille cavaliers sous le ciel enfin dégagé.

Le vieux fou m'avait peut-être révélé que la peau du passé pouvait parfois se déchirer, que les morts pouvaient être rappelés à la vie. Sa furie avait-elle ressuscité les fantômes du dimanche 8 février 1807 ? Grâce à lui en tout cas, il m'avait semblé prendre, pendant quelques instants, une direction interdite, de percevoir dans les régions du passé une onde, un souffle. Ce n'était rien. Tout juste une vague présence. Était-ce cela la porosité du souvenir ? Adossé au cimetière d'Eylau – ce cimetière qu'on ne voit pas davantage dans la peinture de Gros que sur les autres gravures –, je devinais que ce qui est accompli n'est pas enfermé à jamais dans quelque reliquaire. Ce n'est pas le temps passé qui est fascinant mais son arrêt momentané. L'instant isolé quand la durée ménage un intervalle. Je me trouvais dans un *battement,* cet espace entre deux époques.

Rien de ce qui est révolu n'est inaccessible. Je sentais que la présence était moins incertaine, l'onde prenait consistance, elle s'approchait de moi. Elle m'avait frôlé, j'avais senti son haleine glacée. Des lieux comme Eylau se partagent entre l'absence et la surcharge, la nudité et l'illusion rétrospective. Le passé, cette lumière grise qu'il faut colorer, venait de m'éblouir comme un éclair.

Il est vrai que cette présence jamais possédée, je l'attendais avec angoisse. Je m'étais senti alors déporté à mon tour, entraîné vers le passage défendu, le point secret ouvrant sur les portes du chaos. On ne saurait déplacer impunément ce que le temps a si bien ordonné. Il est dangereux de dérégler l'harmonie de ce qui a été détruit. La porte entrouverte, j'avais rebroussé chemin, effrayé. Il ne faut pas trop séjourner dans les intermittences du temps.

Le 58e Bulletin de la Grande Armée indique qu'emportée par son élan la charge de Murat culbuta la première ligne russe, puis la seconde. Elle faillit enfoncer la troisième, qui parvint à se replier dans un bois. Les cavaliers de Murat tournèrent bride et retraversèrent à la même allure le dispositif russe qu'ils venaient de mettre sens dessus dessous. Le Bulletin de la Grande Armée qualifie cette charge de « brillante et inouïe ». Certes, cet exploit qui entrera dans la légende sous le nom de « charge des quatre-vingts escadrons », eut une influence décisive sur le cours de la bataille sans pour autant venir à bout des Russes. Napoléon n'avait pratiquement plus de réserves, il attendait avec impatience l'armée de Ney pour triompher. À sa place, ce fut Lestocq, général prussien, qui surgit. Davout parvint heureusement à sauver la situation en contenant la pression jusqu'à l'arrivée de Ney, lequel obligea enfin les Russes à se replier. « Lestocq arrivant au lieu de Ney, n'est-ce pas la préfiguration de ce Waterloo où, au lieu de Grouchy, Blücher paraîtra[1]. » L'adversaire avait perdu vingt-cinq mille hommes. Une bonne partie des quinze mille blessés évacués sur Königsberg succomberont. Les Français compteront vingt mille morts.

Le soir du 8 février, Napoléon ignorait l'issue du combat. Tout habillé et botté, il était allé se coucher dans une petite ferme près d'Eylau. Il paraissait abattu. Au petit matin du 9, l'aide de camp du maréchal Soult demanda à être reçu par l'Empereur. « Sire, l'ennemi bat en retraite. » À cet instant seulement, il sut qu'il l'avait emporté… ou plus exactement qu'il restait maître du champ de bataille. Chanter victoire ? Il n'avait pas le cœur à le faire. La plaine d'Eylau ressemblait à un margouillis qui soulevait le cœur ; la neige piétinée, rouge de sang, le râle des moribonds, les hennissements des chevaux mutilés et, surtout, les montagnes de cadavres. Les volées de corbeaux. « Tout ce que j'ai vu et entendu ne sortira jamais de ma mémoire », écrira le chirurgien Percy.

– Venez, avait ordonné l'halluciné.

Il marchait en inclinant frénétiquement le corps d'un seul

1. Louis Madelin, *Vers l'Empire d'Occident*.

côté, puis le faisait basculer au moment où je croyais qu'il allait tomber.

L'interprète voulait partir. Mais l'autre ne l'entendait pas ainsi. Il répétait un chiffre : « 14 » et le mot de « régiment ». Il faisait le signe que les Orientaux se plaisent à utiliser pour signifier la mort, cette façon presque comique de se toucher la gorge avec le plat de la main. Parfois, un long grincement pareil au bruit d'une scie circulaire se superposait aux gémissements du vent. J'avais pensé que l'usine érigée à l'emplacement du cimetière était une scierie. « Une scierie ! s'était exclamé, piqué au vif, notre guide. Mais c'est notre fabrique de computers, elle est très moderne. » L'informatique à Eylau ! J'avais trouvé dans ce télescopage un signe de la grande raillerie universelle, le comique que comporte toute tragédie.

– Venez, répétait le professeur.

Nous avions parcouru en traînant les pieds cinq cents mètres à l'est du cimetière. Puis il nous indiqua une butte et redisait le chiffre 14. Je compris alors qu'il s'agissait de l'emplacement où fut anéanti le 14e régiment de ligne lors de l'attaque malheureuse d'Augereau. Je me trouvais devant l'ultime empreinte de la bataille. Il n'y en avait pas d'autres. Tout le reste, je le savais, relevait de mon goût pour la prestidigitation historique – et de sa folie.

Le 9 février 1807, au pied de ce monticule, gisaient des centaines de cadavres. Devant ce spectacle, Bessières, le commandant de la cavalerie de la garde, qui parcourait avec Napoléon le champ de bataille, eut cette réflexion stupide :

– Ils sont rangés comme des moutons.

– Dites comme des lions, rectifia l'Empereur.

« Bessières était d'une bravoure froide, calme au milieu du feu », dira de lui Napoléon à Sainte-Hélène – sur la peinture de Gros, il figure à gauche de l'Empereur, œil circonspect, menton contracté, visage un peu niais. C'était un homme courageux et flegmatique. Pourquoi cette remarque qui rabaisse la vaillance de ces braves ? Peut-être lui fallait-il *meubler* ? Napoléon, lui, ne parle que lorsque la nécessité l'exige – ce n'est qu'à Sainte-Hélène qu'il deviendra verbeux. Que dit-il au lendemain d'Eylau ? « Quel massacre ! Et sans résultats ! » Sentencieux, il ajoute : « Spectacle bien fait pour inspirer aux princes l'amour de la paix et l'horreur de la guerre. » Le soir, il invitera à dîner les officiers d'artillerie. « Pour aller souper chez l'Empereur, nous passions entre deux montagnes de corps, de membres mis en pièces, des bras, des têtes, hélas ! celles de nos amis », racontera un des invités. « Personne n'avait faim », ajoute ce dernier. « Mais ce qui dégoûta encore plus et mit le comble à la nausée, c'est que chacun, en ouvrant sa serviette, y trouva un billet de banque[1]. »

Un billet de banque pour faire oublier l'horreur ! Aspect puéril et supérieurement indélicat du personnage. De l'argent pour acheter le silence ! Il est vrai que Friedland, puis Tilsit auront tôt fait de détruire l'impression désastreuse d'Eylau.

1. Michelet, *Histoire du dix-neuvième siècle.*

Quelques poteaux électriques surmontés de deux pièces horizontales qui les font ressembler à des guillotines, des essors de corbeaux s'échappant de la ligne noire des sapins et le tertre où reposent les dépouilles de trente-six officiers du 14e régiment de ligne : cette partie du paysage paraissait s'être rétrécie comme si le temps avait desséché et amoindri l'espace.

À la différence de Waterloo, le champ de bataille d'Eylau ne *représente* rien. C'est toute sa force. Waterloo, au contraire, évoque trop (trop de stèles, trop de monuments, trop de plaques, trop de dioramas et, surtout, *trop près* de Bruxelles). Waterloo finalement ne suggère rien. Eylau est brut, primitif, impénétrable comme le sphinx. Cela m'avait beaucoup frappé en sortant de la futaie. J'avais constaté alors que le coup d'œil se révélait magnifiquement. Beaucoup mieux que du côté du cimetière. Mais la divulgation était cruelle pour moi : il n'y avait rien à voir. Ce qui était extraordinaire, c'est que le panorama de la bataille déployé devant moi recouvrait à peu près l'espace que le baron Gros avait cherché à représenter. J'apercevais au loin, sur la droite, l'usine de computers. Il n'y avait devant moi que des champs clos et des petits jardins potagers *(ogorod)* que les Russes cultivent à la sortie des villes ou des villages pour améliorer leur ordinaire.

Le vieux fou, qui avait gardé le silence, proclama alors :

– Tout Bagrationovsk est un cimetière. L'histoire y est enfouie : les morts, le passé. Mais ce n'est qu'enfoui, pas disparu.

J'avais oublié qu'Eylau s'appelait aujourd'hui Bagrationovsk. Mais que voulait-il dire par « pas disparu » ? Visiblement, l'interprète se faisait à présent tirer l'oreille pour traduire les élucubrations de notre guide. Ils échangèrent vivement quelques propos puis le visage renfrogné de l'interprète, soudain, se métamorphosa. Pourquoi s'était-il mis à le citer ? Il insistait sur la bravoure de l'armée russe, sur le succès qu'elle avait obtenu à Eylau. J'avais soudain compris la raison de leur entente : le vieux prof avait persuadé l'interprète que cette bataille était une victoire russe.

– Mais, avais-je fait remarquer, la victoire n'appartient-elle pas à celui qui reste maître du terrain ?

– Les Russes se sont repliés en bon ordre. Et vous, les Français, étiez trop épuisés pour nous poursuivre.

C'était la stricte vérité – j'avais noté aussi le jeu de l'interprète, les « vous » et les « nous ».

Napoléon était si peu persuadé de sa réussite qu'il demeura à Eylau jusqu'au 16 février. Ce n'était pas dans ses habitudes, mais l'Europe devait savoir qu'il restait maître du champ de bataille. Durant tous les jours qui suivirent le carnage, il aura un comportement inhabituel. Il dictera au général Bertrand le texte d'une brochure intitulée *Relation de la bataille d'Eylau, par un témoin oculaire, traduite de l'allemand.* Bertrand, le compagnon du malheur, l'homme qui l'accompagnera à Sainte-Hélène, un des seuls messagers, qui reviendra vivant. À Eylau, Napoléon l'avait dépêché auprès d'Augereau avec ordre de porter le 7e corps en avant. Une mission suicide. Ce fut ensuite le tour du 14e régiment de ligne. Troublante coïncidence, n'est-ce pas ! Pour justifier son geste, il dit à celui qui n'est encore que son aide de camp : « C'est de cette manière que parlera l'Histoire. » La véritable histoire, le fidèle Bertrand la connaissait mieux que personne. Qu'a-t-il pensé de l'astuce de Napoléon et du récit d'Eylau « traduit de l'allemand » ?

C'est Bertrand qui, quelques semaines plus tard, mènera à Tilsit la construction des radeaux sur le Niémen. Il est l'intermédiaire capital ; n'est-il pas le spécialiste des ponts – le pont, lieu de passage et d'épreuve ? Il est l'homme qui sait. Ne prend-il pas, à Sainte-Hélène, un malin plaisir à cuisiner son maître sur Eylau, sujet scabreux par excellence ?

En moins d'une semaine, Napoléon écrit cinq lettres à Joséphine. On connaît la première écrite au lendemain du carnage (« La victoire m'est restée mais j'ai perdu bien du monde »). Il en existe une autre qui exprime des sentiments peu fréquents sous sa plume : « Ce pays est couvert de morts et de blessés. Ce n'est pas la plus belle partie de la guerre ; l'on souffre et l'air est *oppressé* de tant de victimes. » « Oppressé », c'est un mot qu'il n'emploiera même pas à Sainte-Hélène. Il est accablé par les détails horribles que lui fournit le chirurgien Percy.

Le tsar lui-même félicitera Bennigsen « d'avoir vaincu celui qui, jusqu'à ce jour, ne l'avait jamais été ».

– Eylau est donc une victoire russe, avais-je avancé à mes deux compagnons.

Ils s'étaient récriés en faisant des manières :

– Non, non. Vous exagérez. Ni vainqueur ni vaincu. Voyez, Eylau est devenu aujourd'hui un champ de patates.

À l'évidence, le professeur ne croyait pas à ce qu'il venait de dire. Était-il si insensé, ce vieux sac à malices ? Il subsistait dans ces parages le faux équilibre d'une terre qui n'est pas tout à fait en repos. Une convulsion obscure marquait le sol comme s'il restait à jamais agité par l'orage du combat. Seuls les corbeaux, les indestructibles oiseaux de malheur, rappelaient l'ancienne putréfaction.

La visite d'Eylau allait m'emmener à Sainte-Hélène sans que je puisse résister à l'appel impérieux.

Eylau, nom encombrant, presque forclos dans la mémoire nationale. L'avenue Victor-Hugo à Paris s'est appelée *d'Eylau* de 1864 à 1881. Puis le nom disparut pendant quelques années pour resurgir ailleurs, désinvoltement accroché à une artère nouvelle située du côté du Trocadéro. Voie amoindrie, amputée même puisque, initialement, elle devait se prolonger jusqu'à la porte Dauphine. Voie mutilée, dénaturée, faussée au regard de l'église qui porte son nom : Saint-Honoré-d'Eylau n'a rien à voir avec l'avenue éponyme.

J'avais échoué en Prusse orientale où l'Histoire avait décroché un peu à la façon de la retraite russe d'Eylau : dans la détresse mais en bon ordre.

Ce monde hybride, cette qualité de silence, cette tristesse rêveuse, cette fixité du passé, je les retrouvais intacts à Sainte-Hélène. Ces lieux sont doubles, ils disent l'absence et continuent à ruminer d'une vie déviante, silencieuse. Eylau, Longwood : mêmes vibrations, même champ magnétique attiré vers un pôle secret qui n'est rien d'autre que l'espoir d'une résurrection. Quand on ne voit rien, on croit toujours apercevoir des fantômes. Mais le vieux fou n'était pas un fantôme ; il était l'*envoyé*, une sorte d'estafette d'un autre temps expédiée dans le présent pour captiver les âmes impressionnables comme la mienne, plénipotentiaire de l'irrationnel, messager égaré qui ne sait trop à qui confier le dépôt tragique.

Au centre d'Eylau, devant le buste du prince Bagration, qui fut l'âme de la retraite russe, j'avais pris congé de l'étrange émissaire. J'avais apprécié que le prince Bagration, si présent dans *Guerre et Paix*, fût témoin de ces adieux. Tolstoï affirme qu'il avait un rude visage au teint olivâtre et un accent géorgien très prononcé. On le voit apparaître à la bataille de Schoengraben – affrontement qui eut lieu avant Austerlitz – où se distingua le prince André. J'avais noté que la peinture dorée, dont on avait couvert le buste, donnait à la mine sévère de Bagration le même air comique qu'il arborait lors de l'accueil triomphal organisé au club anglais de Moscou par le père de Natacha. « Il a passé trente ans de sa vie à faire la guerre », indiquait l'inscription au-dessous du buste.

– Souvenez-vous toujours d'Eylau, monsieur le Français. Le premier coup du destin a été frappé ici même…

Après m'avoir salué, le boiteux avait fait claquer son écharpe comme un fouet.

7

Il est assis dans le coin le plus sombre du salon, le visage un peu boudeur, visiblement tiraillé entre l'envie de bavarder et celle de se taire.

Une muraille de pluie entoure le domaine. L'incertitude de la bruine projetée en fines gouttelettes diffuse autour de la maison une ouate qui amortit tous les bruits.

Sur les murs figurent deux portraits de Napoléon : une huile naïve où il est représenté à cheval et une peinture où il pose aux Tuileries. Ces deux toiles sont captivantes car, une fois de plus, l'évidence s'impose : ce n'est pas le même homme qui est dessiné. Bien sûr, tout est fait pour nous signifier qu'il s'agit bien de l'Empereur. L'uniforme, la coiffure à la Titus sont autant de détails qui le désignent expressément. Mais, à l'évidence, il y a toujours dans ce visage insaisissable un trait essentiel, une mimique que les peintres ne parviennent pas à traduire. Le paradoxe pourtant est que Napoléon est toujours reconnaissable. La série des roses signée Pierre-Joseph Redouté – le peintre du jardin de la Malmaison – orne aussi les murs.

– Ce sont des planches originales, commente Michel Martineau. Il faut vous dire que mon père est un collectionneur dans l'âme. Un document, un tirage, il lui faut absolument l'acquérir. Tandis que moi, je suis plutôt un conservateur. Entretenir et sauver, vous voyez le genre… À vrai dire, le côté sentimental d'un objet m'importe peu.

Le père bougonne dans son coin. Visage carré, raie sur le côté, gilet gris clair, on dirait un Anglais, en tout cas il cultive le genre. Bosses sourcilières saillantes et yeux scrutateurs dénotent l'intensité de l'observation. Le salon des Martineau, où nous prenons quelques rafraîchissements avant de passer à table, se trouve dans la partie occupée jadis par les Montholon.

Il pleuvait souvent dans leur logis dont la toiture avait été confectionnée simplement avec de la toile goudronnée. Rien à voir avec la demeure des Martineau. Dans ce salon où je suis assis sur un fauteuil Louis XV en velours coq de roche, tout respire la solidité, un sens très british du confort. La comtesse Diane, couchée au pied de Gilbert Martineau, ronronne. Elle se réveille brusquement en fronçant ses yeux perçants. La comtesse Diane, bien que de race indéfinie, possède un port majestueux. Très affectueuse, sûre de l'attachement de ses maîtres, c'est une chienne considérée à Longwood comme une personne à part entière.

Michel Martineau m'a raconté tout à l'heure que son père travaillait sur les papiers de Hudson Lowe, dont une partie se trouve au British Museum. Ces liasses énormes, où le moindre fait, la moindre rumeur sont consignés, n'ont pas encore été entièrement dépouillées et pourraient réserver des surprises.

– Avez-vous découvert des choses intéressantes ? dis-je poliment.

– Intéressantes ! Qu'entendez-vous par ce mot ? réplique le père d'un ton rogue.

– Eh bien ! je ne sais pas, des révélations…

– Des révélations sur qui ?

– Sur les compagnons de Napoléon, les domestiques. Cipriani, par exemple, quel rôle a-t-il joué ? A-t-il pu renseigner Hudson Lowe ?

– Ah ! Cipriani… Drôle d'affaire.

Son ton s'est radouci. Il hésite… Va-t-il parler ? Je sais que l'histoire du maître d'hôtel le passionne. Il me fixe froidement de ses yeux marron.

J'essaie de pousser mon avantage.

– Vous dites dans l'un de vos livres que Hudson Lowe lui accordait une espèce de confiance…

– Hum, c'est exact…

Il se racle la gorge.

– Il y a en effet des lettres… oui, des lettres de Londres qui encouragent Hudson Lowe à se servir de Cipriani. Mais vous connaissez la fin de Cipriani… Une mort subite en février 1818. A-t-il été empoisonné ? J'avoue que je n'en sais rien. D'autres personnes à Longwood, notamment une femme de chambre des Montholon, avaient été frappées du même mal. Il a été enterré au cimetière de Plantation House. Cette fin m'a toujours intrigué. J'ai voulu en avoir le cœur net. Figurez-vous que j'ai voulu connaître l'emplacement de sa tombe. J'ai effectué des fouilles. Eh bien ! vous ne me croirez pas : le corps de Cipriani avait disparu. C'est étrange…

Il est mécontent d'en avoir trop dit.

– Bon, cela suffit, passons à table, coupe-t-il d'une voix glaçante.

La salle à manger est située dans la partie O'Meara. Le médecin irlandais de Napoléon a habité Longwood jusqu'en juillet 1818, date à laquelle il fut renvoyé par Hudson Lowe en Angleterre. O'Meara qui, au début de la captivité, jouait le double jeu avait finalement rejoint le camp du prisonnier. Son livre *Napoléon dans l'exil*, paru en 1822, a joué un rôle important dans la légende hélénienne. Il est le premier à avoir révélé à l'Europe les persécutions et les mesquineries du geôlier.

Des gravures représentant les membres de la famille Bonaparte ornent les murs de la salle à manger. Je remarque, posée sur la desserte, une bouteille de château Batailley, millésime 1986. Surgissent les images de l'antique pin parasol qui recouvre presque entièrement la façade du château et la bibliothèque si apaisante du propriétaire Émile Casteja. J'ai toujours été fasciné par la pendule Louis XIV qui trône sur la cheminée. Pourquoi l'effigie du vieil homme tenant une faux à la main me vient-elle à l'esprit ? Peut-être à cause de l'inscription « La dernière minute tue », figure du Temps et de sa loi impitoyable. Le vin n'est-il pas la seule matière vivante qui a su résoudre l'irréparable du temps – il ne devient délectable qu'en vieillissant.

Le début du repas est peu animé. Gilbert Martineau se tait ; son fils essaie de lancer son père sur les *Hudson Lowe*

Papers. Ce dernier ne consent à prendre la parole que pour s'occuper de mon verre ou de mon assiette. Très prévenant à mon égard, il veut à tout prix me resservir. Je ne suis pas dupe de cette sollicitude destinée, je le sais, à couper court à toute conversation sur Napoléon. Cependant, il me pose quelques questions. Ou, plutôt, il s'attarde sur le mode interrogatif à des points de détail sur les compagnons de l'Empereur. Par exemple : « Ce Montholon, quel type louche, n'est-ce pas ? » Je dois compléter… Évidemment, ces coups de sonde sont destinés à me tester. Il désire savoir si j'ai bien appris ma leçon. Il est vrai que je n'ai guère de mérite à étaler ma science toute fraîche. J'ai bien potassé sur le bateau. Mes lectures paraissent le satisfaire.

– Oui… Il faut lire les témoins directs, marmonne-t-il. Le reste n'est que de la paraphrase ! Alors, ce 1986 de Batailley, qu'en pensez-vous ?

– Excellent. Un peu fermé encore. Belle texture tout de même.

Mon commentaire le divertit.

– Une belle texture ! J'ignorais que le vin eût à voir avec le tissage, ironise-t-il.

– Vous ne croyez pas si bien dire. On parle aussi de la trame d'un vin… Surtout pour le bordeaux.

– Vous savez qu'à Longwood les Anglais ne donnaient à boire à Napoléon que du bordeaux.

– C'est normal, les Anglais préfèrent généralement le bordeaux au bourgogne.

– Oui, mais Napoléon avait, lui, une prédilection pour le bourgogne. En France, il ne buvait que du Gevrey-Chambertin. Avec de l'eau, il est vrai. De toute façon, il ne prisait guère les plaisirs de la table.

Le sujet l'a rendu soudain prolixe. Il va chercher dans son bureau un document. C'est une lettre de lord Bathurst au gouverneur. Il lit ce que le ministre anglais écrit à Lowe : « Je sais que Napoléon a une préférence pour le bourgogne mais j'ai de bonnes raisons de croire que ce vin ne supporte pas le voyage : que du bourgogne arrive aigre à Sainte-Hélène, et il jurera que je veux l'empoisonner ! »

– Mais pourquoi cette légende du bordeaux qui voyage mieux que le bourgogne ? questionne Martineau père.

– Ce sont les tanins… Le bordeaux est un vin très tannique. D'où cette dureté quand il est jeune. C'est pourquoi on le faisait voyager en bateau afin qu'il s'assouplisse. Ce Bathurst était un connaisseur…

– Peut-être. Mais c'était aussi une vraie vache.

Nous évoquons les quantités considérables de bouteilles absorbées à Longwood. Il cite Gourgaud qui insiste dans son *Journal* sur le gaspillage régnant dans la maison. « J'affirme que les domestiques gâchent et qu'il est impossible que l'on boive 17 bouteilles de vin ou que l'on mange 88 livres de viande et 9 poulets par jour : c'est donner prise contre nous. Dans notre position, prendre le moins possible est ce qu'il y a de mieux. » Une note à Hudson Lowe fait état d'une consommation quotidienne de 9 bouteilles de bordeaux, 24 de vin du

Cap, 6 de Tenerife, de Graves, de Constance, 1 de Madère, plus 14 bouteilles de champagne et 4 de porto par mois.

– Je me suis amusé à faire le calcul rien que pour le dernier trimestre de 1816, indique Gilbert Martineau. Le total est impressionnant : 3 724 bouteilles. On revient ensuite à une moyenne de 3 300 bouteilles.

– Alors, on buvait sec à Longwood !

– Oui, mais Napoléon et ses compagnons étaient sobres. Ce sont les domestiques qui lichetronaient. Croyez-moi, on ne s'ennuyait pas à l'office. Hudson Lowe était fou de rage quand il venait à Longwood. Il avait exigé que les bouteilles vides lui fussent rendues. Mais les serviteurs de Napoléon se plaisaient à les briser, histoire de l'embêter. Autour de Longwood, ce n'étaient que flacons brisés qui jonchaient le sol.

Gilbert Martineau devient de plus en plus loquace. Il pense que l'histoire a trop chargé Hudson Lowe. Selon lui, lord Bathurst, secrétaire d'État aux Colonies, et à ce titre responsable de la détention de Napoléon, était un bien plus triste sire que le geôlier. Animé par un ressentiment presque maladif à l'égard de l'ancien souverain, il fixait depuis Londres avec un soin maniaque règlements et dispositions qui n'avaient pour d'autre but que d'humilier le prisonnier et d'empoisonner son existence.

Soupçonneux, sans intelligence, d'un naturel mesquin, Lowe appliquait servilement les injonctions du ministre. Le « sbire », comme le surnommait le captif, avait le profil de bouc émissaire idéal. Sa stupidité et sa malfaisance font oublier la responsabilité écrasante de l'« oligarchie anglaise » – expression qu'affectionnait Napoléon. La bassesse, la cruauté, les vexations sont le fait d'abord du cabinet de Londres, responsable de deux décisions capitales : le choix de Sainte-Hélène et de celui du geôlier.

Nous discutons de la sixième et dernière entrevue entre Napoléon et Hudson Lowe qui eut lieu le dimanche 18 août 1816. Il avait fait un temps affreux. Profitant dans l'après-midi d'une éclaircie, l'Empereur a décidé de faire une promenade dans les jardins. C'est là que survient le gouverneur. Napoléon est très contrarié. Lowe annonce qu'il a reçu des instructions de réduire les dépenses de Longwood. La conversation tourne vite à l'aigre.

– Vous êtes l'instrument de la haine aveugle de lord Bathurst, s'écrie le captif.

– Lord Bathurst, monsieur, ne sait pas ce que c'est que la haine aveugle, riposte Lowe.

– Dans cinq cents ans le nom de Napoléon brillera et ceux de Bathurst, de Castlereagh et le vôtre ne seront connus que par la honte et l'injustice de leur conduite envers moi.

Napoléon ajoute :

– Si vous ne voulez pas nous donner à manger, j'irai prendre mes repas à la table des officiers du 53e [1] ou parmi les soldats.

1. Le 53e d'infanterie posté à Longwood, chargé de la surveillance du prisonnier.

– Tout cela heureusement glisse sur moi, s'énerve le gouverneur.

– Sans doute, le bourreau rit du cri de ses victimes.

Cette altercation sera la dernière. Lowe, cramoisi, tourne les talons sans saluer. Il ne reverra son prisonnier que cinq années plus tard, mort, le matin du 6 mai 1821. Cette ultime dispute chiffonnera le captif qui regrette de s'être emporté : « C'est la seconde fois que je gâte mes affaires avec les Anglais. Leur flegme me laisse aller et j'en dis plus que je ne devrais. J'aurais mieux fait de ne pas lui répondre... »

À Las Cases, il avouera avoir « fort maltraité » Lowe et reconnaît que ce dernier « ne lui avait jamais précisément manqué[1] ».

– Hudson Lowe arrange tout le monde, reprend Gilbert Martineau. On le maltraite à plaisir. Ses qualités d'administrateur étaient réelles. Savez-vous que c'est lui qui a aboli l'esclavage à Sainte-Hélène ? Loin de moi de le défendre, mais, entre nous, que serait la légende sans la persécution ? Que serait la Passion et la rédemption sans le bourreau ?

– Le geôlier explique souvent le prisonnier, dis-je.

– Tout à fait. Et puis, son côté appliqué, son obsession de détail ont du bon pour des gens comme moi qui travaillent sur la captivité. Rendez-vous compte : cent quatre volumes au British Museum ! Quatre-vingt-dix-huit sont consacrés à

1. « Il ne manquait pas d'une certaine bienveillance naturelle », relève Octave Aubry, peu suspect pourtant de complaisance à l'égard du geôlier.

l'administration de Sainte-Hélène... Une vraie mine de renseignements.

Brusquement, son visage change d'expression. Les arcades sourcilières se froncent, les lèvres se pincent. Tout le visage se rétracte.

– Pourquoi vous ai-je dit tout cela ?

Le ton est mécontent. Il a pris son air revêche. Je commence à connaître ses sautes d'humeur. Il est bavard comme beaucoup de misanthropes. Ce genre de solitaires aiment se débonder pour s'être trop longtemps contenus, puis ils se repentent de leur prolixité.

Un long silence s'établit dans la salle à manger. Le temps est gris. Une pluie acariâtre tombe méchamment sur les jardins. Le vent frappe sur les huisseries des portes, battement obsédant qu'accompagne l'éternel déploration de l'alizé. En cette fin de repas, la mélancolie de Longwood s'écoule suavement, goutte à goutte, comme la sourde percussion de la pluie qui tombe du toit sur le sol. Je commence à m'habituer à cet infini ruissellement, c'est la mélopée de Longwood. Elle s'insinue dans les êtres comme une paisible contrariété, un tourment presque bienfaisant.

Je me sens parfois traversé par la même langueur douceâtre, le même écœurement, la même inclination qui naît brusquement et ne dure pas. Mais la mélancolie longwoodienne n'est pas pour autant le plaisir d'être triste, c'est plutôt la lassitude d'une rechute toujours signalée, l'accablement de l'éternel retour. Radotage du vent, rengaine de la pluie, routine des mots qui répètent indéfiniment les mêmes anecdotes sur la captivité. Hier, demain, toujours. Napoléon a subi lui-même le martyre de la répétition. À son tour, il l'a fait subir non sans sadisme à sa suite. Les dictées sont du rabâchage, elles chantent toujours le même air déprimant – heureusement, il y a de nombreux couacs, ces morceaux discordants sont la meilleure part du *miserere* impérial. À l'inverse d'Eylau qu'il ne veut pas évoquer, le vaincu remâche sans cesse la défaite de Waterloo. Un exemple parmi d'autres dans Montholon : « L'Empereur reprend pour la dixième fois le travail de Waterloo avec le général Gourgaud. Le soir, il nous dit : "Je ne conçois point encore la perte de la bataille" » (20 mai 1817). Le ressassement est-il à l'origine de la misanthropie du vieux Martineau ?

Il n'a plus envie de rabâcher. Il ignore ce que je sais. Je sais qu'il a définitivement tourné le dos au monde en 1957, acceptant l'exil de son plein gré. Pourquoi a-t-il choisi d'organiser sa vie dans l'isolement ? Après la guerre, Martineau était une figure assez familière des salons parisiens. La société littéraire jetait ses derniers feux. Il allait tous les jeudis chez les Rostand, fréquentait Jean Cocteau. « Figure taciturne, indéchiffrable, un peu austère, blâmant le côté frivole de notre bande[1]. » Il a longtemps travaillé chez Nagel, éditant de nombreux guides de voyages, côtoyant Jean-Paul Sartre –

1. Témoignage d'Éric Ollivier à l'auteur.

plusieurs des ouvrages du philosophe furent publiés dans cette maison.

Ce qui m'intrigue, ce sont ces deux années passées en Corse, à la base aéronavale d'Aspretto. Aspretto, le camp d'entraînement des nageurs de combat, le point névralgique des actions clandestines. Quel y fut son rôle exact ? Officiellement, il était « chef des services généraux et opérations ».

Un jour, il en a eu assez… Quelle est la cause de son départ à Sainte-Hélène ? Pendant le repas, il a stigmatisé un moment « la course au fric, l'indifférence, le tout pour soi ».

Il allume son cigare, soupire, puis déclare d'un ton bourru :

– Nous prendrons le café au salon.

Je note parmi les eaux-de-vie une fine Napoléon dont l'étiquette est ornée du fameux chapeau. A-t-il entrevu mon regard ? Il sourit et saisit la bouteille.

– Vous allez goûter cela, ordonne-t-il. Vous conviendrez que ce cognac fait partie de l'imprégnation. C'est ce que vous cherchez, n'est-ce pas ?

Je ne déteste pas cette touche railleuse qu'il met en permanence dans ses propos, une manière sans doute d'établir la distance avec autrui et avec lui-même. « Je suis, par nature, extravagant », dit-il, citant Byron. Michel, son fils, m'a rapporté qu'il s'était amusé à écrire les mémoires d'un chien, Marmaduke. Les hommes et leur ridicule sont vus à travers le regard d'un cocker. Le maître de Marmaduke est diplomate en poste dans une île. Il paraît que, dans son avertissement, Martineau affirme que son livre appartient à un « genre humoristique bâtard » et que, pour cette raison, il ne trouvera jamais d'éditeur.

« Ce qu'il y a de plus humain dans l'homme, c'est son chien », affirmait un humoriste anglais. Gilbert Martineau semble avoir fait sienne cette affirmation. Il me vient à l'esprit une autre réflexion du fils : « Mon père est revenu de tout. De son désenchantement il a fait à Sainte-Hélène un art de vivre. » Son livre sur Byron évoque les déceptions d'une vie qui fut à l'adolescence « trop rêvée ». *La Malédiction du génie* n'est autre que l'histoire d'un jeune homme « naïf mais exigeant, doué mais capricieux, tendre mais rusé, impétueux mais fragile, gai mais sarcastique ». Je l'imagine ainsi dans les années 30 – il est né en 1918.

La pièce vidéo était occupée jadis par Gourgaud. Michel Martineau me montre des morceaux de bois : ce sont les derniers vestiges du plancher d'origine. Je soupèse et palpe les fragments de chêne mangés par les termites. Toujours chez moi cette dévotion névrotique aux reliques, l'illusion qu'elles possèdent du *mana*. Je sais bien, pourtant, qu'elles ne renferment aucune puissance surnaturelle et je n'ai pas l'ingénuité de croire qu'en serrant très fort ces bouts de bois dans mes poings, je ferai surgir le plancher d'origine. Et pourtant, il me semble parfois être à la recherche de cette candeur perdue... Chers objets du passé, le temps ne vous a pas défaits parce que vous recelez l'innocent regret au cœur des humains, ce grain d'éternité qui n'est autre que la mémoire de l'enfance.

L'impossible reconstitution… l'irréalisable pittoresque, j'aime ce combat perdu d'avance.

À la différence de nos musées où l'on entasse sans discrimination une foule d'objets, Longwood est irremplaçable parce que les quelques débris sauvés du naufrage ne sont jamais insignifiants. Ils ont un sens. Ainsi, ces vermoulures que je tiens dans ma main racontent un sauvetage. Longwood a failli disparaître, victime d'un fléau qui s'abattit sur l'île au début du siècle : les termites.

Michel Martineau me raconte l'aventure d'un ingénieur bordelais, Maurice Décamps, envoyé à Sainte-Hélène en 1935 pour sauver Longwood dévoré par les termites. L'opération avait été décidée par le ministère des Affaires étrangères, à l'instigation des Amis de Sainte-Hélène. Le procédé était en principe révolutionnaire. Le spécialiste anti-termites demeura une dizaine de jours à Longwood puis repartit pour la France. Plusieurs lettres du conservateur d'alors, Georges Colin, lui confirmèrent le succès du traitement. En vérité, les termites continuaient sournoisement leur œuvre de destruction, si bien qu'en 1945 il fallut se rendre à l'évidence : Longwood était sur le point de s'effondrer.

« La maison de l'Empereur est dans un état désastreux », devait constater en 1947 le successeur de Georges Colin, Georges Peugeot. De passage à Sainte-Hélène, le roi George VI et sa famille se rendirent compte des dégâts énormes causés par les termites. Longwood dut alors fermer ses portes aux visiteurs. Ce n'est qu'en 1950 que les travaux de restauration commencèrent. Ils allaient durer cinq années. Une erreur de mesure dans la reconstruction de la salle de billard obligea à recommencer l'ouvrage.

Je pose soigneusement les morceaux de bois sur la table. Michel Martineau a bien compris ma marotte. Il s'en amuse en entrant avec beaucoup d'urbanité dans ce jeu. Une impeccable courtoisie, telle est sa manière à lui de se tenir à l'écart. Colosse flegmatique à l'œil perçant, il observe le plus souvent en silence et plisse le front quand son attention est alertée. Il s'amuse plutôt du côté atrabilaire du père, un peu comme on regarde un numéro bien rodé. Il doit connaître toutes les techniques, tous les trucs de l'interprétation paternelle, mais se garde bien d'intervenir. On n'interrompt pas le jeu d'un artiste. Gilbert Martineau est un vieil ours. Mal léché ? Sur son rocher, le vieux misanthrope aime intriguer, susciter l'intérêt. Il a choisi de s'enterrer ici mais pas comme un inconnu. Il représentait la France. En même temps, il y a en lui un dégoût à se mettre en scène. Je sais qu'il déteste ce rôle de vieil érudit dans lequel je l'enferme.

Il nous a rejoints dans la pièce vidéo, cigare au bec, l'œil plus impénétrable que jamais, toujours en contrariété, marmonnant sur le temps qui semble s'éclaircir. Je remarque, parmi les centaines de cassettes, des enregistrements de concerts (*La Bohème, La Traviata* par Illana Cotrubas, beaucoup de Beethoven), ainsi que de nombreuses copies des *Grosses Têtes.* Je ne suis nullement surpris qu'il aime regarder ce genre d'émissions, mélange de gaudriole et d'érudition.

J'ai déjà remarqué chez lui une certaine rudesse de langage, qui sent l'ancien officier de marine. Il a parlé tout à l'heure de son passage à l'École navale. J'ai appris qu'il avait rejoint la France libre en 1940. Quartier-maître à bord d'un sous-marin en Angleterre, interprète, puis envoyé à Port-Étienne en 1943, il a fini enseigne de vaisseau à Libération. Ce Charentais est un amateur d'îles. Longtemps il a possédé une maison à Ré.

– Qu'est-ce que vous fabriquez ? nous demande-t-il.

– Nous parlions des termites, *dad*, s'amuse Michel Martineau.

– Ah ! les termites, fait-il, songeur. Savez-vous qu'après la guerre on avait même envisagé, devant l'ampleur du désastre, de raser entièrement Longwood et de construire sur son emplacement un monument commémoratif ? Bon, allons faire un tour dans les jardins, le temps s'éclaircit.

Nous nous sommes arrêtés près d'un parterre d'agapanthes, à l'endroit même où eut lieu la dernière rencontre du 18 août 1816 entre le prisonnier et son geôlier.

Pourquoi suis-je pris du même frémissement chaque fois que je contemple les murs rouge sang de la demeure ? Pourquoi ce trouble à la vue de cette baraque ? Il y a à la fois quelque chose de foudroyé et d'énergique dans le spectacle de cette maison et de ces nuages qui foncent sur Longwood et passent comme s'ils avaient le diable aux trousses. L'assaut aérien sur le plateau, irruption incroyablement démesurée, ressemble à une charge de cavalerie. Les écharpes de brume dévorent l'espace, frôlent les toits et s'enfuient à toute allure vers le pic de Diane.

Rien ne dure, et pourtant tout subsiste... Je songe à cette maison : elle a continué à exister même quand personne ne la voyait plus. Loin des regards, elle s'est défendue contre la démesure du temps, les pouvoirs de la nuit, les terribles emportements de la tempête. Après la mort du captif, Longwood redevint une ferme. La chambre noire servit d'écurie, le salon de moulin à orge. Endurante et fragile, la « maison de carton » est le plus bel emblème de la majesté du réel. Pour survivre, elle n'a pas eu besoin d'être admirée. Elle s'est passée de l'amour et de la contemplation d'adorateurs. L'empire de la douleur et de la mort a résisté miraculeusement à la désagrégation, à la chute, au néant.

Une allée du jardin porte le nom de Paul et Édith Ganière. L'auteur de *Napoléon à Sainte-Hélène* est venu pour la première fois à Longwood en 1954. Les jardins étaient nus, la maison ruinée. Médecin, il avait voulu se rendre sur place pour étudier l'« homme malade ». La somme qu'il a écrite sur la captivité est l'œuvre d'un historien qui a respiré, touché, fouillé l'inquiétant séjour. Une petite pyramide de pierre signale la sépulture d'un lieutenant de vaisseau français décédé à Sainte-Hélène en 1850. Quelques bancs de pierre... Vision apaisante de mausolée, arcadienne. Paysage de théâtre sans emphase.

J'aime, surtout pour les jardins, cette idée de *réapparition*.

Les parterres, les allées, le bassin avaient disparu. Les

plans anciens ont été retrouvés. À force de patience, tout a peu à peu repris forme.

– Depuis 1990, on peut dire que les jardins ont été ressuscités, déclare Michel Martineau. Comme vous pouvez l'imaginer, cela ne s'est pas fait tout seul. Nous avons favorisé les plantes tropicales qui exigent peu d'eau. Vous ne me croyez pas... il pleut relativement peu à Longwood. Nous sommes plongés constamment dans l'humidité et la brume. Les premiers nuages, ce sont nous qui les recevons, mais ils crèvent généralement sur Hutt's Gate. Je dois vous préciser aussi que les jardins que vous voyez correspondent aux plans de 1821. Au début de la captivité, les abords de Longwood étaient désertiques. Les seuls arbres étaient des gommiers. Il n'existait qu'un maigre jardinet situé sous les fenêtres de la chambre et du bureau de l'Empereur.

– Nous n'avons pas poussé le souci de vérité jusqu'à reconstituer les fossés de trois mètres creusés par Hudson Lowe, ajoute plaisamment le père. Vous savez qu'il avait édifié autour de Longwood de véritables fortifications.

Il redevient d'humeur affable. Ce n'est pas qu'il soit impoli, il a même toutes les apparences de l'homme raffiné. Il porte un masque. Il ne sait s'il doit l'ôter ou le garder. Il est pourtant venu ici pour s'en délivrer. Je l'ai entendu parler tout à l'heure de « la minutieuse férocité du monde ». Sans doute s'imagine-t-il que j'appartiens à ce monde cruel et conformiste. Il ne sait quel parti adopter.

– Tout de même, ces araucarias, ces pins de Norfolk, ces

cèdres n'étaient pas là du temps de Napoléon, dis-je. Expliquez-moi. Longwood donne l'impression d'une retraite cachée dans un écrin de verdure, alors que Napoléon se plaignait amèrement de manquer d'ombrage.

– Il y avait quelques arbres, rectifie Michel Martineau. Tenez, je vais vous en montrer deux...

Il désigne deux pins courbés par le vent. Ces deux vétérans sont affaiblis, mais les réflexes sont encore bons. Ils vivotent, mais on voit bien qu'ils ne sont pas près de rendre l'âme. Je touche l'écorce crevassée recouverte de lichen. La peau rêche et légère est sillonnée de rigoles qui ressemblent à des cannelures. Il me plaît de penser que l'un de ces pins figure sur l'aquarelle peinte par Marchand. Ne serait-ce pas l'arbre représenté à la droite du jardinier – celui qui bêche la terre ?

– Je n'en jurerais pas, repartit Michel Martineau. Mais si cela vous fait plaisir... Ne vous privez pas de ce qui n'est peut-être qu'une illusion... Voyez aussi ce chêne vert, je pense qu'avec les deux pins, c'est le dernier rescapé de la captivité. Mais ne croyez pas que j'ironise. Je vous ai dit que j'aimais maintenir, sauver. J'essaie tout au moins... La survivance... Peut-être, est-ce ma manière à moi de croire à l'immortalité. Pourtant, je n'aime pas les chasseurs de reliques.

– Il en vient beaucoup à Longwood ?

– Napoléon semble susciter un fétichisme très étrange chez les gens... On se moque de la chemise de Louis XIV ou du lit où il a dormi : Napoléon est le seul personnage historique français qui provoque un tel engouement. Un jour j'ai surpris quelqu'un étendu sur le plancher du salon dans la position où Napoléon est mort. Beaucoup de visiteurs veulent emporter de la terre de Longwood, une plante. Nous devons surveiller la maison. Il y a des personnes qui n'hésitent pas à arracher un morceau du billard. Je reçois régulièrement des lettres adressées à Napoléon ! C'est épuisant ! On demande à l'Empereur son avis sur la guerre du Golfe. On lui propose une aventure amoureuse. J'ignore pourquoi le facteur m'adresse les lettres à moi. Mais regardez ce chêne vert… un autre survivant.

Le chêne vert est bien chenu lui aussi. En moins bon état toutefois que les deux pins car il est soutenu par une béquille.

– Il est impotent. On dirait un grognard après l'épopée ; mais le vieil homme ne veut pas mourir, fais-je.

– C'est amusant ce que vous dites là… Quelle coïncidence ! Imaginez-vous que c'est le nom d'une plante endémique de Sainte-Hélène. On l'appelle ici « Old father live forever ». Je vais vous en montrer un spécimen. Je tente de l'acclimater ici, ce n'est pas facile car cette plante aime les endroits secs.

Nous nous arrêtons devant un pot de fleurs. Cela ressemble à un géranium avec des racines rampantes.

– Il y a à Sainte-Hélène une vingtaine de plantes endémiques comme celle-ci. Tenez, je vais vous montrer les « orteils de bébé ».

– Le peintre parle de ses modèles avec enthousiasme, dis-je finement.

– Le peintre ! Je n'en suis pas si sûr. Au fond, je suis un botaniste égaré dans la peinture. Mais je n'ai pas encore peint les « orteils de bébé ». Voyez, c'est particulier.

Il indique une plante dont les nombreuses tiges ressemblent à des doigts de pied. La peau vert clair est lisse, les formes sont rondes, pleines et évoquent en effet les orteils d'un bébé bien potelé.

À présent, un soleil éclatant fait monter du sol une odeur capiteuse, un peu faisandée, qui signale l'altération des tropiques. Les parterres éclatants d'iris, la profusion des agapanthes, les amaryllis, les plumbagos ne font pas oublier le subtil parfum de décomposition, preuve occulte que les choses vont plus hâtivement qu'ailleurs vers leur anéantissement.

Derrière le pavillon chinois d'où Napoléon observait le mouvement des navires, dans la trouée des hêtres argentés qui servent de coupe-vent, la mer apparaît au loin comme un jet de lazulite. La projection semble s'être immobilisée violemment par-dessus le métal blanc et brillant des arbres.

L'océan, les voix de l'ombre, la lumière éclatante et navrée. De ce plateau, tout rêve de liberté ne peut que buter contre la fixité décourageante du bleu.

SIXIÈME JOUR

Le vin sud-africain d'Anne's Place. – La femme de l'attorney général. – Le « crime » de Las Cases. – « Travaillons Waterloo ». – « Les haricots sont bons ». – Le tremblement de terre de 1817. – Le biotope de Longwood. – Où il est question d'un évêque. – Les sectes de Jamestown. – Qui a relevé les vases du cimetière ? – Rencontre avec le gouverneur de Sainte-Hélène. – Sa femme Delia. – *La Dernière Phase,* de James Sant. – « Napoléon ? Il ressemble à un gros moine espagnol ». – Plantation House, l'anti-Longwood. – Le regard infernal des tortues.

I

Je dîne tous les jours dans l'unique restaurant de Jamestown, Anne's Place, situé au milieu du jardin public. Les barreaux de la grille qui entourent le square sont lancéolés. Ils proviennent de la clôture de New Longwood, une maison que Hudson Lowe avait fait construire pour accueillir Napoléon. Le prisonnier refusa toujours de l'habiter.

La spécialité d'Anne's Place est le *fishcake* et le curry de poulet. La pêche, la seule richesse de l'île. Toute la production est exportée vers le Royaume-Uni.

J'accompagne mon repas d'un épais vin sud-africain, toujours le même. Anne, la patronne, est une matrone aux manières douces qui a pris le « Français » sous sa protection. Anne se fait un devoir de contribuer à mon bien-être et à la commodité de mon séjour.

– Regardez cette femme, chuchote-t-elle. Elle est avec son mari, l'attorney général. Vous devriez l'interroger. Je crois qu'elle est à moitié française.

Elle désigne une rousse au visage vif et avenant, attablée près de la caisse. Anne a dû lui parler de moi car elle me fait un petit signe de la main. L'attorney, lui, incline la tête. Après avoir réglé l'addition, alors que je traverse la salle, le couple me hèle, m'invite à m'asseoir.

Les présentations faites, nous devisons vite comme de vieux amis, éclairés par les lampions qu'Anne a installés sur les branches des arbres.

– Je m'appelle Marian.

Elle parle un excellent français. Ses traits sont très mobiles, son teint frais lui donne un minois expressif. On devine une sensibilité fine, ardente.

– J'ai remarqué que les Saints sont par nature amicaux et ouverts, fais-je en guise de préliminaires.

– Cela signifie aussi qu'ils sont très curieux et adorent cancaner, riposte Marian. Mais, vous savez, nous sommes tous les deux des expatriés.

L'attorney m'explique que sa charge s'apparente à celle d'un ministre de l'Intérieur.

– C'est une île très calme. La délinquance et la criminalité y existent à peine.

Il s'en excuse presque et semble regretter que ce calme ne déprécie ses fonctions.

– Mais ce n'est pas facile pour autant quand on vient de Grande-Bretagne, prévient-elle. Tout haut fonctionnaire est tenu en suspicion par les Saints. C'est normal. On leur a toujours dicté leur conduite. Avant le gouvernement anglais, c'était la Compagnie des Indes[1].

Comme Nick Thorpe que j'avais rencontré au début de mon séjour, elle qualifie Sainte-Hélène de « musée ».

– Pas d'industries, pas de pollution, pas de télévision ! C'est un vrai paradis...

Elle ajoute *mezza voce* :

– Mais on regrette parfois d'y être entré dans ce paradis...

Que veut-elle signifier ? Qu'on s'y ennuie ? Je n'ose la prier de préciser sa pensée. Son mari a engagé une conversation avec une table voisine, j'ai l'impression qu'il écoute d'une oreille.

– Tout de même, c'est rassurant, rectifie-t-elle. Ici, la violence du monde est abstraite. Comme ils n'ont pas la télévision, les Saints imaginent la guerre comme un film vidéo. Par exemple, ils n'ont eu aucune perception vraiment concrète de la guerre du Golfe. Je crois qu'ils l'ont imaginée comme une sorte de Kung-fu – un genre qu'ils adorent. Le monde avance vite, brutalement. Sainte-Hélène est blottie dans son univers pacifique.

– C'est un privilège, vous ne trouvez pas ?

– Oh ! certainement. Vous avez vu Jamestown... Les voitures, les commerces. On dirait que la vie s'est arrêtée dans

1. La Compagnie des Indes qui possédait Sainte-Hélène avait pendant la captivité transmis l'administration de l'île au gouvernement anglais. Elle reprit la jouissance de ses droits après la mort de l'Empereur. En 1836, l'île redevint propriété de la Couronne.

les années 50-60. Je ne vous cache pas que les conditions de vie sont plaisantes et faciles pour les expatriés. Le travail domestique ne coûte pas cher, il y a des réceptions chaque semaine, l'alcool est bon marché. Et puis, ils peuvent se permettre des comportements qui, souvent, ne seraient pas admis en Angleterre. Les femmes de fonctionnaires n'ont pas grand-chose à faire ici. À part organiser des collectes locales, faire un peu d'enseignement bénévole dans les écoles.

– Des dames patronnesses, comme on dit en France.

– Eh bien ! moi, je n'ai pas voulu être une de ces dames patronnesses.

– Ah ! Et que faites-vous ?

– J'ai eu la chance de pouvoir travailler au bureau d'information de Sainte-Hélène en tant que rédactrice en chef du journal local. Entre nous, j'étais la seule candidate à ce poste. Vous n'imaginez pas les problèmes que j'ai eus. Par exemple, je n'ai jamais pu avoir confirmation d'un cambriolage au presbytère tant la police est réticente à l'idée de donner la moindre information. De toute façon, on considère ici qu'une épouse de fonctionnaire ne doit pas travailler. En tout cas, cela m'a permis de me rendre compte des frustrations ressenties par les îliens à l'égard des bureaucrates britanniques. Ils ont tendance à jouer les Big Brothers.

– Cette critique concerne-t-elle votre mari ?

Elle sourit mais refuse d'en dire plus. Le mari, lui, n'a pas entendu et continue de discuter avec nos voisins. Il sourit de temps en temps dans notre direction.

– Disons que les décisions officielles sont souvent prises ici avec une certaine maladresse, avance-t-elle. Comme on dit aujourd'hui, il y a un problème de communication. Résultat : les gens se raccrochent à ce qu'ils entendent dans la rue. Ici, les rumeurs, les ragots vont bon train. Personnellement, j'ai souvent l'impression de vivre dans un bocal à poissons rouges, étant donné l'intérêt extrême suscité par ma vie privée.

– Bon, on rentre, grommelle soudain le mari.

S'il n'a pas pris part à notre conversation, les brefs regards qu'il n'a cessé de jeter à sa femme semblent signifier qu'il a peu de goût pour son langage direct. Mais ce n'est peut-être qu'une impression. Il a l'air fatigué, l'attorney. Devant ma mine déçue, Marian s'écrie :

– Sainte-Hélène est si petit… On terminera un jour ou l'autre la conversation.

– C'est que, pour moi, il n'y a plus beaucoup de jours. Le bateau lève l'ancre après-demain.

– Mais deux jours, c'est beaucoup… Vous verrez…

2

Le 25 novembre 1816, l'Empereur fait quelques tours de jardin. « Le vent était devenu froid », note Las Cases qui l'accompagne. Les deux hommes se hâtent de rentrer dans la salle de billard. Comme à son habitude, le captif débite ses souvenirs, arpente la pièce. Ce jour-là, il est question de son mariage avec Marie-Louise. Soudain, Napoléon s'arrête de parler. Il vient d'apercevoir par la croisée un important détachement d'officiers anglais qui surgit au milieu du jardin. Un domestique accourt pour annoncer que le colonel Reade attend de toute urgence Las Cases. Le confident fait signe qu'il s'entretient avec l'Empereur. Mais celui-ci lui dit :

– Allez voir, mon cher, ce que vous veut cet animal… Et surtout revenez promptement.

Ces paroles furent les dernières que Las Cases entendit de la bouche de Napoléon. L'auteur du *Mémorial* écrit :

« Hélas ! je ne l'ai plus revu ! Son accent, le son de sa voix sont encore à mes oreilles. »

Las Cases vient d'être arrêté sur l'ordre de Hudson Lowe. Aussitôt il est mis au secret avec son fils. Puis interrogé par le « sbire » en personne. Quel « crime » a donc commis le favori de l'Empereur ? Mystérieuse affaire, jamais véritablement éclaircie : Las Cases avait pour domestique un mulâtre nommé James Scott, garçon dégourdi et sans scrupules. Hudson Lowe, qui se méfiait de lui, était parvenu à le faire renvoyer. Malgré l'interdiction du gouverneur, Scott réapparaît le 20 novembre à Longwood. Il informe son ancien maître qu'il a décidé de partir pour l'Angleterre et se propose de porter des messages à l'insu de Hudson Lowe. Las Cases en parle à Napoléon qui montre peu d'enthousiasme. Mais l'ancien chambellan prend seul l'initiative de faire passer deux lettres, l'une à Lucien, le frère de l'Empereur, l'autre à sa vieille amie, lady Cleveland. Ce courrier transcrit sur deux morceaux de soie blanche est cousu dans la doublure de la veste de Scott. Rentré chez lui, le jeune homme se confie à son père qui le dénonce. Lowe découvre le pot aux roses et fait arrêter Las Cases.

Tous les historiens ont été frappés par la légèreté de Las Cases. Napoléon lui-même en sera atterré. Le plus grave est que Lowe a saisi le volumineux journal de Las Cases. Le captif est inquiet… Il appelle Ali qui connaît bien les papiers de Las Cases puisqu'il passe une bonne partie de son temps à les mettre au net. Il demande au scribe si Las Cases a retranscrit les propos qu'il a tenus au sujet du geôlier :

– Répète-t-il que j'ai dit : « C'est un homme ignoble et que sa figure était la plus basse que j'aie jamais vue » ?

Ali confirme.

– Dit-il que je l'ai appelé « sbire sicilien » ?

– Oui, Sire.

– C'est son nom, fait l'Empereur.

Légèreté de Las Cases ? On a peine à croire que cet homme intelligent ait été aussi imprudent. Il faut donc admettre qu'il a probablement manigancé son départ. Plusieurs raisons ont été invoquées. La mauvaise santé de son fils Emmanuel qui l'avait accompagné, l'hostilité grandissante de l'entourage de Napoléon à son égard, et surtout l'achèvement de son travail d'historiographe. Las Cases avait rassemblé un matériau considérable, il estimait sa tâche de mémorialiste terminée. La publication de son journal contribuerait bien plus efficacement à la cause de l'Empereur que la prolongation d'un séjour devenu pour lui de plus en plus insupportable. Il pensait qu'il allait pouvoir à nouveau être utile à la cause du prisonnier en quittant Sainte-Hélène et en devenant une sorte d'ambassadeur itinérant en Europe. Lowe a peut-être aussi envoyé Scott pour piéger Las Cases. Le gouverneur, qui avait appris l'existence des notes de l'ancien chambellan, était avide d'en connaître le contenu. « La vérité, si tant est qu'on puisse jamais l'établir, se situe, semble-t-il, à mi-chemin : Las Cases et Lowe se sont servis de Scott à des fins opposées : l'un pour se faire rapatrier sous couvert d'infraction à la règle, l'autre pour se saisir de papiers intimes parmi lesquels il espérait peut-être découvrir des allusions à un plan d'évasion de Napoléon[1]. »

Le départ de Las Cases affectera beaucoup le prisonnier qui appréciait sa culture, sa finesse, sa déférence. Intellectuellement, « le Jésuite », comme le surnommait Gourgaud, dépassait de beaucoup les trois autres compagnons de l'Empereur. Ce dernier recherchait sa compagnie, ce qui excitait évidemment la jalousie de la bande. « La faveur que lui accordait Napoléon s'explique aisément pour nous par son expérience, par son contraste avec Bertrand, par trop conjugal, avec Montholon, beaucoup moins lettré, et avec l'impraticable Gourgaud », écrit lord Rosebery.

1. Guy Godlewski, *Sainte-Hélène, terre d'exil.*

Ce mois de novembre 1816 marque un changement dans la captivité. Le 31 décembre, Gourgaud décrit le prisonnier « très accablé ». À Bertrand, Napoléon confie : « Je suis dans un tombeau. » Lors de la petite fête organisée le lendemain, il déclare : « Je n'attends que la mort pour mettre un terme à mon supplice. »

Cette complainte ne cessera plus. Elle va résonner dans Longwood jusqu'à la mort. À présent, il a le sentiment limpide de sa fin. La naissance d'Arthur Bertrand, « le premier Français arrivé à Sainte-Hélène sans la permission de lord Bathurst », comme le dira la mère, amènera bien un sourire au captif, mais il semble de plus en plus en proie à sa tristesse. Gourgaud décrit le 15 janvier une scène pathétique. L'Empereur feuillette l'*Almanach impérial* pour vérifier un chiffre. Son regard s'attarde à des noms qui lui étaient familiers : « C'était un bel empire ! J'avais quatre-vingt-trois millions d'êtres humains à gouverner, plus que la moitié de la population de l'Europe entière ! » Et voilà que, pour cacher son émotion, il se met à chanter. Gourgaud est bouleversé. « Quel homme, quel courage, quelle chute ! Coucher à minuit. »

Quand les choses vont mal à Sainte-Hélène, on peut parier que Waterloo n'est pas loin. Le 25 février 1817, il refait une fois de plus la bataille. « J'aurais dû mettre Soult à la gauche… Je n'aurais pas dû employer Vandamme. » Toutes ses phrases commencent par le conditionnel passé. Le 8 mars, il n'a qu'un mot : « Travaillons Waterloo. » Gourgaud n'est pas en forme.

Survient alors un incident qui en dit long sur les relations entre Napoléon et son aide de camp. Le grand fait d'armes dont se glorifie Gourgaud depuis la campagne de France est, comme on le sait, d'avoir tué un housard qui se précipitait sur Napoléon.

Tout l'entourage connaît cet exploit et l'intéressé ne cesse de s'en vanter. Devant l'Empereur, il se garde de faire allusion à cet épisode, persuadé que Napoléon sait qu'il lui a sauvé la vie. Mais un jour, après une querelle, l'allusion à cette prouesse lui échappe. Étonné, l'Empereur répond :

– Je ne m'en souviens pas.

– Les bras m'en tombent ! s'exclame Gourgaud. Comment, Votre Majesté ne se souvient pas. L'état-major en a été témoin et, le soir même, M. Fain[1] est venu me demander si c'était avec de petits pistolets que je portais habituellement dans ma poche ou des pistolets d'arçon. Tout Paris s'en est entretenu.

– Il fallait m'en parler.

– Sire, j'étais convaincu que Votre Majesté l'avait vu et je pensais que, si je me vantais d'avoir rendu service à Votre Majesté, Elle m'en voudrait.

– Je sais que vous êtes un brave jeune homme, mais il est étonnant qu'avec votre esprit, vous soyez aussi enfant.

Gourgaud, qui raconte cette scène, n'apprécie pas d'être traité ainsi d'« enfant » : « Sa Majesté se fâche et je me tais. »

1. Le secrétaire de Napoléon (voir page 16).

Réflexion que l'on retrouve presque à chaque page de son *Journal* en cette année 1817.

– Allons, Gourgaud, jouez ! Cela vous mettra de bonne humeur.

– Non, Sire.

Le lendemain, Napoléon insiste :

– Vous êtes un enfant. Vous devriez cependant finir Waterloo, pendant que je suis en veine de travailler.

C'est presque toujours Gourgaud qui provoque.

– Vous voulez tout obtenir par la force, vous voulez être comme moi, lance Napoléon.

Ils se cherchent noise pour des histoires d'argent. Maladroitement l'Empereur fait miroiter au jeune homme qui est pauvre une belle somme. « Si vous partez, soyez sûr que je vous donnerai 300 000 francs au moins. »

De tous les témoignages, celui de Gourgaud est le plus primesautier, le plus vivant. Le caractère impulsif de son auteur donne au *Journal* l'accent d'une sincérité inimitable. Cette spontanéité tranche avec la grandiloquence de Las Cases et les ternes comptes rendus du grand-maréchal Bertrand. Cette absence d'affectation n'est pas exempte de puérilité. Napoléon succombe lui aussi à ces enfantillages. Gourgaud souvent le bat froid. Napoléon lui conseille d'être plus souple avec les Montholon. « J'aime mieux rester dans ma chambre où il pleut », répond, fâché, Gourgaud. Le ton monte : « Je préfère Montholon à vous », explose Napoléon. C'est quasiment la rupture entre les deux hommes. Puis leurs querelles s'apaisent. Gourgaud réintègre le collège longwoodien. « Bertrand dîne avec nous : les haricots sont bons » (23 mars). Gourgaud a beau être envoûté par son héros, il ne le ménage pas. Il lui arrive même de se moquer du prisonnier qui se montre très soucieux de l'opinion d'autrui. Gourgaud raconte un jour par exemple une conversation à laquelle participait Bertrand. Le grand-maréchal signale que Napoléon, au cours de la campagne d'Égypte, faisait mesurer l'eau du Nil « à la chaîne ». L'Empereur l'interrompt : « Ne le dites pas, il n'en faudrait pas plus pour que, dans un libelle, on écrive que je ne sais plus les mathématiques. »

Une autre fois, on présente à Napoléon un aspirant anglais. Ce jeune militaire se trouvait sur la frégate qui emmenait le vaincu à l'île d'Elbe. « L'Empereur dit à l'aspirant qu'il le reconnaît, mais qu'il a grandi. » Il avoue en fait ensuite à Gourgaud qu'il ne s'en souvient pas, mais qu'il a parlé de la sorte pour lui faire plaisir. Le grand fascinateur, connaisseur infaillible de l'âme humaine, n'est pas mort. Gourgaud est interloqué. « C'est ainsi qu'on mène les hommes », soupire-t-il.

L'un des seuls événements notables de l'année 1817 est la remise à l'Empereur du buste de son fils, le Roi de Rome. Il le fait poser sur la cheminée du salon, remarque qu'il ressemble un peu trop à Marie-Louise, mais que, heureusement, la partie supérieure du visage est de lui.

Entre le captif et Gourgaud, les réconciliations succèdent aux disputes. « L'ennui vous ronge, il vous faudrait une jolie petite femme », dit Napoléon. Et Gourgaud de faire une parenthèse : « C'est ce que je pense intérieurement. »

Le flottement du souvenir qu'éprouvent tous les captifs comprimés dans leur prison engourdit peu à peu Napoléon. Il s'isole de plus en plus. Ce confinement se matérialise par les longs moments passés dans sa baignoire. Parfois, il y déjeune. Le 12 juin 1817, il reste pendant quatre heures et demie dans son bain. Il *s'immerge*, enfoncé dans la tiédeur amniotique, loin de Longwood. Le proscrit est âgé de quarante-huit ans.

Le sentiment de culpabilité le ronge si cruellement que parfois il renonce. Un jour, il se fait apporter les comptes de la campagne de Russie pour « travailler ». Il s'interrompt vite : « Cela fait trop de mal, cela rappelle trop de fautes ; allons nous promener » (10 mai). À Gourgaud qui se plaint, il s'écrie : « Vous avez des chagrins, vous. Et moi ! que de chagrins j'ai eus ! Que de choses j'ai à me reprocher ! »

Avec Waterloo, c'est différent. Il cherche non pas la faute, mais les erreurs. « L'Empereur reprend pour la dixième fois le travail de Waterloo avec le général Gourgaud. Le soir, il nous dit : "Je ne conçois point encore la perte de la bataille." »

Le 21 septembre 1817, Napoléon est tiré de son sommeil par un immense grondement. Son lit bouge. Il se rendort. Il est 9 h 48 du soir… « Il ne manquait plus qu'un tremblement de terre pour nous rendre le séjour de Sainte-Hélène agréable », s'écrie l'Empereur qui aussitôt se fait lire l'histoire du séisme de Lisbonne. Le captif regrette de n'avoir pas péri dans la secousse. « C'est un plaisir que de mourir de compagnie », dit-il, pince-sans-rire, à Gourgaud et aux Montholon.

Il sort rarement de la chambre noire. Tant de discrétion suscite la curiosité. Le 4 décembre 1817, la femme de chambre des Lowe réussit à obtenir des domestiques la permission de regarder le prisonnier par le trou de la serrure.

Le 1er janvier 1818 commence mal. Nouvelle altercation entre Napoléon et Gourgaud. « Vous m'insultez », s'exclame l'Empereur très en colère.

Depuis des mois, Gourgaud soupçonne Mme de Montholon d'être la maîtresse de Napoléon. C'est une véritable obsession. Il la surveille, note ses allées et venues chez l'Empereur. De plus en plus jaloux, il décide de provoquer en duel Montholon. Napoléon et Bertrand tentent de le ramener à la raison.

– Et quand je coucherais avec elle, quel mal y a-t-il ? finit par dire Napoléon.

– Aucun, Sire. Je ne suppose pas que Votre Majesté ait un goût aussi dépravé.

Nous sommes le 2 février. La rupture est inévitable. Gourgaud semble avoir perdu la tête. Finalement, Bertrand trouve la solution en suggérant à Gourgaud de partir pour cause de maladie.

Le mercredi 11 février 1818, Gourgaud voit pour la dernière fois Napoléon. « Sa Majesté s'est adoucie, m'a donné un petit soufflet : “Nous nous reverrons dans un autre monde. Allons, adieu… embrassez-moi.” »

Au sujet de Gourgaud, Napoléon dira par la suite : « Tous les jours, il voulait m’… malgré moi. »

Douze jours plus tard, un autre événement met sens dessus dessous la petite communauté. Cipriani est pris d’un malaise subit. Il meurt le 27 février. Très affecté par cette perte, Napoléon, le comptable funèbre, ne doit plus se contenter de faire le bilan du passé ; maintenant que Longwood se vide, il faut dénombrer ceux qui partent : Las Cases, Gourgaud… bientôt O’Meara puis Albine de Montholon. Sans parler des domestiques : Santini, un des frères Archambault, le cuisinier…

En cette année 1818, le biotope de Longwood va se transformer notablement. La moitié de la captivité vient de s’écouler. Les phénomènes de compétition pour obtenir la faveur du prisonnier s’estompent au sein de la communauté. Ceux qui restent ne sont plus en manque. L’écosystème de Longwood, cette association d’êtres vivants installés en milieu humide, fonctionne mieux.

En avril, Napoléon a l’idée de se livrer à une « récapitulation des fautes ». Il en dénombre sept qui découlent toutes de la campagne de Russie. Le mois précédent, il avait confié : « Le mariage avec Marie-Louise est la plus grosse faute. Je devais épouser une Russe. »

Après ce *mea culpa,* il revient à Waterloo, énumère les nombreuses bévues. Mais ce sont celles commises par le vainqueur Wellington.

À présent, Bertrand remplace Gourgaud. Greffier scrupuleux, il note la moindre phrase, le moindre grommellement.

– Bertrand, quelle heure est-il ? Encore un jour de moins. Allons nous coucher.

3

Le vent courbe les ifs du cimetière, relève, hérisse les aiguilles. Un ciel de bataille gronde sur Plantation, un de ces corps à corps où le vent et les nuages semblent prêts au choc frontal contre les arbres.

Dans la mêlée, les vases ont dégringolé, ils roulent sur les tombes, déversent eau et fleurs. Michel Martineau m'a décrit la partie française du cimetière où se trouve la sépulture de Cipriani. J'examine une à une les dalles affaissées couvertes de mousse, aucune ne correspond à celle du maître d'hôtel corse. Beaucoup de croix sont renversées et la végétation avale peu à peu les pierres tombales. Dans quelques années, tout sera englouti et recouvert d'une jungle de lianes.

Je dois me protéger de la tempête. Je finis par trouver refuge contre un mur de la chapelle.

– Sale temps, n'est-ce pas ? Puis-je vous être utile ?

Un homme vêtu d'une soutane rouge se tient dans l'embrasure de la porte. Il porte une lourde croix pectorale qui se balance dans tous les sens au moindre mouvement. Forte mâchoire, visage énergique, parcouru de plis qui donnent à sa physionomie un élan à la fois chaleureux et mécanique. Une ceinture de cuir très grossière, presque une lanière, lui serre la taille.

– Je suis l'évêque John Ruston, articule l'homme. Vous cherchez quelque chose ?

– Non… enfin, oui, c'est compliqué.

Je lui explique l'histoire de Cipriani.

– Je crains de ne vous être guère utile. J'ignorais moi-même l'histoire de cet homme. Il est vrai que je ne suis ici que depuis deux ans… Ce serait intéressant de répertorier tous ces vestiges de l'époque de Napoléon, une sorte d'itinéraire…

– C'est vrai… On ne peut pas dire que les Saint-Héléniens exploitent abusivement la mémoire de l'Empereur.

– Oh ! ce n'est pas dans la mentalité de l'île. Les Saints répugnent à l'autopromotion. Ils n'aiment ni ne savent se mettre en avant. De toute façon, ils sont totalement étrangers à cette partie de leur histoire.

– J'ai visité le petit musée de Jamestown. Il est tout de même significatif qu'aucun objet, aucun document ne rappellent la captivité.

– Êtes-vous sûr ? Hum… Napoléon vivait à l'écart. Je dirais que les Saints ne l'ont vraiment vu qu'en 1840, lors du retour des cendres. Sa dépouille est redescendue à Jamestown. Vous savez que, depuis sa première nuit en 1815, il n'y était jamais revenu. Il ne faut pas avoir peur de le dire : sa mort a été un soulagement ici. Sainte-Hélène était devenue un véritable camp retranché.

Je perçois chez l'évêque anglican, en dépit de son affabilité, une pointe d'antipathie à l'égard de Napoléon. Alors que j'évoque les domaines français de Sainte-Hélène, il me coupe.

– C'est incorrect de parler de domaine français. Quand un particulier achète un terrain ou une propriété, cette dernière ne prend pas automatiquement la nationalité de l'acquéreur. Longwood est *propriété* de l'État français. La nuance est d'importance.

– Pourtant, il y a un consul de France.

– Un consul honoraire… À cause de Napoléon…

Je me garde de polémiquer. Après la guerre, le chanoine anglican de Jamestown rappelait encore dans le bulletin paroissial l'anniversaire des victoires anglaises sur les troupes de Bony, ce qui chagrinait fort notre agent, M. Peugeot. « Pour beaucoup d'Héléniens, le représentant français fait figure de vaincu ou d'indésirable », écrivait-il tristement à son administration en 1947.

Au-delà du désintérêt affiché, les gens ici sont finalement assez chatouilleux sur la captivité. Un sentiment vague où se mêlent une feinte indifférence, un certain agacement d'avoir été exclu d'une décision dictée à l'époque par les puissances européennes, l'image de geôle de Sainte-Hélène ; toutes ces impressions floues et complexes pèsent encore aujourd'hui sur la mémoire des habitants. Peut-être, la captivité de Napoléon leur donne-t-elle la conscience d'être toujours hors jeu. L'évêque parle pour les Saints de « syndrome de la non-indépendance ».

– Qu'entendez-vous par là ?

– C'est très curieux. Tous relèvent de la même autorité, Londres. Aussi y a-t-il une égalité totale des Saints par rapport à cette dépendance. Finalement, ils sont très unis. Une colonie implique l'existence de colons. Eh bien ! ce n'est pas le cas pour Sainte-Hélène. Tous ont la même origine, ils sont venus d'ailleurs. Il y a de vieilles familles mais cette ancienneté ne leur confère aucune supériorité de type patricien.

– Sont-ils très pratiquants ?

– Hum... C'est un autre problème. 85 p. 100 de la population est anglicane. Mais il n'y a que 5 p. 100 qui pratiquent.

– Ils semblent pourtant manifester un zèle religieux, à en juger par les nombreux lieux de culte que j'ai aperçus à Jamestown... baptistes, adventistes, Témoins de Jéhovah, sans compter d'autres rites.

– Vous savez, l'abondance des cultes ne signifie pas que les gens soient plus religieux. On assiste depuis quelque temps à la multiplication de sectes. Sainte-Hélène n'échappe pas au phénomène. L'île entre à sa manière dans le monde moderne... Mais c'est une population sans histoires : l'isolement oblige à la vertu. Bon, je crois que maintenant vous pouvez sortir. Regardez, il fait soleil.

Je jette un coup d'œil dehors... Le vent et les nuages ont battu en retraite. Les ifs sont immobiles. Je leur trouve un air sainte-nitouche, comme si le calme qu'ils opposent voulait dissimuler la tourmente de tout à l'heure.

Les vases et les pots de fleurs ne sont plus en désordre.

Une main les a relevés, rangés, nettoyés... Quelques pétales gisent cependant sur les tombes.

4

Dans le grand parc, une bruine luisante, presque nacrée, vernit le feuillage des araucarias. Deux tortues géantes se promènent sur la pelouse. L'humidité lustre leur carapace ; elle paraît encaustiquée et porte des taches bleues sur le plastron. Le gazon est tondu à ras, lisse, si égal qu'on dirait une étoffe de feutre posée sur le sol. La demeure, pareille à une *quinta* portugaise, étincelle aux brefs passages du soleil. Sur la façade badigeonnée de blanc rutilent les encadrements de lave noire.

Le drapeau de l'Union Jack qui flotte sur le fronton de Plantation House signifie que nous sommes en territoire britannique. Je franchis le portique de style géorgien. Alan Hoole, successeur de Hudson Lowe, soixantième gouverneur de Sainte-Hélène, va me recevoir dans quelques instants. Sur les murs du vestibule sont accrochés des portraits de la famille royale qui datent du début du règne. Épais tapis délicatement tramés, pleins, élastiques, presque pulpeux sous la pression des pas. Parquets sombres et brillants qui sentent une économie domestique vieille de deux siècles. Meubles de l'époque Regency : guéridons de palissandre, motifs incrustés en cuivre, consoles de Coromandel décorées de baguettes.

C'est dans cette demeure construite en 1791 qu'a vécu le « sbire ». À son arrivée en 1816, il fera agrandir Plantation House afin d'y loger l'armée de scribes et de fonctionnaires venus avec lui pour coordonner l'énorme machine administrative et militaire de l'île devenue un bunker. Bureaux, salons et appartements privés répartis en vingt-sept pièces étaient rassemblés sous le même toit.

– Bienvenue dans la demeure du bourreau !

Cette entrée en matière faite, il est vrai, avec bonhomie, ne manque pas de me surprendre. Le gouverneur est vêtu d'un de ces vastes costumes sombres à raies crème que seuls les Britanniques savent porter avec distinction – alors qu'il ferait mafieux chez d'autres. Il a un nez pointu, des lèvres minces et arbore une lourde chevalière à la main gauche. L'humour n'exclut pas la circonspection. À qui ai-je affaire ? semblent dire ses yeux perçants. Puis-je avoir confiance en lui ? s'interroge-t-il en plissant le front. La captivité de Napoléon incite à la prudence, ils sont si imprévisibles ces Français sur le sujet.

Le gouverneur tente d'abord de noyer le poisson en me parlant du statut de Sainte-Hélène. Il tient à m'exposer que le Conseil législatif compte quinze membres dont trois désignés par la Couronne. Le conseil exécutif dirigé par le gouverneur comprend huit membres. Cinq d'entre eux sont issus du Conseil législatif, les trois autres sont des hauts fonctionnaires.

– Expliquez-moi, dis-je. Les Saints sont bien des citoyens

britanniques. Pourquoi ont-ils besoin alors d'un visa de visiteur pour entrer en Grande-Bretagne ?

– Ah ! mais c'est très simple. Le gouvernement de Londres veut contrôler l'immigration.

L'explication du gouverneur n'est pas claire.

– Mais les Saints ne sont pas des immigrés. Ils sont britanniques. Ou alors, ils sont des citoyens de seconde zone…

– Seconde zone ! répond-il, l'air horrifié. Ce n'est pas exact. Vous savez, Londres fait de gros efforts pour cette île. Neuf millions de livres par an ! Ce n'est pas rien. C'est le plus gros budget par personne (il appuie sur ce dernier mot) du Royaume-Uni. Sainte-Hélène n'a pas de mines, pas d'industries. Sa seule richesse, c'est la pêche et, dans une moindre mesure, le bois.

Une femme entre dans le salon. Son visage cuivré, d'une beauté sereine et délicate, respire l'harmonie.

– Ma femme Delia, intervient le gouverneur.

J'apprends qu'elle est originaire de Sainte-Hélène. « Du village de Longwood », précise le gouverneur avec une pointe railleuse. Au début des années 80, Alan Hoole était attorney général de Sainte-Hélène comme le mari de Marian.

La *« first lady »* de Sainte-Hélène sourit timidement. Son mari la regarde avec tendresse. Puis il se reprend.

– Je vais vous faire voir quelque chose. Dans la bibliothèque.

Il m'invite à m'asseoir dans un fauteuil capitonné.

– Cette pièce où nous sommes a été ajoutée par Hudson Lowe. Elle a été prise sur la cour centrale.

Je crois apercevoir la curiosité que le gouverneur veut me montrer. C'est une peinture accrochée près de la bibliothèque. Un portrait inattendu, inquiétant de Napoléon. Je suis interloqué par son expression douloureuse, amère, hallucinée. J'avoue que cette représentation du captif m'était inconnue.

– Qu'en pensez-vous ?

– De la peinture ou de sa présence dans la maison de Hudson Lowe ?

Mon expression interdite le ravit.

– Oui, c'est vrai, quelle revanche, n'est-ce pas ?

– D'où provient cette œuvre ?

– Oh ! c'est un dessin au fusain. Il a servi d'étude pour une huile sur toile qui se trouve au musée de Glasgow. Le tableau s'intitule *Napoléon, la dernière phase*. Elle est l'œuvre de James Sant, un peintre écossais connu pour ses portraits de l'aristocratie anglaise et de la famille royale.

– *La dernière phase !* Mais c'est le titre du livre de lord Rosebery sur la captivité !

– Précisément. Il a été peint pour illustrer l'ouvrage de lord Rosebery. Je crois que le portrait a été exposé à l'Académie royale en 1901. La toile appartenait à lord Rosebery. Il en a fait don au musée de Glasgow.

– C'est donc un portrait totalement inventé.

– Inventé ! Je ne crois pas. Vous-même l'avez identifié

aussitôt comme un portrait de Napoléon. Sant l'a imaginé sans doute, mais en se servant de peintres contemporains.

Je ne puis lui objecter qu'aucune figure de l'Empereur n'est vraiment exacte. Et ce n'est pas le lieu pour en débattre.

Je reste silencieux, hypnotisé par la physionomie du captif. Le gouverneur debout à mes côtés est muet. Nous contemplons le visage souffrant. C'est bien Saturne privé à jamais de son royaume, dévoré par le temps après avoir dévoré ses enfants. Il n'y a pas de représentation plus effrayante de l'absence d'espoir. Tout y est décrit. Le dessèchement de l'âme, le marasme des souvenirs, le dépérissement du rêve. L'exaltation du passé est retombé à jamais. C'est la *dernière phase* avant l'état de spectre. Lord Rosebery ne s'y est d'ailleurs pas trompé. N'affirme-t-il pas qu'il a écrit son livre pour conjurer un fantôme !

Une pièce de Plantation House est hantée : la chambre ouest. Joshua Slocum, le premier navigateur à avoir réussi le tour du monde en solitaire, y passa plusieurs nuits guettant l'apparition du revenant, mais ne vit qu'« un fer à cheval cloué sur la porte[1] ».

Les écrivains qui traitent de Napoléon ont au moins un point commun : ils sont tous à un moment médusés par leur modèle. Interdits, terrifiés. Ils ont vu quelque chose. Mais quoi ? « À quel moment a-t-il perdu l'équilibre de ses facul-

1. *Seul autour du monde sur un voilier de onze mètres,* Chiron.

tés ? » se demande Rosebery – il ne va pas jusqu'à le suspecter de folie.

À la fin de son livre, l'auteur se livre d'ailleurs à un étrange jeu. De la part d'un ancien Premier ministre anglais, on pouvait s'attendre à ce que l'appendice contînt des documents sur des sujets aussi sérieux que la politique étrangère ou des témoignages inédits sur la captivité. En vérité, la seule chose qui passionne l'auteur est l'aspect physique de Napoléon. Il recense maints indices sur le caractère contradictoire et finalement insaisissable de sa personne physique. Le secret qu'a si bien déchiffré James Sant trouve son origine dans ces pages finales. Je suis persuadé que le peintre les a soigneusement lues pour mieux les oublier quand il peignait.

Les descriptions ne s'accordent que sur un seul trait : l'embonpoint de Napoléon et la disproportion de la tête par rapport au corps. Lord Rosebery cite ainsi le témoignage du docteur Henry, chirurgien du 66e régiment d'infanterie, qui le vit pour la première fois le 1er septembre 1817. « Il avait plutôt la mine d'un gros moine espagnol ou portugais que du héros des temps modernes. »

Or, le Napoléon de James Sant n'est pas bouffi. L'artiste a peint, au contraire, un visage amaigri. On voit que les chairs s'affaissent, un pli désagréable barre le coin gauche de la bouche, le bas du menton s'est émacié. L'enveloppe charnelle flotte. Début de la *désincarnation*. Le prisonnier qui s'observe mieux que personne aura un jour ce mot : « Chaque jour me dépouille un peu plus de ma peau de tyran. » Mais ce sont les yeux désolés, brillants, figés dans une attitude pénitentielle comme s'ils venaient de pleurer, qui intriguent. Ces yeux-là n'ont plus de désir. Ils attendent la mort. À Eylau, l'Empereur détournait le regard, il ne voulait pas voir. Le Napoléon hélénien, au contraire, scrute et dévisage une puissance que nous ne voyons pas. Le roi de douleur sait qu'il est arrivé au terme des épreuves. Ce n'est pas un regard d'effroi qu'il jette sur le monstre de la nuit, plutôt une stoïque attention. Déjà l'*élévation.* Il s'apprête à monter au-dessus de la mort. Il devine qu'il sera prochainement délivré. Il va bientôt transmigrer, quitter son corps d'homme pour se transformer en être immatériel, historique.

– Que fixe-t-il ? C'est une question que je ne cesse de me poser, murmure le gouverneur. Quand j'entre dans cette bibliothèque, je vois aussitôt ce regard. C'est obsédant.

– Sans doute l'obsession de la faute, fais-je en riant.

– La faute ! Je ne comprends pas, se contient le gouverneur d'un air pincé.

Je ne devrais pas plaisanter avec ces choses-là. Mais le goût de la provocation est plus fort que tout.

– Je voulais seulement dire que la présence de ce portrait à Plantation House semble manifester une volonté de réparer.

– Réparer quoi ? Les persécutions anglaises ! (Il reprend son air circonspect.) C'est une histoire si ancienne... D'ailleurs, ce n'est pas moi, mais un de mes prédécesseurs qui est à l'origine de cela, dit-il en montrant le tableau.

– Alors, disons que c'est l'expression de l'humour anglais.

Cette forte pensée illumine son visage.

– Ah ! l'humour, oui, en effet, marmonne-t-il. Mais qu'entendez-vous par là ?

– Rien… L'humour soulage, non ? On exorcise, en même temps on perpétue. Je ne sais plus qui a dit : « L'humour est une façon de se tirer d'embarras sans se tirer d'affaire. » C'est le cas, n'est-ce pas ?

Il jette dans ma direction un regard incertain.

– Si vous voulez… Nous ne serons donc jamais tirés d'affaire avec Napoléon ?

Il est bienveillant après tout, ce gouverneur. Il a consenti à perdre du temps en me recevant. Il m'a fait découvrir cette œuvre de Sant, surprenante. Et je lui cherche des crosses.

Le gouverneur rompt le silence pour me confier :

– Saviez-vous qu'un de mes prédécesseurs était français ?

– Gouverneur comme vous !

– Oui, quand l'île était administrée par la Compagnie des Indes orientales. Il s'appelait Étienne Poirier, un protestant. Il avait quitté la France à la Révocation de l'édit de Nantes. C'était un vigneron.

– Donc un bon vivant…

– Je ne dirais pas cela. Il était très puritain. Il a instauré ici des règlements très stricts car il trouvait que les mœurs des habitants étaient trop relâchées. Je crois finalement qu'il a été destitué.

Je brûle de lui parler d'un de ses prédécesseurs, John Massingham, qui fut gouverneur de 1981 à 1984. Il détestait Napoléon en qui il voyait « un dangereux criminel de guerre[1] ». Est-ce bien nécessaire de provoquer mon interlocuteur ? Il est si prévenant. Il me parle du consul de France. Il le reçoit parfois à Plantation House.

– Nous sommes faits pour nous entendre, résume-t-il. Ne sommes-nous pas tous les deux au milieu de nulle part…

– Voulez-vous dire que l'île que vous administrez n'existe pas ?

– Je n'ai pas dit cela… Combien savent exactement où Sainte-Hélène se situe ?

– Vous avez raison. C'est une île marquée par la tromperie du début.

– La tromperie !

– Mais oui ! Vous savez que les Portugais, pour dissimuler leur découverte, avaient donné de fausses coordonnées géographiques. Je crois beaucoup aux conséquences de ce geste fondateur.

La bruine a cessé. Nous sortons pour nous promener dans le parc. Plantation House est l'anti-Longwood. Tout y est délectable ; la suavité du lieu, l'harmonieuse échappée vers la mer, le vert tendre de la pelouse sont à l'opposé de l'âpreté inquiète du plateau. Longwood est une bâtisse assiégée par le vent, la pluie et les revenants. La tranquille aisance de Plantation House où tout est fait pour favoriser l'agré-

1. Cité par Gavin Young, *Sur toutes les mers du monde*, Payot.

ment et la quiétude de ses occupants contraste avec l'inconfort longwoodien, cage aérienne mal arrimée au sol, branlante, ouverte aux intempéries. Au début de la captivité, il fut un moment envisagé d'attribuer Plantation House à Napoléon et à sa suite. Qu'eût été la légende si le prisonnier avait habité la demeure du gouverneur ?

Alan Hoole est fier de ses deux tortues géantes. Elles donnent à sa résidence une aimable physionomie tropicale, une sorte d'Éden où animaux, essences rares et humains cohabiteraient dans l'innocence.

– Ces tortues sont très vieilles, assure le gouverneur. On prétend même qu'elles ont été amenées à Sainte-Hélène à l'époque de Napoléon.

L'une d'elles ouvre son bec carné et pointe une langue effilée pareille à celle d'un serpent. Les petits yeux noirs globuleux cillent, faisant apparaître un bubon à la place des paupières, vision infernale qui trouble soudain le rêve.

Les deux monstres me considèrent froidement. L'ornementation de leur carapace formée de lignes jaunes et de pièces orangées ressemble à une mosaïque. On dit que les tortues proviennent des enfers. Tartare n'est-il pas à l'origine de leur nom ?

SEPTIÈME JOUR

Des joueurs de pétanque. – Le collège Marcel-Duchamp. – Sambo a vu. – Nouvelle apparition du spectre. – Les vingt-trois cheminées de Longwood. – Les missiles nucléaires de Tilsit. – Le pont sur le Niémen. – Que reste-t-il de la maison du bonheur ? – L'obturateur de la *camera obscura.* – Victor Hugo et Napoléon à Marine Terrace. – Bourrés au mercure. – Le déclic du commissaire Maigret. – « Quelle farce, la vie ! » – La visite de Rimbaud à Longwood. – Le livre d'or volé. – « Mon père est désenchanté ». – Dix litres d'eau dans chaque pièce. – Beignets à la banane. – Comment ternir des papiers peints. – Les tableaux dans l'argenterie. – Les petites têtes d'or de Châteauroux. – La Parque du bar Paradise. – La balançoire de la maison Bertrand. – Napoléon avait-il le sens de l'humour ? – Un tempérament facétieux. – Indécis finistère à Deadwood. – Le golfeur effrayé.

I

Un joli mail bordé de tilleuls, les mêmes grilles en forme de lances que chez Anne's Place. Une place paisible de province avec ses bancs, ses bornes de granit usé empêchant les automobilistes de se garer sur le terre-plein. L'allée n'est pas sans évoquer une proue de navire ; on a l'impression que l'étrave va toucher le couvent des Cordeliers tout proche.

À l'avant, un militaire présente son épée enveloppée dans un drapeau. De loin, on croit qu'il brandit un parapluie, détail pour le moins insultant car ce soldat a dans sa giberne un bâton de… grand-maréchal.

Henri-Gatien Bertrand, comte d'Empire, grand aigle de la Légion d'honneur, dont le rôle fut essentiel à Wagram et à Lützen, veille depuis près de cent cinquante ans sur la place Sainte-Hélène, paradis des joueurs de pétanque et halte obligatoire pour les chiens accompagnés de leurs maîtres.

Il est toujours facile d'ironiser sur la grandiloquence de ces statues souillées par les pigeons et figées à jamais dans un geste inaccompli. Bien qu'attachée à la tradition académique, cette œuvre de Rude, l'auteur de *La Marseillaise*, exprime une émotion romantique. Discrètement, le sculpteur a placé derrière Bertrand un accessoire symbolique qui relie le « Vauban de l'Empire » à la légende. Il s'agit d'un bateau stylisé s'enfonçant dans les flots, sur lequel sont inscrits ces mots : *Sainte-Hélène 1821*.

La tête de Bertrand est presque chauve. Rude a voulu représenter la modestie, la fidélité, l'honnêteté, la douceur, mais aussi la morosité du personnage. Napoléon se plaisait parfois à le secouer pour sa trop grande prudence, comme à Bautzen où son manque de mordant contribua à faire avorter une victoire décisive.

Il n'empêche que Bertrand est la figure la plus sublime de la tragédie hélénienne. Rien ne l'obligeait à suivre le vaincu dans son exil. Il lui est resté fidèle jusqu'au bout, toujours bienveillant, un peu rasant, entêté, déprimé, sage, apaisant la tension au sein de la tribu chamaillante. Bon père, bon époux, il saura dire non à son dieu lorsque celui-ci lui ordonnera de s'installer à Longwood. Cet homme terne, irrésolu fut passionnément amoureux de sa femme, la belle Fanny Dillon, créole d'origine anglaise, cousine de l'impératrice Joséphine. La correspondance de Bertrand et de Fanny, à l'époque où le général parcourait l'Europe, est l'un des plus beaux exemples d'amour conjugal. Presque chaque lettre du général, ornée de la mention « par estafette », a été écrite au bivouac, au lendemain de batailles. Les missives se terminent par « Bonjour chère Fanny », écho de l'adoration que le chef du IVe corps de la Grande Armée portait à sa femme, personnalité piquante, hardie, indépendante. « Quelles amours !… On n'a rien vu de pareil », s'écriera Napoléon, un rien envieux[1].

À Sainte-Hélène, sa distinction et son élégance subjuguaient la petite colonie anglaise. Elle entretenait des relations cordiales avec la femme de Hudson Lowe et avec le commissaire russe Balmain. Sa parfaite connaissance de la société anglaise fut précieuse pour Napoléon. Mais il ne savait avec elle sur quel pied danser. Fantasque, très soucieuse de sa liberté, elle ne cessa de décliner les invitations à Longwood, refus considérés comme un affront par l'Empereur.

La place Sainte-Hélène passe quelque peu inaperçue au milieu de la ville de Châteauroux. Le voyageur ne manque cependant pas d'être intrigué par la présence d'un collège Marcel-Duchamp, dont la porte d'entrée vétuste et sombre jure avec la radicale modernité de l'inventeur du *ready-made*. À y regarder de près pourtant, les empiétements en fonte des bancs entourant la place Sainte-Hélène sont des objets manufacturés qui pourraient être promis à la dignité d'œuvres d'art. On les remarque à peine. C'est pourtant de la belle ouvrage. Les motifs sont à la gloire du fidèle Bertrand : couronne comtale, le B, monogramme du grand-maréchal, aigle impériale et lauriers d'officier général.

Le chef-lieu du département de l'Indre a voué une partie de sa mémoire au plus estimable des compagnons de l'Em-

1. Cité par Suzanne de la Vaissière-Orfila, *Lettres à Fanny*, Albin Michel.

pereur. À la mort de son héros en 1821, Bertrand quittera Sainte-Hélène avec sa famille pour se retirer dans la cité qui l'avait vu naître. Après la révolution de Juillet, il fut élu député de l'Indre et siégera à gauche. Alors qu'il croyait bien ne plus jamais revoir Sainte-Hélène, il fit partie de l'expédition du prince de Joinville qui rapportera en France les cendres de l'Empereur. Mort en 1844, il sera enterré aux Invalides où il repose aux côtés de Napoléon.

Le musée Bertrand, belle demeure aristocratique dans laquelle habita et mourut le grand-maréchal, est consacré à de nombreux souvenirs héléniens rapportés pour la plupart lors du voyage de 1840. Le plus original est un chien naturalisé, Sambo, compagnon de jeux des enfants Bertrand.

Sambo a probablement flairé, léché Napoléon. Il a jappé à son approche. On voit bien que Sambo n'est pas un chien comme les autres. Son poil tacheté et lisse est pareil à la peau d'une otarie. Ses yeux, deux boules de verre noir, sont terrifiants. Mais le plus étrange est la nuque. Sambo n'a pas d'oreilles. Probablement coupées selon l'usage chinois. Un groupe de cynologues a étudié ce chien. Leur conclusion est qu'il ne peut être rangé dans aucun type, il appartient à une race asiatique qui s'est mâtinée à d'autres chiens de Sainte-Hélène.

Sambo se tient couché la tête haute. L'iris et la pupille se confondent et donnent à ses yeux de basilic un regard à la fois féroce et pénétrant, presque intelligent. Il fixe et dévisage. Sambo, lui aussi, *a vu*.

2

La comtesse Diane gronde à mon approche. Michel Martineau la retient. Elle se laisse caresser en grognant. Le vent, ce matin, a chassé les nuages, il a nettoyé l'air de la poussière d'eau qui stagne d'ordinaire au-dessus de Longwood. Le bleu des agapanthes et des iris est dur, les gouttes d'humidité sur les pétales sont pétrifiées, on dirait des billes de givre.

– Je vous montrerai mon atelier tout à l'heure. En attendant, je vous laisse visiter Longwood. L'exercice d'imprégnation exige la solitude. Je crois que vous aimez cela… Quelle pièce allez-vous explorer aujourd'hui ?

– Je vois que vous commencez à connaître mes manies. J'ai à peu près tout visité. Aujourd'hui, j'aimerais m'attarder dans le cabinet de travail de Napoléon.

– Je vais vous installer. De toute façon, vous pouvez circuler partout à votre guise. J'ai fait ouvrir toutes les portes.

À peine plus vaste que la chambre noire qui lui est attenante, le cabinet de travail est éclairé par une fenêtre et une porte vitrée orientées au nord. Un bureau est placé contre le mur.

– Tenez, vous serez comme Napoléon. La table de travail vous permettra de prendre des notes.

Alors que je tire vers moi le fauteuil, quelle n'est pas ma stupéfaction d'apercevoir le *Napoléon* de James Sant sur le mur. On a beau aimer les apparitions – et Longwood n'en a pas été avare depuis mon arrivée – je me demande si les nombreuses âmes en peine qui errent dans cette maison ne sont pas en train de se jouer de moi.

– Que se passe-t-il ? interroge le consul.

– Sur le mur… Je ne rêve pas pourtant.

– C'est *La Dernière Phase*…

– Mais, dans mes autres visites, il n'y était pas.

– Je ne comprends pas votre surprise. Il est là, sur ce mur, depuis longtemps. C'est mon père qui a eu l'idée de l'accrocher à cet endroit. Vous ne l'avez pas remarqué, tout simplement.

– Tout de même… C'est un portrait qui attire l'attention. Ma surprise vient du fait que je l'ai vu chez le gouverneur. C'est un tableau qui crée un tel choc !

– Je vous assure qu'il a toujours été là. Cette pièce est presque toujours plongée dans la pénombre. Les autres fois, je n'avais pas ouvert les persiennes. Vous ne l'aviez pas vu.

Je ne l'ai pas remarqué parce que cette figure *habite* les lieux. Le *desdichado* est chez lui. Mais on devine que la douloureuse villégiature touche à sa fin. Il a, comme on dit, le regard ailleurs. Le coup d'œil jupitérien qui en un instant embrassait jadis le champ de bataille pour concevoir et agir est à jamais éteint. « Nulle part autant qu'ici, on ne comprend ce qu'il a dû souffrir d'être parqué dans ce taudis, lui le vainqueur de l'Europe[1]. » Parqué est bien le mot adéquat.

1. *Sainte-Hélène, au temps de Napoléon et aujourd'hui,* par Ernest d'Hauterive.

Cette partie de Longwood est un in-pace. Michel Martineau, qui connaît par cœur les dimensions de toutes les pièces, me précise que la surface du cabinet de travail n'excède pas dix-sept mètres carrés. *Vade in pace* (Va en paix) est une formule rituelle prononcée en refermant le cachot derrière le condamné à perpétuité.

– Il régnait ici une humidité de tombeau pendant la saison des pluies. Napoléon disait qu'il avait l'impression d'entrer dans une cave. Il faut dire que la pièce était dépourvue de cheminée. Il me semble que vous aimez les cheminées… Savez-vous qu'il y avait à Longwood vingt-trois feux à alimenter, y compris la maison Bertrand ? Pour les entretenir, il arrivait que l'on défonçât des tonneaux. Un jour, il fallut même débiter les planches d'un lit. Je vous laisse à présent méditer en paix.

J'ai posé mon carnet de notes sur le bureau. J'entreprends de consigner les objets et le mobilier que renferme la pièce. Mais le cœur n'y est pas. Je suis hanté par la présence de la tête au-dessus de moi. J'ai parfois l'impression que le regard las considère le lit de camp. Il est absolument identique à celui de la chambre noire. Modèle réglementaire utilisé par les officiers supérieurs sous l'Empire : châssis pliant garni de sangles, l'ensemble est surmonté d'un dais en forme de tente. En l'absence du consul, je ne résiste pas à l'envie de m'asseoir comme l'autre fois. Même impression d'instabilité. J'ai peur un moment qu'il se rabatte en deux sur moi.

Quand il ne trouvait pas le sommeil dans la chambre noire, le prisonnier passait dans le cabinet de travail où un lit avait été préparé. « L'âme du monde » que Hegel aperçut à Iéna aura de plus en plus de difficulté à se lever. Il ne s'en cache même pas. « Le lit est devenu pour moi un lieu de délices. Je ne l'échangerais pas pour tous les trésors du monde. Quel changement ! Combien je suis déchu ! »

Je ne puis m'empêcher de songer à Tilsit, à ses propos sur le bonheur. « Je venais d'éprouver des soucis à Eylau… Je me trouvais victorieux, dictant des lois, ayant des empereurs, des rois pour me faire la cour. »

Je suis resté des heures à contempler à Tilsit le mouvement du Niémen, fleuve qui marque la frontière entre la Lituanie et l'enclave russe de Kaliningrad. Comment le tsar Alexandre et Napoléon pouvaient-ils se tenir sur un radeau avec un tel courant ? Heureusement, Bertrand était là. Bertrand, l'*accompagnateur*, le témoin capital. Présent à l'apogée, au déclin, à la fin. L'homme des ponts constate les plus fortes amplitudes du règne, les vives eaux comme le reflux.

Bertrand va construire une passerelle établie à l'aide de barques juxtaposées, arrimées au rivage. « Une maisonnette très joliment meublée » avait été édifiée. Elle comprenait deux tentes ; l'une destinée aux deux monarques, l'autre à l'état-major. « Sire, aurait dit Alexandre lorsqu'ils s'embrassèrent, je hais les Anglais autant que vous. » « En ce cas la paix est faite », aurait répondu Napoléon.

Aucun monument ne signale aujourd'hui le radeau de Tilsit. Les Russes qui habitent cette ville longtemps interdite sont pour la plupart des militaires préoccupés surtout du présent. Tilsit a abrité un fort contingent de missiles nucléaires SS 4. Si une guerre atomique avait été déclenchée et que Paris eût été détruite, « la ville du radeau » aurait tiré la salve meurtrière.

« Les seules choses certaines en ce monde, ce sont les coïncidences », a écrit un jour l'écrivain italien Leonardo Sciascia. Tilsit, symbole du bonheur de Napoléon et des retrouvailles franco-russes ; l'allusion aux Anglais, présage de la catastrophe. Il me plaît de penser que ces rencontres ne sont jamais fortuites et que le destin se plaît surtout à pratiquer le comique de situation.

Sur les berges du Niémen, une construction à la gloire de la batellerie représente une ancre marine posée sur un socle. Le radeau était situé à la hauteur du monument. Il est vrai que les Allemands n'avaient pas lieu de célébrer l'entrevue de Tilsit faite au détriment de la Prusse et qui fut mortifiante pour la reine Louise. Son souvenir est toujours présent dans la ville aujourd'hui russe. Le pont édifié sur le Niémen continue de porter son nom. En larmes, la belle reine tenta de séduire Napoléon, lequel fit peu de cas de ses charmes. « Je suis une toile cirée sur laquelle tout ne fait que glisser. Il me coûterait trop de faire le galant », écrivit-il non sans goujaterie à Joséphine.

Les vestiges de la rencontre sont rares. Une antique maison à colombages servait de logis aux Français. Le pavillon de Napoléon a été abattu. J'ai voulu connaître son emplacement. On m'a indiqué près du fleuve un terrain vague fermé par un grillage. Je suis revenu plus tard. J'avais repéré un treillis mal fixé. Je l'ai soulevé. Comme à Eylau, il n'y avait rien à voir. À la place de la maison se trouvait une serre à moitié démolie. L'éclat des vitres fracassées jetait au soleil couchant des éclairs orangés. Dans cette closerie aujourd'hui ruinée, Napoléon a connu le bonheur. Le monarque touchait à l'apogée de sa puissance. Des plantes exubérantes aux feuilles velues telles qu'on les voit prospérer sur les décombres avaient colonisé la maison du bonheur.

Tilsit répare Eylau. Après Tilsit, l'autocrate ne sera plus le même. Ce renversement, Marmont l'a bien observé dans ses *Mémoires*. L'homme qui négocia la capitulation de Paris en 1814 et se replia en Normandie au lieu de protéger l'Empereur brosse deux portraits : *avant* et *après* Tilsit.

« Le premier, maigre, sobre, d'une activité prodigieuse, insensible aux privations, comptant pour rien le bien-être et les jouissances matérielles, ne s'occupant que du succès de ses entreprises, prévoyant, prudent, excepté dans le moment où la passion l'emportait, sachant donner au hasard, mais lui enlevant tout ce que la prudence permet de prévoir [...].

« Le second, gras et lourd, sensuel et occupé de ses aises, jusqu'à en faire une affaire capitale, insouciant et craignant la fatigue, blasé sur tout, indifférent à tout, ne croyant à la vérité que lorsqu'elle se trouvait d'accord avec ses passions, ses intérêts et ses caprices, d'un orgueil satanique et d'un grand mépris pour les hommes, comptant pour rien les intérêts de l'humanité [...]. Sa sensibilité s'était émoussée sans le rendre méchant ; mais sa bonté n'était plus active, elle était toute passive. Son esprit était toujours le même, le plus vaste, le plus étendu, le plus profond, le plus productif qui fût jamais ; mais plus de volonté, plus de résolution et une mobilité qui ressemblait à de la faiblesse.

« Le Napoléon que j'ai peint d'abord a brillé jusqu'à Tilsit : c'est l'apogée de sa grandeur et l'époque de son plus grand éclat. L'autre lui a succédé, et le complément des aberrations de son orgueil a été la conséquence de son mariage avec Marie-Louise. »

« Combien je suis déchu. » Je jette un coup d'œil sur la pièce voisine. Un rai de lumière a tranché le plancher de la *camera obscura*. Les volets de la chambre de combustion sont fermés. Secouées par le vent, les lamelles de l'obturateur bloquent parfois le passage lumineux. Les intervalles de brillance embrasent la pièce d'un éclair blanc, comme un flash de magnésium. La brève illumination n'en souligne que plus sombrement l'atmosphère de mise au tombeau. Il faut puiser dans le mutisme inquiétant de Longwood, aussi éloquent que les autres témoignages, pour en extraire la secrète rumination, ce long écho effaré qui laisse un craquement dans les planchers, un chuintement sous les portes et ces plaintes étouffées près des fenêtres.

Au temps de la captivité, la somnolence de la maison était troublée par les rats qui répandaient un vacarme infernal. Ces rongeurs étaient d'une audace inouïe. Bertrand fut mordu cruellement à la main alors qu'il dormait. Ali raconte qu'un jour où il préparait un cataplasme dans une casserole, il s'était absenté quelques instants. Quand il revint, le contenu du récipient avait disparu, mangé par les rats. La cuiller s'était aussi volatilisée. Il la retrouva quatre jours plus tard dans un trou du grenier[1].

Le rat, acolyte du Diable et des sorcières. Le 5 octobre 1853, à Marine Terrace, Victor Hugo fait parler Napoléon Ier. Le guéridon à trois griffes hissé sur la grande table se met à tourner. À la suite de Marat, de Robespierre, l'esprit de l'Empereur apparaît. Évidemment, il se met à dicter. Le poète enregistre. « Ô idée, viens à mon aide ! » s'écrie Napoléon. Victor Hugo demande à son invité, qui de son vivant a toujours eu la passion des définitions, de caractériser Dieu. « Un regard infini dans un œil éternel », répond incontinent le spectre[2].

Le regard, l'œil… On n'en sort pas avec la vision chez un homme comme Napoléon. Le regard éperdu d'Eylau et de *La Dernière Phase*. Le cabinet de travail est bien le double de la chambre noire. Les deux mêmes lits. La même déposses-

1. Fonds Jourquin, inédit.
2. *Victor Hugo,* par Hubert Juin, tome II (1844-1870).

sion. Le même dépouillement. L'être dédoublé passe indistinctement d'une pièce à l'autre pour trouver le sommeil. Le suaire humide... L'affadissement des tropiques.

On prétend que Napoléon a été empoisonné, que Montholon lui aurait servi de l'arsenic. Le courtisan de Longwood n'avait pas besoin de se donner tant de mal. Il suffit de demeurer quelques heures dans le caveau du souvenir pour se rendre compte que le captif s'est intoxiqué lui-même avec son passé. Il s'est administré jour après jour, pendant cinq ans et demi, la ciguë du regret, essayant désespérément de retrouver la consistance des événements, l'âme des choses.

L'emmuré s'est inoculé jour après jour le venin de l'ennui, cette vacuité douloureuse qui ne parvient pas à trouver de sens. Au temps de sa gloire, il avait fait le vide autour de lui. L'Empire, c'est l'ennui, a prestement résumé Michelet. Le cœur brillant du monde ne se trouvait plus à Paris mais sur les champs de bataille. Il était déjà infecté par cette absence quand il régnait. « Il n'obtint rien. Le vide, le néant, ce nouveau roi du monde, le néant seul lui répondit », insiste encore Michelet. Un côté raide, militaire, guindé, protocolaire, ennuyeux, subsiste à Longwood. Le procédé d'accumulation, qui est la marque même des dictées, est souvent empreint d'une profusion morne, suite de détails assommants, empilement d'anecdotes sans intérêt.

Maurice Barrès, dans *Les Déracinés,* a comparé le Napoléon hélénien au roi Lear, persécuté par les éléments et par ses filles. « Ses filles, c'étaient ses idées, le souvenir de ses grandes actions. Il était fou de son génie. »

Aussi bien, tous les habitants de Longwood étaient bourrés de calomel, purgatif à base de mercure que le médecin O'Meara administrait systématiquement.

Sur le guéridon est posée une statuette de Vela : *Napoléon mourant.* Il est assis sur son fauteuil, visiblement il n'en a plus pour longtemps. Il tourne de l'œil grotesquement, arcbouté sur le dossier. La sculpture donne une note comique à la pièce qui en a bien besoin.

Que de guéridons, que de consoles à Longwood ! Les tables parleraient-elles comme à Marine Terrace ou à Hauteville House ? Chez Hugo, l'exil est peuplé d'âmes ; chez Napoléon, il est rempli de cadavres. Les deux proscrits étaient faits pour s'entendre. Selon Péguy, « il n'y a jamais eu un homme dans toute l'histoire du monde qui ait rendu autant de services à Victor Hugo que Napoléon Bonaparte ».

Une porte claque du côté de la salle à manger. Mal emboîtés, pièces et corridors déforment le moindre bruit dans un effet de réverbération. Je reconnais les pas mesurés, le cuir neuf des chaussures qui crissent sur le plancher. Il apparaît, le visage paisible, cigare éteint à la bouche et les cheveux en bataille.

– Alors, que pensez-vous du Napoléon de *La Dernière Phase* ?

– Cette peinture est vraiment envoûtante.

– Vous l'avez vue, je crois, à Plantation House. Eh bien ! un gouverneur de Sainte-Hélène a fait enlever ce tableau. Il haïssait Napoléon. C'est arrivé il n'y a pas si longtemps.

– Ne serait-ce pas un certain John Massingham ?

– Comment le savez-vous ?

– Je connais l'histoire. Il l'exécrait parce que, disait-il, il avait apporté en Europe une nouvelle forme de guerre... la guerre totale. Sur ce point, il n'avait pas tout à fait tort.

– D'accord, mais c'est mesquin. Je l'ai bien connu ce Massingham. Pas méchant homme... Je me suis bagarré avec lui pour une affaire de balançoires. Vous avez vu cette aire de jeux à l'entrée de Longwood ? Je lui ai fait part de mon mécontentement.

Il change de visage.

– Mais, dites-moi, vous cherchez le déclic comme le commissaire Maigret ? s'amuse-t-il d'une voix théâtrale.

– J'aimerais bien posséder son intuition.

– Je ne blague pas... Flairer chez les gens pour mieux les comprendre, ce n'est pas une mauvaise méthode. Peut-on jouer correctement Beethoven si on n'a pas rêvassé dans les lieux où il a vécu ?

– Vous devez comprendre Napoléon mieux que personne puisque vous vivez chez lui depuis quarante ans.

– Oh ! il n'y a pas que Napoléon. J'ai surtout quitté la France, ce vieux monde confit dans l'arthrose de son bien-être.

Il parle entre ses dents, marque un temps d'arrêt ; ses yeux sont plus impénétrables que jamais.

– Nous sommes à la recherche de ce qui pourra nous rendre plus sages et meilleurs. Sinon, quelle farce, la vie !

– Ce que vous cherchez, l'avez-vous trouvé à Sainte-Hélène ?

– Question éminemment indiscrète. Ah ! les bipèdes, soupire-t-il d'un ton las.

– Les bipèdes ?

– Oui, vous, moi, les êtres humains quoi !

Il a pris cet air réfrigérant que je commence à bien connaître. Puis il se met à réciter.

– « J'écrivais des silences, des nuits, je notais l'inexprimable. Je fixais des vertiges. » Cela correspond bien à ce cabinet de travail, vous ne trouvez pas ? À votre avis, qui a écrit cela ?

Il articule parfois les mots du bout de la langue. La bouche est presque fermée. Cette façon d'écorcher les consonnes lui donne un accent anglais.

– Vous ne devinez pas ?

– Ce n'est pas Napoléon en tout cas… L'inexprimable, fixer des vertiges, ce n'est pas son genre.

– Pas son genre ! Vous avez lu les *Cahiers* de Bertrand. À la fin surtout, c'est rempli d'images bizarres, de métaphores inconnues. Bon, ce n'est pas Napoléon… C'est Arthur Rimbaud.

– Deux voyants en somme…

– Savez-vous qu'Arthur Rimbaud a visité Longwood ? Il a vu ce cabinet de travail où vous êtes.

– Comment est-ce possible ? Je n'ai jamais entendu parler d'une telle visite. En plus, il détestait l'Empire, Napoléon III…

– C'est vrai. En tout cas, il est venu à Sainte-Hélène en 1876. C'est à l'époque où il était déserteur de l'armée coloniale des Indes néerlandaises. Il avait embarqué à Java à bord d'un navire britannique, le *Wandering Chief*, pour regagner l'Europe. En doublant le cap de Bonne-Espérance, le bateau qui avait essuyé une terrible tempête a perdu son mât. Il a donc été contraint de faire relâche à Sainte-Hélène pour y effectuer les réparations nécessaires.

Gilbert Martineau me raconte le séjour à Sainte-Hélène du poète des *Illuminations*. Alors que le *Wandering Chief* venait d'ancrer dans la baie de Jamestown, Rimbaud se laissa glisser à la mer pour gagner furtivement la terre ferme. Il n'avait pas les moyens de s'acquitter de la taxe d'une livre exigée pour pénétrer dans l'île. Une fois à terre, le jeune homme se mit en route pour Longwood.

– A-t-on la preuve qu'il a visité ces lieux ?

– Oui, il a signé le livre d'or. À cette époque, il y avait un gardien français, un certain Maréchal.

– Puis-je voir ce livre d'or ?

– Hélas ! non. Il a été dérobé après la dernière guerre. Mais je crois avoir retrouvé sa trace en Afrique du Sud. C'est la seule preuve que nous ayons. Rimbaud ne fait aucune allusion à cette visite pas plus d'ailleurs qu'à l'escale de Sainte-Hélène.

– Napoléon-Rimbaud, quelle curieuse conjonction !

– Je ne suis pas de votre avis. On peut admirer les deux. Je suis de ceux-là… Le nom de Jean Bourguignon vous dit-il quelque chose ?

– Ne serait-ce pas celui qui a édité les *Mémoires* de Marchand ?

– C'est cela même. Il fut le bras droit de Paul Painlevé pendant la Grande Guerre. Il fut aussi un très grand conservateur de Malmaison. Eh bien ! il avait deux passions : Napoléon et Rimbaud. Il connaissait très bien Isabelle, la sœur du poète. Son livre sur Rimbaud est capital. Il a été encensé par Mallarmé !…

Le ton, jusqu'alors détaché, s'anime de plus en plus. Je lui trouve même un air inspiré.

– Napoléon, Rimbaud : deux Prométhées. Deux âmes fortes. Le Harar est le Sainte-Hélène du poète. Sauf que lui a choisi son exil.

– C'est plutôt étonnant ce rapprochement. En tout cas, le regard est capital chez Napoléon. Rimbaud est aussi l'*homme qui a vu.*

Michel Martineau franchit le seuil du cabinet de travail.

– Pardonnez-moi d'interrompre cette intéressante discussion. Vous pourrez, si vous voulez, la continuer dans mon atelier…

– Je vous laisse, grogne le père. Le travail m'attend… J'ai perdu trop de temps.

C'est aimable pour moi. La voix est redevenue maussade. La bosse sourcilière se contracte, les yeux sont tout petits, sans aucune lueur de bienveillance. Il tourne le dos de son air bourru. Il était bien lancé pourtant. Je ne l'avais jamais vu aussi disert et engageant.

– Excusez-moi… La conversation semblait passionnante… Il ne vous a pas dit qu'il préparait une biographie de Rimbaud ? Quand il veut s'en donner la peine, mon père sait être éblouissant.

– C'est vrai… Mais il semble toujours ensuite s'en repentir.

– Que voulez-vous. C'est sa manière à lui de repousser les contradictions du monde extérieur. Être à la fois dedans et dehors…

– Est-ce pour cela qu'il a choisi Sainte-Hélène ?

– Il faudrait le lui demander… Mais il ne répondra pas. Il est très anglophile, en même temps il se comporte comme un Français. Sainte-Hélène est un des rares endroits au monde où il peut vivre cette dualité. L'âme britannique subsiste encore sur l'île. Vous avez pu vous en rendre compte : le respect de la forme, une tranquillité sûre d'elle-même…

– J'entends dire depuis mon arrivée que Sainte-Hélène est un musée. J'ai vu qu'on pratique encore ici l'*afternoon tea,* la danse du samedi soir, le rendez-vous en fin de journée au bar en bois du Consulate.

– Vous savez, mon père ne fréquente guère le bar du Consulate, badine Michel Martineau. Mais le fait est qu'il a choisi Sainte-Hélène par regret du passé. Il vit douloureusement une absence. Je crois que, chez lui, c'est la perte de la grandeur. Il est très désenchanté. Il a le sentiment que l'Histoire a déserté à jamais la vieille Europe. Il ne croit pas à la rédemption, il dit qu'on ne peut s'affranchir des choses qu'en s'acceptant. Peut-être se console-t-il ici de ce désenchantement.

– Voulez-vous dire que Sainte-Hélène recèle les deux derniers vestiges d'empire. L'Empire britannique et l'Empire napoléonien…

– C'est une manière de voir que partagerait probablement mon père. Il a atteint ici une certaine vérité. Il affirme souvent d'ailleurs que la vérité est toujours plus étrange que la fiction.

J'ai remarqué en effet la touche France libre que l'ancien officier de marine a mise dans ses appartements privés : photo du Général avec fanions sur le bureau, un côté solennel et feutré, militaire et bourru dont on peut voir encore quelques traces dans nos ambassades du bout du monde. Mystique de l'État et sobriété un peu appuyée des symboles.

Nous nous sommes arrêtés quelques instants dans la salle à manger dont l'unique fenêtre ouvre sur le jardin d'Ali. « C'est la pièce la plus triste et la plus sombre de la maison », souligne le consul. L'odeur d'humidité évoque la laine mouillée. S'y ajoute une note pharmaceutique, vaguement poivrée, entêtante qui semble assombrir un peu plus l'atmosphère pesante de la pièce.

Davantage que dans les autres parties de Longwood, on sent qu'ici une maladie secrète ronge les murs. Cette lente dévoration, on en éprouve les ravages dans la pauvreté des papiers peints, dans la médiocrité de l'ameublement. C'est le logis d'un notaire de province qui végète et tente néanmoins de sauver les apparences. La grande table qui vient de New Longwood, la desserte à dessus de marbre blanc portent la trace d'une splendeur passée. Ces meubles n'en font que plus ressentir la tristesse de ce chez-soi qui fleure le revers de fortune en même temps que le pathétique souci de tenir son rang. Le papier chinois à fond rouge et à fleurs d'or, copie exacte de la tenture posée en 1819, obscurcit et accentue l'atmosphère de caverne qui règne dans la pièce.

Le soir, la petite colonie de Longwood s'y retrouvait pour dîner. En grande livrée, Santini ou Cipriani ouvraient les portes, annonçaient avec solennité que l'Empereur était servi. Napoléon, au centre, s'asseyait le dos à la cheminée. Sur la table, l'argenterie à profusion brillait, éclairée par quatre candélabres garnis d'une multitude de bougies qui rendaient encore plus insupportable la moiteur étouffante. Au dessert paraissaient les couverts vermeil du fameux service de Sèvres dit des *Quartiers généraux*. D'ordinaire, le dîner était expédié en un quart d'heure, Napoléon n'aimant point perdre son temps à table. Lorsque des invités étaient présents, le repas excédait rarement quarante minutes. Le menu se composait d'un potage, d'un relevé, deux entrées, un rôt et deux entremets. Les fruits étaient rarement servis, le climat trop incertain de l'île empêchant les oranges, les abricots, les citrons d'arriver à maturité. Le pâtissier de l'Empereur utilisait en revanche les bananes qu'il préparait en beignets marinés dans du rhum[1].

Michel Martineau pose le plat de la main sur un appareil qui ressemble à un chauffage.

– Regardez cela. Nous en avons installé partout. C'est indispensable. Chaque nuit, ce déshumidificateur absorbe dix litres d'eau.

– Dix litres d'eau, c'est beaucoup !

– L'humidité est le mal qui ronge Longwood huit mois par an. Elle attaque tout. Il faut repeindre sans cesse, comme à bord des bateaux. À peine a-t-on terminé le dernier mur qu'il faut recommencer à l'autre bout.

– C'est donc l'humidité qui donne à ces pièces cette odeur si caractéristique.

– En partie… Je sais que vous vous intéressez beaucoup à cela. Mais il y a surtout le traitement que j'administre par seringue tous les trois mois.

– Un traitement !

– Contre les termites. Regardez le parquet. Près des murs,

1. Voir *L'Art de la cuisine française au dix-neuvième siècle*, Comptoir des Imprimeurs, 1847, tome Ier.

il y a des trous tous les trente centimètres. C'est dans ces trous que sont pratiquées les injections.

– Cette odeur médicinale que je ne parvenais pas à identifier. Ce n'est donc que ce produit inoculé dans le bois.

Je voudrais lui parler de l'eau de Cologne d'Ali que j'ai apportée avec moi à Sainte-Hélène, mais une sorte de respect humain m'en empêche – je ne lui ai que trop infligé mes marottes.

– L'odeur de Longwood n'est rien d'autre qu'un produit anti-termites. Prosaïque, n'est-ce pas ?

– Et les papiers peints ? J'imagine qu'il faut souvent les changer.

– Les papiers peints sont identiques à ceux qui existaient au temps de Napoléon. Pour les remplacer, c'est un vrai casse-tête. Sur le mur, il ne faut pas que le neuf jure avec l'ancien. Avant de coller, j'expose le papier au soleil pour qu'il se ternisse. C'est une opération très délicate qu'il faut surveiller à la minute. Bon, mais nous étions partis voir mon atelier.

Nous traversons une cour intérieure pour monter dans l'ancienne argenterie.

– Voilà mon domaine ! C'est plus confortable qu'au temps de Napoléon... On y accédait alors par une échelle de meunier.

Une toile représentant un bouquet de fleurs est posée sur un chevalet. Comme tous les ateliers de peintre, c'est un capharnaüm de pinceaux, de brosses, de chiffons multicolores, de mixtures et de tubes.

– Vous savez, je suis comme Marchand. Je ne me prends pas au sérieux.

Le trait de la nature morte est délicat, minutieux. Le sens de l'ombre et de la lumière concourt à une représentation à la fois exacte et mystérieuse. Le souci vrai du détail, l'enregistrement rigoureux de la réalité ont quelque chose d'onirique. Le peintre présente ses fleurs dans la pénombre pour mieux les faire rayonner.

– Alors, qu'en pensez-vous ?

– Vous êtes un faux naïf.

– Que voulez-vous dire ?

– Votre simplicité… En fait, c'est très élaboré.

– Non, il y a des gaucheries… Je les aime. C'est moi.

Il montre d'autres toiles. Les bouquets, les corbeilles de fruits sont presque toujours posés sur des accessoires réalistes tels qu'étagères, cartonniers, buffets en désordre. L'opposition entre la parfaite organisation végétale et ce bric-à-brac n'est pas sans rappeler l'atmosphère des *vanités* du XVIIe siècle.

– Eh bien ! je vous trouve perplexe.

– Je me disais que cette peinture était très influencée par la période de la captivité.

– Plaît-il ?

– Quand il se remémore son passé, Napoléon aime à évoquer les moments privilégiés. Il était très sensible au pur instant. Vos toiles rendent bien cette texture de l'instant. En même temps, elles s'inscrivent dans la durée.

– Vous avez raison, peindre est une manière pour moi de

lutter contre le temps. Lorsque j'ai refait les jardins selon leur plan d'origine et que les premières fleurs ont surgi, j'ai souhaité les peindre.

– Vous voyez bien ; vous avez voulu préserver ces fleurs de l'oubli et de la mort. Mais, dites-moi, les êtres humains sont singulièrement absents de votre œuvre.

– Mon œuvre ! comme vous y allez. Ce que vous dites là m'amuse. Je dois vous avouer que les fanatiques de Napoléon n'aiment pas trop mes fleurs.

– Pourquoi donc ?

– C'est facile à comprendre. Les fleurs de Sainte-Hélène, ça ne correspond pas à l'image de la souffrance qui doit être la représentation de Longwood. Regardez ces asters, ces hémérocalles, ces amaryllis… C'est beaucoup trop gai.

– Trop gai, je ne dirai pas cela, il y a dans ces natures mortes quelque chose d'inquiétant.

– Vous savez, il suffit de peindre ce que l'on voit pour tomber dans l'insolite.

– Qui vous a influencé ?

– Je vous l'ai dit, j'ai appris tout seul. Il est certain pourtant que la découverte des natures mortes florales de l'Ashmoelan Museum à Oxford m'a marqué. Vous voyez, les Anglais ont beaucoup compté pour moi. En 1993, ils m'ont même demandé d'exécuter une édition de cinq timbres pour la poste de l'île.

– Le consul de France qui réalise les timbres de Sainte-Hélène, ce n'est pas banal !

– D'autant que parmi les fleurs figurent les immortelles, un symbole de la captivité puisque, comme vous le savez, c'est lady Holland qui a eu l'idée d'envoyer ces fleurs à Napoléon en 1819. Elles se sont remarquablement bien acclimatées, on en voit partout dans l'île.

Les immortelles de Sainte-Hélène ne meurent jamais… Je me souviens de mon émotion au musée Napoléon de La Havane qui détient la plus belle collection de souvenirs de l'Empire en dehors de la France. Rassemblés avant la révolution cubaine par un richissime hanté par l'Empereur, ces objets sont présentés dans une villa de style toscan dont l'opulence tranche avec le délabrement de la vieille ville. À l'étage, une gardienne présente, enfermées dans une fiole, quelques immortelles cueillies à Sainte-Hélène. Les petites têtes d'or n'ont pas trop perdu leur éclat. J'ai reconnu le revêtement cotonneux et les petites feuilles enroulées sur leur bord. Au musée de La Pagerie à la Martinique, comme à Châteauroux, les immortelles de Sainte-Hélène sont aussi présentes. C'est le signe de reconnaissance de l'exil en même temps que l'attribut de la compassion.

– Vous dites qu'on voit des immortelles partout. Où sont-elles ? Dans le jardin ?

– Non. Plutôt à Deadwood.

– Deadwood ! Est-ce bien l'endroit où se trouvait la garnison anglaise chargée de surveiller Napoléon. Où est-ce ?

– C'est à l'ouest de la maison. Je vais vous montrer. Il y a aussi un golf. Un peu venteux comme vous le constaterez.

Longwood, qui n'était autrefois qu'une ferme située sur un plateau désert, a vu peu à peu des maisons s'élever. Puis un village est né. On ne soupçonne guère son existence quand on se trouve dans l'enceinte française. L'îlot de verdure n'est pas seulement protégé du monde extérieur, c'est aussi un lieu sanctifié, inviolable. Le Longwood français se tient à l'écart du trivial. La pompe à essence, l'épicerie, le bar Paradise, à l'entrée de la propriété, sont tenus soigneusement à distance.

Le Paradise : allusion à l'enfer de la captivité ? Ce serait trop beau. Le bar n'a rien d'enchanteur. Une vieille femme se tient à l'entrée. Elle a hérissé ses cheveux crépus et fait du tricot en se servant de deux aiguilles. Je lui trouve la physionomie d'une des trois Parques ; elle me regarde d'un air maternel et peste lorsqu'elle s'aperçoit que je ne veux pas entrer dans le sombre paradis.

Nous arrivons devant un cottage solitaire dont la façade est dissimulée par un immense camélia. De proportions élégantes, la demeure est établie sur un niveau de soubassement avec une véranda.

– Voilà la maison Bertrand, signale le consul. C'est dans ce logis que toute la famille s'est installée en octobre 1816. Des fenêtres du salon, on jouit d'une très bonne vue sur Deadwood. La maison de Napoléon n'est qu'à cent cinquante mètres. L'Empereur venait parfois dans ce pavillon pour regarder les revues ou les courses de chevaux organisées par la garnison anglaise. Personne ne pouvait le voir.

Comme à Longwood, il avait fait percer les volets pour y glisser l'extrémité de sa lorgnette.

Depuis le départ de Gourgaud, Napoléon se plaît à rendre visite aux Bertrand. Il est attendri par les garnements du grand-maréchal, dont il apprécie la spontanéité, l'entrain et la gaieté pourtant fort bruyante. C'est une des faces inattendues de sa personnalité dont on a eu un aperçu avec Betzy Balcombe. Il adore la compagnie des enfants. « Si l'on peut reprocher à Napoléon de la dureté, voire du calcul vis-à-vis de ses compagnons, du moins montre-t-il une grande bonhomie, une vraie gentillesse avec les petits, les enfants et les domestiques, sans doute parce qu'avec eux il n'a pas besoin de rappeler son rang, d'écarter la familiarité, de calculer attitudes et paroles en vue de l'avenir[1]. »

Pour ces petits démons, il a toutes les indulgences. Il leur fait confectionner des gâteaux et des sucreries par son pâtissier Pierron et passe de longs moments à s'amuser avec eux.

Le côté espiègle et provocant de Bonaparte resurgit dans l'exil. Il adore fausser compagnie, se cacher, pour faire bisquer Hudson Lowe. Une de ses distractions favorites est de mettre dans l'embarras ses domestiques en leur faisant douter de la fidélité de leurs compagnes. Le goût de la blague s'accentue d'ailleurs à proportion de sa mélancolie. Les funèbres ruminations, et le désenchantement qui l'accompagne, libèrent

1. Octave Aubry, *Sainte-Hélène*, tome II.

parfois chez lui une verve vengeresse. C'est comme une vaste moquerie jetée à la face du monde qui l'a abandonné. Cette posture lui permet sans doute de vaincre son désarroi et d'adopter, face au malheur et à la nature humaine qu'il méprise, une attitude distante et dominatrice. Ses boutades n'épargnent aucun membre de la petite cour. Bertrand est « une bête », Montholon, « un jean-foutre ». Il raille l'élégance de leurs épouses qu'il compare à « des blanchisseuses ». Cela ne signifie pas qu'il soit méchant. Il asticote par ennui. Cette rudesse, qu'il est le seul à trouver drôle, il l'a toujours pratiquée pour inciter aussi autrui à se démasquer. Au temps de Las Cases, il ne résistait pas à la tentation de lui faire des farces, composant par exemple des lettres de son cru qui plongeaient dans la perplexité l'ancien chambellan. C'était le but recherché. En cachette, le facétieux grand homme observait ses réactions. Un jour que Bertrand refusait de se ranger à ses arguments, il s'amusa à lui sauter à la gorge en s'écriant :

– La bourse ou la vie. Aristocrate !

Une balançoire, des jouets en désordre sur les marches et des babils indiquent que la maison Bertrand est restée le royaume des enfants. Nous contournons le muret de Longwood pour passer devant une école. Le terrain de golf, telle une coulée verte, offre son ruissellement satiné vers la mer. Vision de désolation ; le débordement du vent souligne la nudité de la pelouse. La dureté de l'alizé a tondu ici la végétation. Noir violacé des rochers sur fond d'océan couleur aubergine : terre sans parure, sans revêtement. Deadwood, finistère indécis, extrémité stérile ouverte sur la lymphe immobile de la mer.

Les deux masses du Flagstaff et du Barn que le captif apercevait depuis les fenêtres de sa chambre emprisonnent l'horizon. Le Flagstaff, la montagne-espion chargée de surveiller le captif : à son sommet, un sémaphore transmettait à Hudson Lowe les faits et gestes de Bonaparte : « Tout va bien » ; « Le général est souffrant » ; « Il a franchi la limite des quatre milles » ; etc. La couleur bleue, hantise du geôlier, signifiait : « Le général a disparu. » Elle ne fut jamais utilisée. L'entablement du Barn (« la grange »), blockhaus cyclopéen, surcharge l'horizon.

La lande est parsemée de petites touffes dorées. Je reconnais les immortelles de lady Holland et leurs petits capitules jaunes. Le consul cueille une fleur, me la fait sentir. Elle n'a aucun parfum. J'essaie en vain de capter l'odeur de carry indien et de miel, ce parfum si entêtant qui embaume en été le maquis corse et la lande des îles bretonnes. La chaleur, l'humidité des tropiques ont anéanti la saveur piquante et poivrée. Sainte-Hélène n'extermine pas ce qui vient d'ailleurs, elle se contente d'amoindrir, de désagréger, de stériliser. La moiteur travaille à corrompre pour mieux dénaturer. Au temps de Napoléon, la mortalité des soldats établis à Deadwood était quatre fois plus élevée qu'ailleurs[1].

1. Guy Godlewski, *op. cit.*

– Où sont les fameux gommiers dont Las Cases ne cesse de parler au cours de la captivité ?

– Ils ont pratiquement disparu de l'île, répond le consul. Je vais vous montrer l'un des derniers survivants.

Au milieu du terrain de golf, un arbre étendu de tout son long exhale son dernier souffle. Le maigre feuillage hoquette au vent. Un parpaing et une béquille soutiennent le tronc placé à l'horizontale dans la direction de l'alizé. Les déflagrations des lames éclatant sur la falaise claquent sourdement au loin.

Un joueur de golf solitaire a posé son caddy et tente de placer la balle qui ne cesse de trembler et d'onduler sous les coups de butoir du vent. Nous nous arrêtons, fascinés par le spectacle. Entre deux rafales, il réussit à envoyer la balle qui tournoie dans l'air, recule et, d'une convulsion, est aspirée vers le ciel comme une feuille. Puis, dans un soubresaut, elle glisse à toute vitesse dans la mer.

Effrayé, le golfeur remet rapidement sa canne dans la housse. Son visage est blême.

En 1676, l'astronome anglais Edmund Halley, qui donna son nom à la fameuse comète, débarqua à Sainte-Hélène pour y écrire un traité capital de météorologie. L'observation des alizés de Sainte-Hélène lui permit de détecter l'origine des vents et de poser la théorie sur les déplacements d'air à l'échelle mondiale. Il séjourna deux années dans l'île, captivé par l'étrangeté du temps. L'anticyclone de Sainte-Hélène, aussi insaisissable que celui des Açores, marque la physionomie du rocher. Tous les paysages cohabitent sans qu'un caractère parvienne à s'imposer.

Avant de redescendre à Jamestown, l'idée me vient de visiter le poste de police de Longwood, un modeste pavillon au toit de tôle avec une barrière en bois à l'entrée. Un homme basané vêtu d'un uniforme m'accueille. Sa casquette à damier blanc et noir est soigneusement vissée au milieu du front. Il s'appelle George Merlin et n'a aucune opinion sur l'illustre voisin qui habita le plateau. Seule la construction de l'aéroport le passionne. Il aimerait que l'on retînt le site de Prosperous Bay, à l'est de l'île.

– Si le projet aboutit, Longwood deviendra la première localité de Sainte-Hélène, s'enthousiasme-t-il.

Comme tous les gens de l'île, il prononce « Heleena » à la manière portugaise – les Saints ont un accent particulier, par exemple, ils disent *dar* pour *there* ; *noin* pour *nine* ; *dour* pour *door*.

– Vous savez qu'avant Napoléon votre village n'existait pas. Il n'y avait qu'une ferme. C'est sa présence et celle des soldats qui le surveillaient qui sont à l'origine de l'agglomération.

– Vous dites cela parce que vous êtes français, s'esclaffe-t-il.

– Non, non, c'est la vérité. Vous pouvez vérifier.

– Bon, je ne sais pas s'il a été malheureux. Je ne sais

qu'une chose : le temps à Longwood est misérable. Je ne les aime pas, ces nuages…

Il ne sourit plus et me fixe sans paraître me voir.

– On est hors du monde ici… Ce n'est pas un séjour céleste.

HUITIÈME JOUR

Partie de pêche à Rupert's Bay. – Les lunettes noires d'Amy. – Son air de prédateur. – « Monsieur l'incollable ». – Finir à Belle-Île. – Encore un spectre ! – Les tournants héléniens. – « La petite caravane ». – Napoléon jardine. – Marchand a peint l'invisible. – 1820, l'impénétrable année. – L'éternité inhumaine de Sandy Bay. – Dernière sortie à Mount Pleasant. – Les Portes du Chaos. – Le *Phormium Tenax.* – Hercule Poirot ou Maigret ? – « Napoléon était un imposteur ! » – Visite à Radio St. Helena. – Amy fait encore des siennes. – Ma dernière visite à Longwood. – Le tape-cul. – Je débouche le flacon d'eau de Cologne.

I

La mer montante pousse mollement les galets noirs brillants comme des boulets de charbon. Trois hommes pêchent à la ligne face à Rupert's Bay, près de Jamestown. Un quatrième, assis sur les rochers, non loin de batteries en ruines, observe le spectacle avec ennui. On peut certes se moquer du manque de conviction des trois pêcheurs qui ne retrouvent une certaine énergie que lorsque les fils s'emmêlent. Les trois hommes sont côte à côte. Les disputes surviennent fréquemment. Malgré leur absence d'enthousiasme, le poisson mord et les sacs de plastique qui font usage de paniers se remplissent à vue d'œil.

Les trois pêcheurs sont des prisonniers. Le quatrième est leur gardien. Le Hollandais, capitaine du *Frontier* intercepté avec sa cargaison de cannabis, ne fait pas partie du groupe. Ce n'est pas dans l'habitude des détenus d'afficher des mines réjouies, mais ces trois-là paraissent fort moroses. L'un d'eux, coiffé d'une casquette de base-ball, ne parvient pas à arracher l'hameçon et déchire avec impatience la tête du poisson. Je l'interroge sur les conditions de détention.

– C'est bien, résume-t-il d'une voix dégoûtée.

– C'est bien, mais on n'est pas libre, renchérit le deuxième.

– Il paraît que vous pouvez sortir de prison quand vous voulez !

– Oui… Enfin, il y a un règlement.

– Est-il vrai que vous pouvez vous baigner aussi dans la mer ?

– Oui, oui, tout cela est vrai. Nous avons beaucoup d'avantages. Nous prenons des leçons de natation dans la piscine municipale. Nous pouvons jouer au football dans le terrain de l'école. Appelez cela des privilèges, mais nous restons malgré tout des prisonniers.

– Beaucoup de détenus pourtant vous envieraient…

Il s'énerve, bégaie, désigne vaguement l'océan d'un air découragé.

Je viens de comprendre que ces détenus sont dans la même situation que Napoléon. L'Empereur pouvait se promener à sa guise dans Sainte-Hélène – permission dont il ne voulut jamais user. Cette liberté n'en était pas une dès lors qu'il comprit que l'isolement absolu de l'île en faisait une vraie ratière. Ces prisonniers sont condamnés à la liberté dans un cachot de cent vingt-deux kilomètres carrés.

– Une île, c'est quand même plus vaste qu'une cellule, fais-je.

– On a aussi la cellule…

– Mais vous n'y êtes pas enfermés pendant la journée !

– Ça dépend... Non, non, on ne se plaint pas, bredouille-t-il avec une expression malheureuse.

– Hello ! Quelle surprise !...

La voix impérieuse, veloutée, glousse derrière moi. Mes deux amies me saluent avec transports. Le visage d'Amy est hâlé, elle porte d'élégantes lunettes de soleil dans le genre Greta Garbo dernière période. Sa suivante est coiffée d'un turban. Elles semblent en forme, excitées même, si charmées de me voir que je m'en veux de les battre froid.

– Nous sommes si heureuses... Demain, adieu Sainte-Hélène. De ma vie je n'ai jamais connu un endroit aussi assommant.

Je parie que l'autre va dire : « Tu exagères, Amy. »

– Tu exagères encore, Amy. Nous avons passé de bons moments. Tu es si impatiente...

– Ah oui ! riposte Amy d'un air rosse. Figurez-vous qu'elle a voulu retourner à Longwood. Je l'ai laissée y aller toute seule. Revoir cette bicoque !... En plus, elle n'a même pas osé entrer. Qu'est-ce qui t'a pris ? murmure-t-elle en s'adressant à sa compagne comme à un enfant pris en défaut. Oh ! elle est si sentimentale ! Dieu, qu'elle m'agace avec son Napoléon !

La suivante se contient, puis l'expression de son visage change brusquement.

– Tais-toi donc, explose-t-elle. Nous nous promenons dans l'île depuis une semaine, eh bien ! tu n'as rien vu. Oh ! Amy, tu es si égoïste, si aveugle, si odieuse...

Les trois prisonniers ont cessé de lancer leur ligne et

regardent la scène avec une stupeur amusée. Le gardien n'a plus son air blasé. Je connais par cœur le numéro des vieilles Anglaises. Leurs fausses disputes au début m'ont abusé. Alors que je tente de m'esquiver au milieu d'une querelle, Amy m'interpelle :

– Ah non ! vous n'allez pas vous échapper comme cela. C'est lâche ! Restez, je vous en prie.

Le ton cassant fait place à une voix de petite fille suppliante et sournoise.

– S'il vous plaît !

– C'est que le bateau lève l'ancre demain... Et je ne connais de l'île que Longwood, Jamestown et Plantation House. Le temps presse... J'aimerais faire rapidement un tour du côté de Sandy Bay, voir peut-être le pic de Diane.

– Emmenez-nous, intervient la suivante. (Sa voix claire, un peu grêle contraste avec les expressions cabotines et les afféteries d'Amy.) Nous serons sages, déclare-t-elle s'adressant à sa compagne comme pour lui clouer le bec. Je vous le promets.

– Bon, bon, c'est entendu, dis-je fataliste.

Je souris à la suivante, lui signifiant que c'est bien à elle seule que j'accorde cette faveur.

Le manège n'a pas échappé à Amy qui reprend son air teigne et hypocrite. Le nez aquilin, les ridules à la commissure des lèvres lui donnent une expression dure, à la fois contenue et rageuse.

– Que pêchent ces gens ? dit-elle d'un ton doucereux en désignant les prisonniers qui se remettent à lancer leur ligne.

– Je n'en sais rien… Ils pêchent surtout pour s'occuper. Ce sont des prisonniers.

– Des prisonniers, oh non !

Le démon de la curiosité se traduit chez elle par une mimique gourmande, presque avide. Elle les regarde d'une façon indiscrète et vorace comme s'ils étaient des bêtes de foire. Ou des proies. Elle m'évoque un oiseau prédateur. La souveraineté de ses manières, l'affectueuse férocité de son comportement ont quelque chose d'inhumain.

– Ils ont la chance de n'être pas bouclés. Des prisonniers en liberté, ce n'est pas banal !

– En liberté ! Je ne crois pas. Et leur chance est toute relative.

– Mais regardez donc le spectacle. Ils sont vraiment heureux. C'est extraordinaire : l'océan, le gardien qui dort sur les rochers…

– Oui, mais ce sont des prisonniers sans espoir. Le gardien peut dormir car il sait qu'ils ne pourront jamais s'échapper.

– Eh bien, quoi ! coupe-t-elle d'un ton impatient.

– Un prisonnier qui n'a plus d'espoir est comme mort.

– Ah oui ! monsieur l'incollable. Qu'en savez-vous ? Vous connaissez tout sur Napoléon, maintenant vous discourez sur la détention comme un pédant.

Je m'abstiens de répondre et tourne le dos à Amy. La suivante me scrute d'un air bizarre.

2

Le coup de grâce viendra d'Aix-la-Chapelle, l'ancienne capitale impériale de Charlemagne. À la fin du mois de septembre 1818 s'y réunit le premier Congrès de la Sainte-Alliance. La France, représentée par le duc de Richelieu, obtient le départ des troupes d'occupation. Que faire de Bonaparte ? C'est la question posée aux puissances européennes. L'estocade sera donnée par un Corse passé au service du tsar, Pozzo di Borgo, ennemi juré de la famille Bonaparte. Les délégués entérinent les recommandations du plénipotentiaire russe qui justifie les mesures prises à l'encontre du prisonnier. La sévérité du geôlier reçoit l'approbation des participants qui encouragent même les Anglais à renforcer leur vigilance.

Napoléon est anéanti. Il avait fondé de grands espoirs sur cette conférence et misé sur la modération de son beau-père, l'empereur d'Autriche, ainsi que sur la bienveillance d'Alexandre Ier.

Dès janvier 1819, les journaux arrivés de Londres lui avaient fait pressentir le verdict. Le protocole du congrès d'Aix lui sera officiellement communiqué le 26 mai 1819. Napoléon sait désormais qu'il est condamné, qu'il ne quittera plus Sainte-Hélène. Il avait caressé le rêve de finir ses jours à Malte et même à Belle-Île. Il est privé du bien le plus précieux qu'entretient et cajole tout captif, l'espoir. L'espoir, ce qui reste au prisonnier quand il a tout perdu. Il n'a plus rien. « Vingt ans vertigineux aboutissaient à ce néant[1]. »

Le travail de recomposition qui permettait jusqu'alors de dominer l'infortune va l'intéresser de moins en moins. L'or du temps s'est à jamais terni. La charge narrative des dictées est retombée. Il éprouve une lassitude croissante à ressusciter le « pur instant ». Il n'est plus à présent qu'un homme, qu'un rôle, qu'un figurant.

Deux ou trois fois par jour, il se plonge dans son bain. L'engourdissement a envahi son âme. « Si vous ne calmez pas votre imagination, vous deviendrez fou », avait-il dit à Gourgaud. Les nuits du captif sont de plus en plus agitées. Son état de santé, qui avait commencé à se dégrader vers le milieu de l'année 1817, s'aggrave. La douleur au côté droit, symptôme de troubles hépatiques, s'exacerbe dans la nuit du 16 au 17 janvier 1819. Le malade perd connaissance. Crise d'autant plus alarmante qu'il n'a plus de médecin, O'Meara ayant été chassé par Hudson Lowe en juillet 1818. Cette nouvelle attaque oblige le malade à réclamer les services du docteur Stokoe, médecin du *Conqueror*, ancré en rade de Jamestown. Le chirurgien confirme l'hépatite décelée par O'Meara. Mais, après la quatrième visite du médecin à Longwood, Lowe, qui le soupçonne d'être de mèche avec les Français, lui défend de revoir son patient et le fait renvoyer en Angleterre.

1. Octave Aubry, *op. cit.*

Le capitaine Nicholls, l'officier de service chargé de s'assurer de la présence du prisonnier, a beaucoup de difficultés à s'acquitter de sa mission. Napoléon est devenu invisible. Un jour, Bertrand lui montre par la fenêtre ouverte l'Empereur dans sa baignoire. Il a de l'eau jusqu'au cou. Nicholls lui trouve « une figure de spectre ». L'eau tiède l'apaise. Hébété et suant au sortir du bain, il s'étend sur le sofa et regarde ruisseler la pluie sur les vitres de sa chambre.

De santé délicate, Mme de Montholon va réussir à convaincre l'Empereur de la nécessité de son départ. Cependant, le captif est parvenu à dissuader son mari de partir avec elle. Albine est munie de nombreuses lettres de change payables par la famille impériale. Napoléon a aussi assuré les Montholon de sa générosité dans les dispositions testamentaires.

Ce départ lui coûtera beaucoup. Il s'était habitué à la grâce familière d'Albine, à sa patience, à sa complaisance. « Le dernier sourire de la captivité », résumera Aubry.

Le jour où elle quittera Longwood (2 juillet 1819), Napoléon aura du mal à cacher son désarroi. Sans être vu, derrière un rideau, il observe le départ de Mme Montholon. Il voit son dernier regard sur l'habitation. Montholon assure que ce jour-là l'Empereur pleura « pour la première fois de sa vie ». À Marchand, il s'écrie le cœur serré : « Vous retournerez en Europe, vous reverrez vos familles. Montholon retrouvera sa femme et ses enfants, toi, ta mère. » Et la mort dans l'âme, il ajoute : « Je serai mort, abandonné dans cette solitude. »

Contre un tel chagrin, il n'y a qu'une consolation : le bain. Il se déshabille et se plonge avec délice dans l'eau chaude et tranquillisante. Puis il dîne seul. Ce soir-là, deux rats traversent la salle à manger et manquent de le faire trébucher. À Longwood, les rats sont un fléau auquel on a fini par s'habituer. Ils sont si nombreux qu'ils garnissent le pavé « de manière à le rendre noir » (Marchand).

Octave Aubry affirme que les jours qui suivirent furent « les plus sombres peut-être qu'ait connus Napoléon ». La fuite d'Albine a toutes les allures d'un sauve-qui-peut. Elle marque un nouveau tournant dans la captivité. Il y a beaucoup de tournants dans le dénouement du drame hélénien. Curieusement, ces bouleversements, s'ils semblent tous aboutir à la fin, ont un caractère circulaire, clos comme si ces abandons à répétition revenaient interminablement à leur point de départ. Napoléon est enfermé dans ce cercle vicieux.

Pourtant, la débandade paraît devoir s'interrompre avec l'arrivée, en septembre 1819, de la « petite caravane » composée des abbés Buonavita et Vignali, ainsi que du docteur Antonmarchi. Le captif a tôt fait de juger ces nouveaux venus envoyés de Rome par le cardinal Fesch, l'oncle de l'Empereur. « Ma famille ne m'envoie que des brutes. » Âgé de cinquante-sept ans, Buonavita est un homme simple, un peu ahuri. Vignali ressemble plus à un berger corse qu'à un ecclésiastique. Quant à Antonmarchi, Napoléon l'estime « jeune et présomptueux ». Il juge que le chirurgien n'a pas les qualités requises pour exercer la médecine. La déconvenue du prisonnier est immense. Il croit que sa famille se désintéresse de son sort.

Longwood va connaître pourtant une certaine animation. Au début de la captivité, Napoléon regrettait l'absence d'office le dimanche, un jour à Longwood encore plus morne que les autres. « Si nous avions un prêtre… Cela nous eût fait passer un instant de la journée ! » soupirait le captif.

La messe, célébrée au salon le dimanche après l'arrivée des deux prêtres, est un événement. Elle se déroulera ensuite dans la salle à manger. Quand l'Empereur n'est pas bien, il assiste à l'office couché depuis son cabinet de travail.

Antonmarchi, qui a constaté le manque d'activité du captif, l'encourage à sortir, à faire des exercices. Il lui suggère de jardiner. À Brienne, le jeune Bonaparte cultivait avec passion le lopin de terre qu'on attribuait à chaque élève. Est-ce ce souvenir qui lui fait accepter l'idée avec enthousiasme ? D'octobre à décembre 1819, Longwood est pris d'une fièvre. On défonce la terre, on plante, on sème, on ratisse, on gazonne. « Jamais Longwood n'avait été aussi animé qu'il le fut pendant ces travaux de jardin », note Ali. Napoléon trace les parterres, délimite les jardins, gronde son monde. Le meilleur moment pour lui : l'arrosage. Il éprouve une joie enfantine à faire couler l'eau dans les rigoles. Il adore tenir le tuyau et diriger le jet. Ali remarque que jamais l'Empereur n'a été en si bonne forme. Peu à peu on s'aperçoit que les légumes poussent mal. Puis la sécheresse et les insectes viendront tout ravager. Alors, le captif commence à se désintéresser de ces travaux. Longwood retombe dans sa torpeur.

Le 1er janvier 1820, en guise d'étrennes, Marchand offre à son maître une aquarelle qu'il a peinte en cachette. Tous les détails de Longwood, métamorphosé après les travaux de jardinage, sont représentés avec un grand souci d'exactitude. Napoléon est sur le seuil de la véranda. À droite, les deux prêtres Buonavita et Vignali se promenent dans une allée tandis qu'à gauche Mme Bertrand surveille ses enfants. Œuvre naïve. Si le dessin est maladroit, Marchand possède un réel talent de coloriste. Pourquoi cet instantané dégage-t-il un tel sentiment d'étrangeté ? Sous les dehors rassurants de la scène, on sent l'imminence de la catastrophe. Derrière le décor bucolique, la mort se tient cachée. À moins que ce ne soit l'inconnu en noir s'avançant vers la véranda. La présence de ce personnage intrigue. Il ressemble étrangement à Napoléon. Cet *autre* qu'il entrevoit, son double, est le messager funèbre. À sa façon, Marchand a tenté de désigner la Parque.

Si nous pouvions pénétrer la pensée du prisonnier, qu'y trouverions-nous en cette année 1820 ? Probablement un sentiment de vide, d'accablement, de dégoût. Les ombres obscurcissent peu à peu la petite chambre noire. Il avait repoussé la souffrance en donnant un sens à ses épreuves ! À présent, son exaltation est retombée, le temps s'est fossilisé. Le regard songeur qui fixe le mur vide ou les flammes de la cheminée devient prostré. Les heures flottantes s'écoulent sans qu'il parvienne à reprendre le fil du passé. Parfois, un anniversaire déclenche la machine du souvenir. Le 18 juin 1820, jour de Waterloo, il recommence pour la centième fois la bataille. « J'avais soixante et onze mille hommes en ligne, les Alliés en avaient près de cent mille, et j'ai été sur le point de les battre. » Il ne se fait pas à l'idée d'avoir été vaincu. Waterloo est la chose perdue, nécessaire. Objet de sa haine, jouissance malsaine et indispensable qui lui fait mal, le ronge. Il se plaint d'être apathique, barbouillé. Antonmarchi parle de troubles de l'estomac, ce qui suscite la colère de Napoléon.

Le maître de Longwood s'inquiète non seulement de sa santé, mais sent aussi rôder autour de lui un malaise trop familier : le désir de fuite. La femme de Bertrand ne peut plus supporter Sainte-Hélène, elle veut partir. « Faites-lui encore un enfant. Cela retardera toujours votre départ d'un an, et lui servira aussi de distraction », conseille crûment Napoléon. En juillet, le grand-maréchal est résolu à s'en aller, puis il renonce. Montholon, lui aussi, veut quitter Longwood, mais, plus ondoyant, il procède par allusions. Napoléon ne jure que par lui. Cruellement, il déclare un jour au pauvre Bertrand : « Toute ma confiance est en Montholon. »

Il est de plus en plus sombre et garde obstinément la chambre. À Antonmarchi qui le supplie de se lever, il répond : « Ah ! docteur, laissez, on est heureux quand on dort ! » Il n'a pas envie de se promener dans le jardin.

– L'air me fait mal, déclare-t-il douloureusement.

Des six années de la captivité, 1820 est la plus impénétrable. Longwood s'est dépeuplé. Bertrand n'écrit plus son journal, il le reprendra en 1821. Les seules sources sérieuses dont on dispose pour cette période proviennent de Marchand et d'Ali – le témoignage de Montholon écrit tardivement est plus que douteux.

1820, année vide, mystérieuse, morbide. Il ne sort plus aucun son de la maison, les persiennes sont à jamais closes, la végétation a envahi peu à peu les jardins. Longwood, empire de l'absence.

3

Sandy Bay. Ossements, galets, épaves, talus d'algues sur le sable noir. La mer hostile a peu à peu démantelé le relief tubulaire de basalte. Une sorte de désordre primitif, de zéro historique, d'indifférence originelle. Tous les dégradés du noir et du gris déploient leur insignifiance. Plage morte, mer d'étain. L'éternité inhumaine de la nature. Tout en se renversant sur le rivage, les vagues vomissent une écume abondante. L'eau laiteuse adhère aux cailloux et dépose sur la grève une trace de mucus. Les bulles de mousse se soulèvent puis crèvent en déposant des filaments argentés.

Napoléon n'a jamais foulé la crique désolée mais, depuis Mount Pleasant, il a contemplé le monumental amphithéâtre dégringolant vers la baie bordée de son liséré noir. Le

4 octobre 1820, il décide enfin de sortir de Longwood. Il veut revoir la partie de l'île découverte le 6 janvier 1816, moment énigmatique où, semant ses gardiens, il avait, en compagnie de Gourgaud, inspecté la côte, vérifié peut-être le système de défense anglais.

Cette escapade, il la fait cette fois au grand jour, accompagné de Bertrand et de Montholon. Départ de bon matin. Bientôt fatigué, Napoléon demande la permission au propriétaire de Mount Pleasant de se reposer chez lui. Un déjeuner est improvisé à l'ombre des cèdres et des cyprès. Taquin comme à son habitude, l'Empereur demande avec insistance à son hôte s'il lui arrive de s'enivrer. Il fait poser la même question par Bertrand à l'épouse du maître des lieux. On boit du champagne. L'Anglais est frappé par l'embonpoint du captif « aussi gras et aussi rond qu'un cochon de la Chine ». De cette promenade, Napoléon revient harassé. Ce sera sa dernière sortie hors de l'enceinte de Longwood. Il n'a plus que huit mois à vivre.

C'est à présent un homme difforme, prématurément vieilli. Le visage est bouffi. Le teint de plus en plus jaune. Il néglige sa mise. Il marche en se dandinant, s'essouffle rapidement. Ses démêlés avec Hudson Lowe ont même perdu de leur virulence. Napoléon est las. Une douleur aiguë au côté qu'il compare à la pointe d'un canif le martyrise. Il vomit et accuse une toux sèche. « Je m'éteins, je le sens. Mon heure a sonné… Je ne suis plus rien, mes forces, mes facultés m'abandonnent. »

– Oh ! c'est triste à pleurer, votre histoire, s'écrie la suivante, bouleversée, à qui je raconte la visite à Mount Pleasant.

Assise à l'arrière, Amy fait la tête. Elle n'a pas ouvert la bouche depuis notre départ de Jamestown. À mes côtés, sa compagne consulte la carte, indique le chemin sobrement, avec beaucoup de sûreté. Nous suivons la même route que Napoléon. Le Fairy Land porte bien son nom. Les fées ont daigné enfin se pencher sur Sainte-Hélène. Au moins sur ce coin : corbeille multicolore de camélias, d'arums, de daturas. Au loin, la mer avec la tache violette des fosses profondes paraît apaisée, presque repue. Solitude absolue. Les montagnes crénelées, les tours de basalte effondrées, les précipices vertigineux, les coups de canon de la mer rappellent cependant la nature profonde de la prison maritime.

La suivante signale les cirques qui ont pour nom les Portes du Chaos, la Femme de Loth, le Jardin du Diable. Paysages nus d'oued, larges coulées de rochers éclatés : les ruines d'un paradis terrestre sur lequel s'agrippent encore quelques fleurs et arbres pétrifiés. Je reconnais, pareils à des méduses, les orteils de bébé et leurs fleurs blanches. Le visage de Sandy Bay est double. La face lumineuse cache un envers noir, brûlé de l'intérieur, plutonien. L'extase, le magma.

Au retour, nous faisons halte au pied du pic de Diane, le sommet de l'île (820 mètres), couvert de plantes aux longues feuilles pointues.

– Le flax. Nous en avons vu en Nouvelle-Zélande, Amy, dit la suivante, enthousiaste.

– Le flax ! De quoi parles-tu ? Je ne me souviens pas, répond froidement Amy.

– Mais si. Rappelle-toi, le *Phormium Tenax*, c'est une plante qui sert à faire le chanvre.

– Tu sais bien que je ne m'intéresse pas à ces choses-là, rétorque Amy, le visage écœuré.

Le flax... On m'en a déjà parlé à Jamestown. L'âge d'or de Sainte-Hélène. Originaire de Nouvelle-Zélande, cette plante textile marqua la prospérité de l'île pendant un siècle. Une fois coupées, les feuilles étaient effilochées, lavées et séchées. Les fibres ensuite pressées mécaniquement. Le chanvre était destiné à la fabrication de cordages. L'apparition des tissus synthétiques ruina, après la guerre, les moulins à flax. On soupçonne aujourd'hui cette plante d'être à l'origine de phénomènes allergiques parmi la population. Une bonne partie des Saints souffre d'asthme.

Le consul m'a montré, près de Longwood, les vestiges d'une canalisation en argile qui partait du pic de Diane. Hudson Lowe l'avait fait construire pour alimenter en eau Napoléon et sa suite. J'essaie de retrouver les traces de la rigole près d'une source, mais la végétation est trop touffue. Nous remontons dans la voiture.

– Mais à quoi cela vous sert-il de retrouver ce pipeline ?

Enfin, Amy consent à parler. Elle attaque avec son style

mordant habituel et son sourire caressant, de plus en plus automatique.

– Je ne comprends pas chez vous, comment dire… ce fétichisme du lieu, cette obsession que vous avez pour les vestiges. Je vous ai étudié depuis le début, ah oui ! Quelle prétention ! Mais pour qui vous prenez-vous ? Une sorte d'Hercule Poirot, qui remonte le temps ?

– Pour le fétichisme du lieu, vous avez raison. Mais, pour Hercule Poirot, vous avez tort. Ce qui m'excite justement, c'est ce passé que je n'atteindrai jamais, le pittoresque que je ne pourrai jamais reconstituer. Comprenez-vous que c'est ce *jamais*, définitif, irréparable, sans retour qui m'exalte ? D'ailleurs, vous vous trompez, ce n'est pas l'indice que je recherche mais l'imprégnation. Connaissez-vous le commissaire Maigret ?

Elle acquiesce.

– Eh bien ! je serais plutôt de son école. Sentir, humer. Absorber les bruits, les odeurs, les images. C'est le dépôt qui se forme sur le passé qui me passionne. La coloration, le vernis qui recouvrent les objets et les lieux. Mais la patine du passé, on ne peut l'enlever. Cette impossibilité matérielle me fascine. Saisissez-vous cette contradiction ?

– Non. Mais j'aime bien votre commissaire Maigret. Il est si français ! Ce que vous me racontez aussi est très français. Il vous faut à tout prix heurter le bon sens. Votre passion pour le paradoxe… C'est votre manière à vous, Français, de vous croire intelligents.

– Que voulez-vous dire ?

– Oh ! Vous le savez bien. Tenir le vrai pour le faux, l'erreur pour une vérité provisoire. Vous avez le don pour cela, vous les Français. Prenez votre Napoléon ! Vous semblez croire que je ne m'intéresse qu'à sa vie privée. Que je suis une vieille toupie un peu frivole. Mais je l'ai bien étudié, votre grand homme. En fin de compte, c'était un imposteur. Il vous a trompés, vous le savez bien, et vous adorez cela. Il est vrai que nous avons beaucoup contribué, nous Anglais, à cette mystification en le persécutant.

Elle marque un temps d'arrêt.

– Le passé m'ennuie, dit-elle en martelant ces mots d'une voix douloureuse. Ou plutôt, il me fait mal. Probablement parce qu'il me met face au déclin… à ma mort. J'y pense, figurez-vous. Vous comprenez maintenant pourquoi je déteste Longwood ? On y sent la mort. L'odeur de la mélancolie ! Laissez-moi rire. Je ne peux supporter toute cette comédie pour préserver cette bicoque !…

Elle change de ton et applaudit avec enthousiasme.

– Oh ! regardez Radio St. Helena. Arrêtons-nous.

Sur les hauteurs, au milieu des pins, se dresse une construction hérissée d'antennes. De nombreuses voitures sont garées au bord de la petite route.

– Quel genre de programmes peut bien diffuser cette radio ? Il ne se passe rien à Sainte-Hélène, déclare Amy avec mépris.

De jeunes rastas aux nattes tressées sont assis sur les

marches de l'entrée. Nous demandons à parler au directeur qui accourt aussitôt en nous souhaitant la bienvenue.

– Je m'appelle Anthony Leo, dit-il.

Intimidées, les deux Anglaises se tiennent dans le couloir menant à son bureau. Elles n'osent pas se présenter. Il les regarde avec perplexité en se demandant : qui sont-elles ? Il fait apporter du café et nous invite à nous asseoir. Le directeur de la radio choisit d'emblée le registre sérieux. Il se dit préoccupé par l'arrivée prochaine de la télévision.

– Nous tombons, dis-je, à un moment crucial de la vie de Sainte-Hélène. La construction d'un aéroport, la télévision...

– C'est un problème, soupire-t-il. On discute actuellement du temps d'émission. C'est toute une révolution. Les mentalités, c'est sûr, vont changer. Nous allons assister à la perte du sentiment communautaire. Le phénomène a déjà commencé avec la vidéo. Paradoxalement, cette ouverture vers le monde nous enferme un peu plus.

– C'est en effet paradoxal. Expliquez-vous.

– Nous avons toujours été des spectateurs. Jamais des acteurs. Sagement, nous assistons sur notre caillou à une représentation en oubliant qui nous sommes.

Son expression devient farouche.

– Oui, qui sommes-nous ? dit-il d'une voix faussement majestueuse.

– Vous êtes des citoyens britanniques.

– Précisément. Mais, pour travailler en Grande-Bretagne,

il nous faut un permis. Les gens ont peur que les Saints arrivent en masse, mais c'est faux.

Il se recueille en silence et déclare d'un ton sentencieux :

– Nous sommes comme des prisonniers sur notre île.

– Alors, Sainte-Hélène continue d'être une prison ?

– Oui… Ce n'est pas une bonne chose car tout prisonnier cherche à s'échapper. Par tous les moyens… Le gouvernement britannique devrait comprendre cela. La Couronne a voulu garder Sainte-Hélène comme vestige de sa splendeur passée. Eh bien ! qu'elle assume.

Amy qui gesticulait sur sa chaise depuis un moment intervient :

– Permettez-moi de vous dire, monsieur, que je ne suis pas d'accord. Assumer… Mais si nous n'avions pas assumé, que serait-il arrivé ? Vous seriez devenu un pays indépendant ? Avec six mille habitants ! Ce n'est pas sérieux.

– Nous n'avons jamais réclamé l'indépendance, madame, mais le droit d'être traités comme des citoyens britanniques à part entière. D'être traités comme vous.

Je sens une tension dans l'air.

– Et Napoléon ? dis-je pour faire diversion.

Ses yeux durs s'illuminent.

– Ah ! Napoléon, dit-il avec enjouement. Il fait partie de l'identité de notre île. Au moins, les gens savent où nous situer.

Puis il se tourne vers Amy d'un air à la fois amusé et provocant :

– En définitive, l'Angleterre a gagné sur tous les tableaux. Elle a fait plier Napoléon ; à présent, elle nous courbe sous sa loi.

Je regarde froidement Amy pour lui signifier de ne pas relancer la discussion. À son air doucereux et méchant, je vois qu'elle a compris.

Alors que nous nous quittons, Anthony Leo me fait un signe discret en avisant Amy. Coup d'œil à la fois railleur, excédé et, il me semble, compatissant. Tandis que nous regagnons la voiture, je les entends se disputer en chuchotant. La suivante est exaspérée, elle parle d'une voix sifflante.

4

Le jour décline dans la chambre noire. Une lumière pâle, convulsive, traverse les persiennes, une sorte de contraction saccadée comme si le crépuscule refusait de faire place aux ténèbres.

Ma dernière visite à Longwood. Le RMS *St. Helena* appareille demain. Les ombres meurent, la gravure du *Napoléon dictant* s'obscurcit, le nez de Marie-Louise sur la cheminée brille encore faiblement. La maison se remplit de craquements et de bruits liquides comme les coups étouffés qui frappent la coque comprimée d'un navire.

Dans les derniers mois de la captivité, Ali décrit une scène à la fois ordinaire et bouleversante. Napoléon, le parleur intarissable, a depuis longtemps cessé de discourir. Il n'a plus besoin que d'une présence. Bertrand est là, tout aussi silencieux. Les volets sont fermés. La pièce est plongée dans l'obscurité. Ali raconte qu'ils restaient ainsi des heures entières « sans qu'un mot sortît de la bouche de l'un ou de l'autre ».

La respiration du vent devient plus oppressée. Je l'entends siffler sous les portes, battre les persiennes, haleter bruyamment dans les corridors. La fin du jour sous les tropiques est brutale, poignante. C'est l'heure dolente où, dans l'odeur fanée de l'air, l'on sent plus qu'ailleurs la désagrégation des choses. L'engluement qui s'appesantit sur Longwood ressemble à une masse cotonneuse, écrasante, à la limite du spongieux. Une telle atmosphère ne pouvait que favoriser l'apparition du champignon microscopique baptisé *mildew* par les Anglais. Impuissante, la petite colonie observait sur les murs la lente dévoration des taches grises et duveteuses. La demeure infuse encore dans une moiteur aigre, un peu rance, qui imprègne la peau. Longwood se défend toujours contre la moisissure. Pour lord Rosebery, elle matérialise la captivité. N'affirmait-il pas qu'elle avait contaminé les objets, les hommes et surtout leurs propos ? Entre chien et loup, je respire les vapeurs du fameux « laboratoire de légendes » évoqué par l'auteur de *La Dernière Phase*. Un climat de comédie plus que de dissimulation. L'art subtil de la mise en scène, comme en témoignent les deux femmes de Napoléon qui se font face dans la chambre noire.

Les ténèbres se sont maintenant emparées de Longwood. La chambre est devenue un cœur hermétique où ne pénètre plus la lumière. Le vent tonne sur le plateau et frappe durement la maison de carton. Les rafales se rapprochent et ressemblent à un tir de préparation.

Dans les derniers mois, le captif ne veut plus sortir. Le vent « lui faisait mal et irritait ses nerfs ». Il ne supporte plus la lumière. Une bascule avec une selle est installée dans le parloir pour que le malade puisse faire un peu d'exercice. Au bout d'une quinzaine de jours, il renonce au tape-cul. Il récite à longueur de journée ces deux vers du *Zaïre* de Voltaire :

Mais à revoir Paris je ne dois plus prétendre
Vous voyez qu'au tombeau je suis prêt à descendre.

Il ne se nourrit plus que de gelées et de potages. « C'est un spectacle effrayant et prodigieux de voir un énorme génie se détruire lui-même. C'est la chose la plus tragique qui soit », relèvera Hegel.

Le 17 mars, le prisonnier est pris de violents vomissements. « C'est un couteau qu'on m'a mis là, dit-il en montrant son ventre. On a brisé la lame dans la plaie. » L'entourage sait désormais que l'Empereur est entré dans la dernière phase de la maladie. « Comme je souffre... Je ne suis plus le fier Napoléon », gémit l'ancienne icône.

J'observe, rempli de pitié, la pauvre chambre qu'éclaire par instants la lueur blanche de la lune. Sa pâleur laisse des traînées argentées sur le petit lit et les meubles ; la brève apparition envahit la pièce comme une révélation, un rayonnement bienfaisant.

J'ai apporté avec moi le flacon d'eau de Cologne de Sainte-Hélène. J'ai décidé de le garder pour la fin. L'ultime empreinte olfactive de la captivité… Ma manière à moi de remonter le sens interdit du temps. J'ai la faiblesse de penser qu'il sortira de ce télescopage sinon une révélation du moins une impression durable, futile, peut-être amusante. Une odeur, un parfum ont, comme le vin, le pouvoir d'abolir l'idée du temps unique et absolu, d'habiter un éternel présent. Les odeurs ne sont faites que pour ressusciter des souvenirs disparus.

Le flacon est enfermé dans un élégant tube de carton. Une étiquette frappée du blason impérial indique : *Eau de Cologne de Napoléon Ier à Sainte-Hélène.* J'entre dans la salle de bains du prisonnier et allume la lumière. La grande cuve de cuivre bossuée brille d'éclats minuscules. Dans un coin sont posés la redingote et le chapeau de l'Empereur. Effet troublant d'un présent qui semble devoir ne jamais s'arrêter et qui est probablement la suprême vérité de Longwood.

J'ai retrouvé la feuille de papier où Ali a soigneusement écrit la formule. L'eau de Cologne était composée d'essence de citron, de cédrat, de bergamote et de romarin. Ces indications ont permis à l'Osmothèque de Versailles, collection vivante des parfums existants ou disparus, de reconstituer l'eau de Cologne du captif.

Je verse quelques gouttes sur mon poignet… Cela sent

tout bonnement l'eau de Cologne. Une sensation fraîche, tonique, banale, avec cependant une note lourde, indéfinissable, j'allais dire orientale, sensuelle. J'ai l'illusion, fugace, d'un mouvement lisse, continu, une sorte de glissement. Non pas dans le temps ni même dans l'espace, quelque chose, en somme, qui ressemble à un malentendu, à une maldonne. Il y a erreur dans la distribution. Je me sens soudain ridicule avec mon eau miraculeuse. J'attendais qu'elle me transporte. En fait de glissement, je viens simplement de déraper.

Que peut-on inventer avec une odeur à la fois si familière, si exotique ? J'ai beau me figurer qu'elle a imprégné un corps, que ce corps a habité cette baignoire, aucun subterfuge ne parviendra à combler mon attente. Toutes ces feintes, tous ces cailloux que j'ai accumulés depuis Eylau ne forment qu'un tas de pierres, lequel n'a jamais fait une maison. Certes, pour la première fois depuis cent soixante-dix ans, l'eau de toilette embaume à nouveau cette pièce. Et après ? Entre-temps, il est vrai, il y a eu Proust et sa madeleine. D'ailleurs, ce que je viens de faire n'a rien de proustien, c'est plutôt du mauvais Huysmans. Des Esseintes sous les tropiques : le comble de l'artifice.

Dans son *Journal*, Michelet raconte que, lorsque l'inspiration lui manquait, il se rendait dans une pissotière à l'odeur suffocante. Il aspirait profondément les vapeurs méphitiques et revenait à son travail[1]. Dommage qu'Amy

1. Cité par Georges Bataille dans sa préface à *La Sorcière*.

ne soit pas là. Sa verve m'eût consolé de mon mauvais canular.

Depuis le début, la baignoire m'intrigue. À chacune de mes visites, je n'ai pu m'empêcher de jeter un coup d'œil sur l'auge de cuivre. Elle est profonde, dissymétrique, pigmentée de microscopiques dépôts. Il me semble que c'est le seul souvenir de la captivité qui vive encore. Peut-être à cause du vert-de-gris qui se développe au gré de l'humidité ambiante. La cavité noire, béante, a quelque chose de vertigineux. Un système assez sommaire, composé d'un foyer chauffant un serpentin de cuivre, produisait une eau plus ou moins chaude que les serviteurs chinois apportaient dans des seaux.

Le corps pâle gisant dans le liquide amniotique… Peau blanche, glabre. Rappelons-nous Las Cases et l'allusion de Napoléon à son « embonpoint qui n'est pas de notre sexe ». À Antonmarchi, il montre son corps et tient ce propos déconcertant : « Vous le voyez, docteur, beaux bras, seins arrondis, peau blanche et douce, pas un poil, excepté pourtant… Plus d'une belle dame ferait trophée de cette poitrine ! »

Je viens de comprendre pourquoi la baignoire me fascine. Le corps inerte dans la châsse de chêne… Représentation vivante de la mort. L'eau dans le sarcophage. Le bain de la purification mais aussi du passage dans l'autre monde. La régénération et la fin…

La fin. Il l'appelle de tous ses vœux. Il l'attend même avec jubilation. Le César vaincu qui a cherché le martyre livre sa vie en vue d'une rédemption dont il sait qu'elle va le transfigurer.

L'agonie commence le 17 mars 1821. Il est pris de vomissements. Depuis des semaines, l'absorption de nourriture lui est insupportable. Il rejette tout ce qu'il mange. « Il est maigre comme en 1800 », écrit Montholon. Le captif qui ne se fait aucune illusion sur l'issue de sa maladie sait qu'il va succomber comme son père et sa sœur Elisa à un cancer de l'estomac. La mort approchant, il dicte son testament le 15 avril. Ses dernières volontés commencent par ces mots : « Je meurs dans la religion apostolique et romaine, dans le sein de laquelle je suis né, il y a plus de cinquante ans. »

Le lendemain et les jours suivants, il a un curieux comportement. Il fait ouvrir les fenêtres en s'écriant : « Bonjour soleil, bonjour soleil, mon ami. » En même temps, resurgit le discours rapide et impatient. Le questionnement tyrannique harcèle ses proches, en particulier le docteur Arnott, le médecin anglais qui assiste Antonmarchi. C'est un flot d'interrogations sur des sujets sans importance, comme si, jusqu'à la fin, il cherchait à savoir. Bertrand a enregistré ces dialogues mécaniques, juxtaposés dans un chaos souvent délirant qui n'est pas sans ressembler au théâtre de Ionesco :

– Que boivent vos matelots ?

– De la bière.

– Mais quand ils reçoivent leur paie, ils doivent boire du vin ?

– Non, ils boivent de l'eau-de-vie ou de la bière.

– Quelle eau-de-vie ? De France ?

– Généralement de l'eau-de-vie d'Angleterre, de grain.

– Y a-t-il une grande différence dans le goût ?

– Très grande.

– Avez-vous été à Paris ?

– Oui.

– Quand ?

– Après la Paix d'Amiens.

– Combien de temps êtes-vous resté ?

– Cinq semaines. Je serais resté davantage, mais la rupture approchait. Je me hâtai de partir.

– Ah ! vous craigniez que je ne vous arrêtasse.

– Dix jours plus tard, il n'était plus temps.

– Avez-vous été chez lord Whitworth ?

– Oui.

– Avez-vous vu lady Dorset ?

– Oui.

– Avez-vous dîné chez eux ?

– Non.

– Où logiez-vous ?

– À l'hôtel Saint-Thomas.

– Où mangiez-vous ?

– Chez divers restaurateurs. J'avais des amis, je dînais suivant leurs courses, là ou là. Il y avait au Palais-Royal deux restaurants que les Anglais fréquentaient particulièrement.

– Combien vous en coûtait-il ?

– Un dollar, deux dollars, logement, nourriture, tout compris, par jour.

– Vous en eût-il coûté le double à Londres pour faire même chère ?

– Oui.

– Croyez-vous que la proportion des dépenses soit double entre Paris et Londres ?

– Oui ; cependant, je crois qu'il serait plus proche de la vérité de dire que la vie qu'on mène pour trois dollars à Paris on peut la mener pour quatre à Londres. Non, si on s'éloigne des deux capitales ; en Angleterre, la vie est double de la France.

– Ah ! cela varie dans la mercuriale : en Angleterre, il y a des débouchés partout ; en France, quand on s'éloigne des grandes villes, la consommation diminue. Combien en coûte-t-il à Londres pour dîner ?

– Dans les tavernes, deux dollars ou un louis, vin compris.

– Mais si on ne prend pas de vin ?

– Il faut en prendre dans ces tavernes, on ne vous donne pas à dîner sans cela. Le principal bénéfice est dans le vin.

– Quel vin y boit-on ? Du claret ?

– Non ; il n'y a que les gens riches qui boivent du claret.

– Que coûte le claret, ou le sherry ?

– Quinze shillings la bouteille.

– Vos soldats devaient bien s'en donner en France, où il coûtait deux sols la bouteille – ou en Sicile.

– Oui, ils étaient tous saouls.

– Combien rapporte la terre en Angleterre ?

– Trois à quatre pour cent.

– Je ne le croyais pas.

– La terre augmente. En temps de guerre, elle ne rapportait pas cela, lors de l'*Income tax* ; mais, depuis qu'on l'a supprimée, elle rapporte généralement cela.

– Ah ! je ne le croyais pas. Trouve-t-on affaire à ce prix ?

– Oui. La durée des baux est de sept à quinze ans ; sans cela, les fermiers ne pourraient donner une culture convenable.

– Payent-ils régulièrement ?

– Oui.

– Peut-on les forcer à payer ?

– Sans doute, les tribunaux en donnent le moyen.

Etc.

Ces dialogues datent du 24 avril. Bertrand transcrit tout. Jusqu'aux détails les plus scabreux. Scrupuleusement, il consigne les obsessions du mourant concernant Mme Bertrand. « Je lui en veux de n'avoir pas été ma maîtresse », gémit Napoléon.

– Où diable vous êtes-vous caché ?

La voix sévère de Gilbert Martineau parvient, affaiblie, jusqu'à moi. Il se trouve du côté du salon.

– Que se passe-t-il ? Tout est éteint, grogne-t-il.

Les pas hésitent. Je l'entends tâtonner.

– Il est dans la salle de bains.

Je reconnais la voix du fils.

– Ah, vous voilà ! Mais pourquoi rester ainsi dans l'obscurité ?

Ils sont là, devant moi, amusés et complices. Le visage sceptique du père. L'expression cordiale et concentrée du fils.

– Bon, alors ce sont les adieux de Longwood ! Allez, vous reviendrez. Après Fontainebleau, il y a eu les Cent-Jours, plaisante le père.

– Puis Waterloo... Non, non, après un tel voyage il ne faut jamais revenir.

Revenir. Trois semaines après la mort de l'Empereur, Bertrand et les survivants de Sainte-Hélène embarquent à bord du *Camel*, un navire servant au transport des bestiaux. Dans le bateau crasseux qui l'emmène vers l'Angleterre, la petite troupe, profondément commotionnée par la fin tragique de son héros, ignore qu'elle va donner le coup d'envoi à la plus extraordinaire chanson de geste du XIXe siècle. Les Français sont accueillis avec curiosité et déférence. La vraie vie du vaincu commence... À la manière d'un songe. L'une des représentations de ce rêve qui prend forme s'intitule justement *Le Songe de Bertrand*. Copiée, déformée, cette œuvre d'Horace Vernet qui date de 1821 a connu un destin extraordinaire. Tout musée napoléonien qui se respecte se doit d'en posséder une version. Le tableau, désigné aussi sous le nom de *L'Apothéose de Napoléon,* célèbre la Passion et la transfiguration du proscrit. Montholon est debout sanglotant penché vers la famille Bertrand en pleurs. Près de la tombe de Napoléon où sont posés l'épée et le célèbre chapeau une chaîne brisée symbolise la libération du martyr enfin délivré par la mort. Le renom du grand capitaine est représenté par la liste de ses exploits : Rivoli, Pyramides, Marengo, Iéna. L'Empire est devenu l'épave d'un navire qui se brise sur le rocher-prison. Le ciel s'ouvre dévoilant les grandes figures de l'épopée déjà mortes : Lannes, Berthier, Brune, Desaix. Ces preux s'apprêtent à accueillir leur chef dans le Walhalla impérial. Vision extraordinairement romantique de la geste napoléonienne qui s'inspire du tableau de Girodet exposé à la Malmaison : *L'Apothéose des Héros français morts pour la patrie pendant la guerre de la Liberté.* Tous les symboles de la légende qui commence sont contenus dans l'œuvre de Vernet : la souffrance et la rédemption, l'écroulement et l'apothéose, l'exil et le retour glorieux. Les rescapés de Sainte-Hélène reviendront en héros sur l'île maudite. La fidélité et l'abnégation sont enfin récompensées. Dix-neuf ans après sonne l'heure de la revanche.

J'observe Gilbert Martineau. La solitude a donné à son visage une expression endurcie, inentamable. Être seul. Mais dans l'attente de quoi ? Il y a chez lui une rage retombée. Désappointement de n'avoir pu réaliser les chimères de ses jeunes années ? Il a bien décrit chez Byron la blessure inguérissable : le poète regardait la vie comme une monstrueuse ironie. Martineau, l'homme blessé et impassible. « Dès que sa jeunesse fut enfuie, il fut seul sur terre », écrit-il à propos du poète romantique. Pendant trente ans, l'homme de Longwood a été seul. Orgueilleusement seul. Plus seul encore que Napoléon qui avait l'illusion de régner au milieu de sa petite cour. Michel l'a rejoint au milieu des années 80.

Lui a régné sur le reliquaire vide de Longwood, sur son intimité maussade. Dans la pénombre où se tiennent ces deux hommes, alors que le vent fait grincer les huisseries, je comprends que Longwood ne s'éveillera jamais de son cauchemar saturnien. Le cœur douloureux est pour toujours scellé dans ces murs comme une relique maléfique.

– Profitez de Sainte-Hélène... C'est une grande page blanche. Vous pouvez la remplir à votre guise.

Ses dernières paroles... Je n'ai jamais revu l'homme seul.

NEUVIÈME JOUR

Le cercueil d'acajou. – Dix-neuf ans après. – Le retour de Marchand et de Bertrand. – Force apaisante de la tombe. – La pierre nue. – Marthe et Marie de l'Évangile. – Le Capitaine Igloo. – Rencontre avec Marian. – « Comme au jour du Sacre ».

I

C'est à 3 heures du matin sous une pluie battante que le pic des sapeurs heurte la couche du ciment qui fermait le caveau. Six heures plus tard, à travers deux fentes apparaît le cercueil d'acajou. Une fois ouverte la première enveloppe, trois caisses restent à déclore : l'une de plomb, l'autre de bois, la troisième de fer-blanc. Le couvercle de cette dernière est soulevé avec précaution. Le médecin écarte le satin ouaté qui enveloppe le corps de Napoléon.

Nous sommes le 16 octobre 1840. Le prince de Joinville, fils de Louis-Philippe, a pour mission de ramener en France les cendres de Napoléon.

Au fond du vallon où a été enterré l'Empereur se tiennent Marchand, Bertrand, Gourgaud, Ali et Emmanuel de Las Cases, le fils de l'auteur du *Mémorial.* Lorsque ces hommes avaient quitté Sainte-Hélène, ils pensaient bien ne plus jamais revoir l'île. Au premier rang de l'assistance, ils guettent avec angoisse le moment où le médecin de l'expédition va lever le voile. Dans la décomposition des tropiques, tous s'attendent à trouver les restes hideux d'un cadavre. On voit le grand-maréchal Bertrand faire un bond involontaire comme s'il allait se jeter dans les bras de l'Empereur.

Dix-neuf ans après sa mort, Napoléon est presque intact. Bertrand et Marchand, qui l'ont veillé jusqu'au dernier soupir, retrouvent avec stupeur l'expression de l'agonie. « Les mains qu'il avait si belles de son vivant sont dans un état de parfaite conservation. Sa peau garde cette couleur particulière qui est propre seulement à la vie », note un témoin[1]. La barbe a bleui le visage. Les ongles ont poussé. Marchand va jusqu'à dire que le cadavre ressemble plus à l'Empereur que le mort de 1821. « À la vue de cette œuvre de mort, si voisine des apparences de la vie, malgré tout le temps écoulé, nous avons tous été soudainement saisis de sensations impossibles à rendre », s'exclame Emmanuel de Las Cases.

Le consul m'a affirmé que ce dernier avait apporté avec lui un daguerrotype. Mais la longueur exagérée des temps de pose ne permettait pas qu'il pût se servir de ce procédé mis au point en 1829. L'exposition à l'air des restes de l'Empereur ne dura en effet que deux minutes.

Le gardien de la tombe, Adrian Wade, me fait les honneurs de son domaine situé à trois kilomètres de Longwood. La paix de la « Vallée du géranium », comme on l'appelait au temps de Napoléon, avait séduit le captif. L'eau de la source

1. Philippe de Rohan-Chabot, commissaire du roi, *Les Cinq Cercueils de l'Empereur*, France-Empire.

lui avait paru si bonne qu'il y envoyait chaque jour un serviteur pour sa consommation personnelle.

La tombe, quel contraste avec Longwood ! L'allégresse de la nature semble s'y contenir pour mieux imposer à ce vallon sa force apaisante. Les arbres, en haute colonnade, leur cime en arc-boutant forment une cathédrale dont les voûtes retentissent suavement de mille roulades d'oiseaux. Fils d'araignées resplendissant, dévidés comme une broderie lamée autour de l'écorce. Les visiteurs, connus ou inconnus, ont planté ici l'arbre qu'ils avaient apporté : olivier du prince de Galles, araucarias mis en terre par les officiers de la *Jeanne-d'Arc*.

Pourquoi vient-on encore ici se recueillir alors que la tombe est vide depuis 1840 et que le corps de l'Empereur n'y séjourna que pendant dix-neuf ans ? Peut-être parce que c'est un lieu *délivré* ! Dégagé à jamais des tourments de la captivité. Libéré enfin de la souffrance de l'exil, de l'engourdissement, de la déchéance. Libéré surtout du corps, de l'être matériel qui s'est envolé. La « Vallée du tombeau » ne porte pas le deuil. Elle attendrit, invite à l'abandon, porte à une « mélancolie voluptueuse ». Comme dans un roman de Bernardin de Saint-Pierre, écrivain qu'appréciait fort Napoléon. La tombe est l'un des rares sites de Sainte-Hélène où la nature se laisse examiner par pur plaisir, en flânant. C'est toute la différence avec la maison suppliciée. On ne visite pas Longwood, c'est Longwood qui vous visite, l'esprit étant entraîné d'autorité par la force résolument tragique du plateau et de la masure. Le vent a cessé ici de répandre sa plainte aigre ; c'est une respiration profonde, mélodieuse qui souffle avec indolence et agite posément les ramures.

– Beaucoup de visiteurs me disent : « Que j'aimerais être enterré dans un tel lieu ! » m'explique Adrian Wade.

Il habite une petite maison au fond du vallon. Assurant une surveillance discrète, il accourt dès qu'approche un touriste. À partir de 1821, les visiteurs prirent l'habitude d'arracher comme souvenir les feuilles et les branches des trois saules, lesquels disparurent en quelques années.

La tombe est une apparition. Évanoui le cauchemar ! Épiphanie. La nature chante le renouveau.

La dalle funéraire sur laquelle se sont posés les chatons des pins de Norfolk est gigantesque. Par vagues, la stridulation des insectes perce l'air comme les piqûres d'une aiguille sur une lourde étoffe. Aucune inscription (« Ci-gît, point de nom, demandez à la terre », écrivait Victor Hugo). Montholon avait voulu qu'on y gravât *Napoléon 1769-1821*. Mais Lowe exigeait qu'on ajoutât Bonaparte. Les Français préférèrent laisser la pierre nue.

Les grilles en forme de lance qui entourent la tombe sont les mêmes que celles de la place Saint-Hélène à Châteauroux. Un bouquet fané est accroché à l'un des barreaux : glaïeuls rouge et jaune serrés par un ruban tricolore sur lequel on peut lire encore le mot *Association*. Des eucalyptus fraîchement coupés répandent dans le vallon une odeur acide, vaguement camphrée.

2

Le RMS *St. Helena* est ancré dans la baie de Jamestown. Nous appareillerons à midi. Amy et sa suivante ont été les premières à se présenter sur le quai. Elles ont une peur bleue de rater le bateau. Amy est très gaie, volubile. La suivante me fait penser à la Marthe de l'Évangile. Elle est douce, active, prévenante, elle n'a pas la grâce. L'odieuse Amy a, comme Marie, choisi la meilleure part. Elle irradie injustement.

Devant le tribunal, deux hommes s'appliquent à briquer les vieux canons rouillés. Je reconnais l'un des prisonniers qui pêchaient à Rupert's Bay. L'autre est le Hollandais, le capitaine du *Frontier*. Il frotte mollement l'affût, observant d'un œil les passagers et leurs familles qui descendent vers la jetée. Il a une barbe grise, l'air rusé. On le surnomme « Capitaine Igloo », allusion à une marque de poisson congelé, symbolisée par l'effigie d'un vieux loup de mer qui, paraît-il, lui ressemble beaucoup.

Marian, la femme de l'attorney, me hèle dans la rue principale.

– Je vous l'avais dit, on finit toujours par se rencontrer ici.

Elle me présente un membre du Conseil exécutif de l'île nommé Bill Drabble. Il me parle longuement de Napoléon dont il semble bien connaître l'histoire. De tous les Saints rencontrés jusqu'à ce jour, il est le seul à s'être vraiment intéressé au personnage. Il s'est même rendu à Paris pour visiter le tombeau de l'Empereur : « Le futur repose sur le passé. Sans passé pas de futur. C'est le drame de Sainte-Hélène », dit-il pompeusement en prenant congé.

Marian fait un bout de chemin avec moi.

– Les gens sont très amicaux ici, dis-je.

– Vous l'avez déjà dit la première fois que nous nous sommes rencontrés, rit-elle.

Elle ajoute :

– Les Saints sont amicaux. Mais ils aiment surtout qu'on s'occupe d'eux.

– Vous voulez parler de la Grande-Bretagne ?

– Oui, ce sont des relations complexes, un peu du type enfant-adulte. Comme les enfants, les Saints piquent des colères. Ils veulent à la fois que Londres s'occupe d'eux et ils tempêtent contre cette dépendance. Mais regardez le bateau dans la baie. Ces gens qui accourent tranquillement vers le quai. Idyllique, n'est-ce pas ? C'est cette image que vous devez emporter. N'abusez pas du passé.

D'une voix sourde, elle déclare :

– Il n'y a aucune espérance dans le passé.

Amy me fait de grands signes depuis la chaloupe. Je suis l'un des derniers passagers à embarquer.

« Le prince fait placer le cercueil sur la chaloupe qui s'enfonce sous son poids. Les restes mortels de l'Empereur ont touché pour la dernière fois la terre de son exil. Ils sont dorénavant, et pour toujours, parmi les Français. [...] Les pavois sont déployés. Les notes de *The March in Saül* s'estompent.

Les rayons du soleil couchant nimbent d'une pourpre de gloire la *Belle-Poule,* comme un jour de sacre à Notre-Dame[1]. »

1. Philippe de Rohan-Chabot, *op. cit.*

EN GUISE D'ÉPILOGUE

Trois années se sont écoulées depuis mon voyage à Sainte-Hélène.

La télévision est arrivée sur l'île deux mois après mon passage. D'abord CNN puis Cartoon Network, Super Sport et Discovery.

Marian a quitté Sainte-Hélène et vit aujourd'hui en Angleterre. Un nouveau gouverneur a succédé à Alan Hoole.

Je n'ai jamais revu Amy et sa suivante. Nous nous sommes dit adieu à l'escale du Cap. C'étaient deux sœurs, veuves l'une et l'autre. Sur le bateau, je ne suis jamais parvenu à les faire parler de leur vie, à savoir par exemple dans quelles circonstances Amy avait appris notre langue.

J'ai cherché en vain dans les *Souvenirs* de Mme de Montholon une trace du fantôme du Danois. Aux dernières nouvelles, la cuisinière de Longwood se serait trouvée face au spectre. Il portait une cravate blanche. Une habitante de Jamestown affirme l'avoir aperçu récemment alors qu'elle visitait Longwood.

Intrigué par le tableau de James Sant, *Napoléon, la dernière phase*, j'ai tenté d'obtenir auprès du musée de Glasgow quelques informations sur cette œuvre. Il m'a été répondu que l'artiste s'est inspiré « de toute évidence » d'un portrait de Paul Delaroche, *Napoléon en 1814*. Je me suis rendu aux Invalides où est exposée cette toile peinte en 1845, après la mort de Napoléon. Comme Sant, Delaroche n'a pas connu son modèle. Le mystère reste entier.

Sachant que j'écrivais un livre sur Sainte-Hélène, un ami m'a procuré une étude intitulée *Napoléon en phase ou Pourquoi on ne peut pas le voir en peinture*.

Dans ce texte inédit, l'auteur, Michel Covin, analyse, à travers la « singularité énigmatique » du tableau de Sant, le problème de la « ressemblance » de Napoléon avec ses portraits. « Et si nous tenions là le vrai Napoléon, et si ce n'était pas toutes les autres images qui étaient trompeuses ? » interroge Covin qui souligne ce paradoxe : « Ce ne sont pas les témoins oculaires qui ont réalisé les portraits les plus réalistes de Napoléon. » Il explique bien que les contemporains de l'Empereur, tel le baron Gros, se contentaient de reproduire des « séries ». Napoléon lui-même se souciait peu de vraisemblance ou d'exactitude.

Le Hollandais, capitaine du *Frontier,* emprisonné pour trafic de cannabis, s'est échappé de Sainte-Hélène six mois après mon passage. Les circonstances de son évasion demeurent aujourd'hui encore obscures. Profitant de la beuverie du samedi soir, il se serait enfui à bord d'un voilier. Lorsqu'on a constaté sa disparition, il était loin de Sainte-Hélène. L'île ne dispose pas de vedettes. Dans l'histoire du rocher, il est le seul captif à s'être échappé de l'île-prison. « Ce que Bonaparte n'avait jamais pu réussir, Capitaine Igloo l'a fait », a titré fièrement un journal hollandais. L'évadé se trouverait au Brésil et négocierait les droits d'un livre relatant son exploit.

Gilbert Martineau est mort en France le 23 août 1995. Ses cendres rapportées par son fils ont été dispersées au large de Sainte-Hélène. Notre consul vit seul à présent sur le plateau. Le règlement du Quai d'Orsay dont il dépend est impitoyable : dans trois ans, il devra quitter son poste. Une exposition de ses tableaux a eu lieu à Paris en février 1996. Les fleurs de Longwood ont obtenu un vif succès.

Villa Jamot-Genthieu-Hoëdic, le Vieux Phare.

Novembre 1996.

BIBLIOGRAPHIE

Beaucoup d'ouvrages que j'ai consultés sont cités en note. Dans l'imposante bibliographie hélénienne, il convient d'abord de mentionner les récits des quatre évangélistes et des témoins de la captivité.

LAS CASES (Emmanuel de), *Mémorial de Sainte-Hélène,* édition intégrale et critique établie par Marcel Dunan, 2 vol., Flammarion, 1951.

BERTRAND (général), *Cahiers de Sainte-Hélène,* manuscrit déchiffré et annoté par Paul Fleuriot de Langle, 3 vol., Sulliver et Albin Michel, 1949-1959.

GOURGAUD (général baron), *Journal de Sainte-Hélène,* introduction et notes par Octave Aubry, 2 vol., Flammarion, 1944-1947.

MONTHOLON (général de), *Récits de la captivité de l'Empereur Napoléon à Sainte-Hélène,* 2 vol., Paulin, 1847.

O'MEARA (Barry E.), *Napoléon dans l'exil,* notes et introduction par Paul Ganière, préface de Jean Tulard, 2 vol., Fondation Napoléon, 1993.

MARCHAND (Louis), *Mémoires,* 2 vol., Tallandier, 1991.

ALI (Louis-Étienne SAINT-DENIS), *Souvenirs sur l'Empereur Napoléon,* Payot, 1926.

MONTHOLON (comtesse de), *Souvenirs de Sainte-Hélène,* Émile Paul, 1901.

ABELL (Betzy BALCOMBE), *Napoléon à Sainte-Hélène,* Plon, 1898.

Napoléon à Sainte-Hélène, par les quatre évangélistes, LAS CASES, MONTHOLON, GOURGAUD et BERTRAND. Textes choisis, préfacés et commentés par Jean Tulard, Bouquins, Robert Laffont, 1981.

AUBRY (Octave), *Sainte-Hélène,* 2 vol., Flammarion, 1935.

BERTHELOT (Michel), *Bertrand, grand-maréchal du Palais. Dans les pas d'un fidèle,* Châteauroux, Chez l'auteur, 1996.

BORDONOVE (Georges), *La Vie quotidienne de Napoléon en route vers Sainte-Hélène,* Hachette, 1977.

GANIÈRE (docteur Paul), *Invitation aux voyages,* Perrin, 1982.

GANIÈRE (docteur Paul), *Napoléon à Sainte-Hélène,* 3 vol., Perrin, 1957-1961.

GUIBON (Alice), *Les Îles fatales,* La Floride, Dieppe, 1956.

HAUTERIVE (Ernest d'), *Sainte-Hélène au temps de Napoléon et aujourd'hui,* Calmann-Lévy, 1933.

MARTINEAU (Gilbert), *La Vie quotidienne à Sainte-Hélène au temps de Napoléon,* Hachette, 1966.

MADELIN (Louis), *Vers l'Empire d'Occident,* tome VI : *De l'histoire du Consulat et de l'Empire,* Hachette, 1940.

MARTINEAU (Gilbert), *Le Retour des Cendres,* Tallandier, 1990.

MARTINEAU (Gilbert), *Napoléon à Sainte-Hélène,* Tallandier, 1981.

MASSON (Frédéric), *Autour de Sainte-Hélène,* 3 vol., Ollendorff, 1909-1912.

MASSON (Frédéric), *Napoléon à Sainte-Hélène,* Ollendorff, 1912.

MOUGINS-ROQUEFORT (Joseph de), *Napoléon prisonnier vu par les Anglais,* Tallandier, 1978.

PAOLI (docteur François), *Le Docteur Antonmarchi ou le Secret du masque de Napoléon,* préface de Jean Tulard, Publisud, 1996.

QUENNEVAT (J.-C.), *Atlas de la Grande Armée (1803-1815),* Séquoia, 1966.

ROSEBERY (lord), *Napoléon, la Dernière Phase,* Hachette, 1901.

Sainte-Hélène, terre d'exil, ouvrage collectif, Tallandier, 1971.

BAIN (Kenneth), *St. Helena* (en langue anglaise), Wilton 65, 1993.

GOSSE (Philip), *St. Helena* (en langue anglaise), Anthony Nelson, 1990.

Le Général Bertrand, 1773-1844, catalogue de l'exposition du musée Bertrand de Châteauroux, 1994.

Musée national des châteaux de Malmaison et de Bois-Préau, guide de Gérard et Nicole Hubert, 1986.

HUBERT Nicole, « Regards sur Sainte-Hélène », 3e partie : « Le mobilier de Longwood, hier et aujourd'hui », revue *Le Souvenir napoléonien,* mars 1981.

MARTINEAU (Michel), *Le Souvenir de Napoléon à Sainte-Hélène,* brochure, 1994.

BAINVILLE (Jacques), *Napoléon,* Fayard, 1931.

GARROS (Louis) et TULARD (Jean), *Itinéraire de Napoléon au jour le jour, 1769-1821,* Tallandier, 1992.

HILLEMAND (docteur P.), *Pathologie de Napoléon,* La Palatine, 1970.

TULARD (Jean), *Dictionnaire Napoléon,* ouvrage collectif, Fayard, 1988.

TULARD (Jean), *Napoléon ou le Mythe du sauveur,* Fayard, 1987.

REMERCIEMENTS

Sans Éric Préau de l'agence Sygma, ce voyage n'aurait jamais eu lieu. Qu'il en soit remercié ainsi que Yan Méot, et le magazine *Géo,* et Jean-François Kahn, de *L'Événement du jeudi,* qui en ont permis la réalisation. Je n'aurai garde d'oublier Stéphane Compoint, photographe à l'agence Sygma. Sa clairvoyance, sa compétence furent pour moi inappréciables.

Outre les personnages cités dans le livre et, en premier lieu, Michel Martineau, ma gratitude va à Françoise Aujogue, Agnès Benetton, Philippe Béra et les Amis du musée Napoléon de Brienne-le-Château, Michel Berthelot, Gérard Boulitt, Michel Cantal-Dupart, Bernard Chevallier, Yvon Chotard, Jean Darnel, Victor Dust-Gonzalez, Édith Ganière, Annie Godefroy, le baron Gourgaud, Olivier Holt, Yves Jeanpierre, Pierre-Yves Jourda, Annie Lorenzo, Éric Ollivier, François Paoli, Nata Rampazzo, Marjan Romain, Hélène Tavera, Jean-Luc Thomas, Jean Tulard et Henriette Walter.

Je sais gré à Jacques Jourquin de m'avoir beaucoup facilité la tâche. Il m'a ouvert les papiers inédits d'Ali et a relu ce manuscrit. J'ai tenu compte de ses observations. Je suis heureux de lui témoigner ici ma reconnaissance.

Je me sens redevable à l'égard de l'équipe de La Table Ronde de m'avoir accueilli avec tant de sympathie. Une vieille amitié me lie à Denis Tillinac. Ses remarques m'ont été précieuses. Grâce à lui, j'ai fait la connaissance d'Olivier Frébourg dont les suggestions, toujours pertinentes, ont accompagné la rédaction du livre. Que Marie-Thérèse Caloni, Laurence Caracalla, Réjane Crouzet, Françoise Gaillard et Cécile Guérard soient également remerciées, ainsi qu'Opere Citato.

Qu'aurais-je fait sans le soutien de Joëlle ? Elle a partagé avec stoïcisme le séjour dans la chambre noire.

TABLE

AVANT-PROPOS 13

PROLOGUE 19

PREMIER JOUR 23

L'arrivée à Sainte-Hélène. – Où apparaît le conservateur des domaines français. – L'île du diable. – Le bleu outremer de Jamestown. – Mélancolie atlantique. – Le type hélénien. – Le registre du château. – Le climat, sujet épineux. – Napoleon Street. – Le gardien des Briars. – *Supremum vale.* – L'accent de Napoléon. – « Il était d'une pâleur mortelle ». – L'énigme de son visage. – « Sire, nous vivrons du passé ». – Les compagnons de l'Empereur. – Saturne à l'*Exiles Club*. – Une couronne d'épines. – Le discernement et la faculté de séparer. – Napoléon fait le clown. – La dévoration des termites. – Le supplice hélénien.

DEUXIÈME JOUR 59

Dernier verre au Consulate. – Où l'on voit surgir deux Anglaises. – Les quatre évangélistes. – L'innommable. – Première apparition de Longwood. – Trompeuse apparence. – Une maison hantée. – Une impression de vénéneux et de stagnant. – L'aquarelle de Marchand. – Les Hauts de Hurlevent. – Le front plissé du consul. – « Une vacherie ». – L'odeur de la captivité. – Une atmosphère de cave. – Les bains du prisonnier. – Le « vaisseau de Thésée ». – La griffure sur le globe. – Le manteau de Marengo. – Les trous dans les persiennes. – « Une curieuse moisissure ».

TROISIÈME JOUR 91

Le cannabis du Hollandais. – L'Échelle de Jacob. – Le paradis de Bernard Moitessier. – Le cheval Blücher. – Deuxième rencontre avec les Anglaises. – L'aigle de la DS noire. – Le pantalon blanc de Michel Martineau. – Faut-il croire aux revenants ? – « J'ordonne ou je me tais ». – La première entrevue de Napoléon avec Hudson Lowe. – Apparition de Gilbert Martineau. – Où il est question du fantôme du Danois. – La danse des morts. – La couronne d'immortelles. – Le Château des Brouillards.

QUATRIÈME JOUR 119

Les cheveux rouges de Hudson Lowe. – « L'Empereur est triste ». – Arc-en-ciel d'odeurs. – La cour du roi Pétaud. – La bouderie, pratique hélénienne. – L'enchanteur facétieux. – L'escapade du 3 janvier 1816. – Les « épaves du naufrage ». – Le Shéhérazade de Longwood. – Pégase et Méduse. – Le sténopé de la chambre noire. – Où l'on évoque *Bouvard et Pécuchet*. – Retrouver le pur instant. – Eylau, la bataille censurée. – Les rats du cabanon. – Michel Martineau, peintre des fleurs. – Le combat contre l'humidité. – L'haleine de la solitude. – Les grandes battues du Temps. – La neige noire du *Cimetière*. – « J'ai perdu bien du monde ». – La tête de Méduse.

CINQUIÈME JOUR 159

Les escaliers du cimetière. – Troisième rencontre avec les Anglaises. – L'« oiseau fil de fer ». – Les deux cavaliers. – Chasteté de Napoléon. – « Vous n'êtes qu'un puritain ! » – Le bric-à-brac d'Ali. – Verdeur d'Amy. – Dialogues sur le prince André. – Karl Marx à Eylau. – Le prof et le colonel Chabert. – Analogie entre Eylau et Longwood. – La « charge des quatre-vingts escadrons ». – L'usine de computers. – La présence invisible. – Le château Batailley 1986. – Discussion sur Hudson Lowe. – Le misanthrope sur son rocher. – Le vieillard qui ne veut pas mourir. – Les orteils de bébé.

SIXIÈME JOUR 225

Le vin sud-africain de Anne's Place. – La femme de l'attorney général. – Le « crime » de Las Cases. – « Travaillons Waterloo ». – « Les haricots sont bons ». – Le tremblement de terre de 1817. – Le biotope de Longwood. – Où il est question d'un évêque. – Les sectes de Jamestown. – Qui a relevé les vases du cimetière ? – Rencontre avec le gouverneur de Sainte-Hélène. – Sa femme Delia. – *La Dernière Phase*, de James Sant. – « Napoléon ? Il ressemble à un gros moine espagnol ». – Plantation House, l'anti-Longwood. – Le regard infernal des tortues.

SEPTIÈME JOUR 257

Des joueurs de pétanque. – Le collège Marcel-Duchamp. – Sambo a vu. – Nouvelle apparition du spectre. – Les vingt-trois cheminées de Longwood. – Les missiles nucléaires de Tilsit. – Le pont sur le Niémen. – Que reste-t-il de la maison du bonheur ? – L'obturateur de la *camera obscura.* – Victor Hugo et Napoléon à Marine Terrace. – Bourrés au mercure. – Le déclic du commissaire Maigret. – « Quelle farce, la vie ! » – La visite de Rimbaud à Longwood. – Le livre d'or volé. – « Mon père est désenchanté ». – Dix litres d'eau dans chaque pièce. – Beignets à la banane. – Comment ternir des papiers peints. – Les tableaux dans l'argenterie. – Les petites têtes d'or de Châteauroux. – La Parque du bar Paradise. – La balançoire de la maison Bertrand. – Napoléon avait-il le sens de l'humour ? – Un tempérament facétieux. – Indécis finistère à Deadwood. – Le golfeur effrayé.

HUITIÈME JOUR 293

Partie de pêche à Rupert's Bay. – Les lunettes noires d'Amy. – Son air de prédateur. – « Monsieur l'incollable ». – Finir à Belle-Île. – Encore un spectre ! – Les tournants héléniens. – « La petite caravane ». – Napoléon jardine. – Marchand a peint l'invisible. – 1820, l'impénétrable année. – L'éternité inhumaine de Sandy Bay. – Dernière sortie à Mount Pleasant. – Les Portes du Chaos. – Le *Phormium Tenax.* – Hercule Poirot ou Maigret ? – « Napoléon était un imposteur ! » – Visite à Radio St. Helena. – Amy fait encore des siennes. – Ma dernière visite à Longwood. – Le tape-cul. – Je débouche le flacon d'eau de Cologne.

NEUVIÈME JOUR 329

Le cercueil d'acajou. – Dix-neuf ans après. – Le retour de Marchand et de Bertrand. – Force apaisante de la tombe. – La pierre nue. – Marthe et Marie de l'Évangile. – Le Capitaine Igloo. – Ultime rencontre avec Marian. – « Comme au jour du Sacre ».

EN GUISE D'ÉPILOGUE 339

BIBLIOGRAPHIE 343

REMERCIEMENTS 347

Achevé d'imprimer
en octobre 1997
par Printer Industria
Gráfica, S.A.
08620 Sant Vicenç dels Horts 1997
Depósito Legal: B. 37559-1997
pour le compte de
France Loisirs
123, boulevard de Grenelle,
Paris

Numéro d'éditeur : 27258
Dépôt légal : novembre 1997
Imprimé en Espagne